2022年度重庆社会科学院自主项目“数字经济促进城乡融合发展研究”（项目编号：2022ZZ0102）

生产性服务业对农业绿色生产的影响研究

以化肥投入为例

万凌霄 著

中国社会科学出版社

图书在版编目（CIP）数据

生产性服务业对农业绿色生产的影响研究：以化肥投入为例/万凌霄著．—北京：中国社会科学出版社，2024.4
ISBN 978-7-5227-3163-6

Ⅰ．①生…　Ⅱ．①万…　Ⅲ．①生产服务—服务业—影响—绿色农业—合理施肥—研究—中国　Ⅳ．①F323 ②S147.35

中国国家版本馆 CIP 数据核字(2024)第 045025 号

出 版 人　赵剑英
责任编辑　刘晓红
责任校对　周晓东
责任印制　戴　宽

出　　版　中国社会科学出版社
社　　址　北京鼓楼西大街甲 158 号
邮　　编　100720
网　　址　http://www.csspw.cn
发 行 部　010-84083685
门 市 部　010-84029450
经　　销　新华书店及其他书店

印　　刷　北京君升印刷有限公司
装　　订　廊坊市广阳区广增装订厂
版　　次　2024 年 4 月第 1 版
印　　次　2024 年 4 月第 1 次印刷

开　　本　710×1000　1/16
印　　张　14.75
字　　数　229 千字
定　　价　89.00 元

目　录

第一章

绪 论

第一节 研究背景及意义

一 研究背景

化肥作为粮食中的“粮食”，对保障我国粮食安全及提升农业生产效率至关重要（高瑛等，2017；Jiang et al.，2018）。改革开放以来，化肥对中国粮食增产的贡献率达到近一半，是生产要素贡献中最大的一项（Huang et al.，2008；王祖力和肖海峰，2008；张福锁，2017）。统计数据显示，截至 2020 年，我国农用化肥施用折纯量达到 5251 万吨，相比 1978 年的 884 万吨增长了近 5 倍。同一时期，我国粮食总产量从 3.05 亿吨提升至 2020 年的 6.69 亿吨，年平均增长率为 2.83%（见图 1-1）。除粮食生产外，整体农业生产效率因化肥投入也有较大提升。这表现在化肥是除技术变迁以及制度变革外，促使农业生产效率提升最重要的因素（Lin，1992；Sun et al.，2020）。基于对农业发展以及粮食生产的重要性，化肥逐渐成为农业生产中不可或缺的投入要素。正是由于农业生产对化肥高度依赖，现实中才出现了过量施肥以及施用效率低下的问题（Chen et al.，2014；Zhang et al.，2015）。中国现已成为全球化肥施用总量最高的国家，占世界化肥施用总量的 33%，施肥强度远超发达国家平均水平，是欧盟的 2.5 倍、美国的 2.6 倍（农业部，2015）。目前，中国单位种植面积上的化肥使用量已远超过全球平均水平，且仍呈现明显的上升趋势（仇焕广等，2014）。

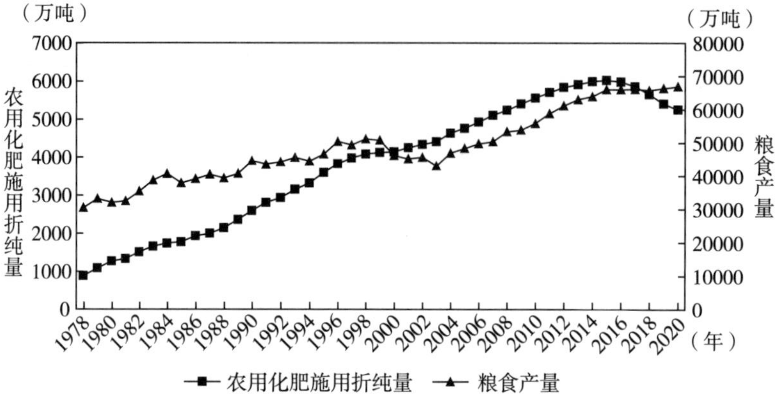

图 1-1　1978—2020 年中国粮食产量与农用化肥施用折纯量变化趋势

资料来源：《中国统计年鉴》（1979—2021）。

不断增加的化肥施用量不仅造成了面源污染等环境问题，还反向威胁到我国粮食安全。过量施肥在增加农业生产成本的同时，也造成了耕地板结以及土壤酸化等一系列环境问题，不利于我国农业可持续发展。根据《第二次全国污染源普查公报》数据，2017 年种植业氮流失总量为 71.95 万吨，磷流失总量则为 7.62 万吨，分别占我国排放总量的 23.66%和 24.16%，营养元素的流失会致使化肥利用效率低下。此外，那些大量未被利用的元素通过降水等途径进入土壤、水体及大气，导致了严重的资源环境危机。更有甚者，土壤、水体等环境的恶化也会反向影响粮食产量与质量，形成了恶性循环，严重威胁了我国粮食安全（叶兴庆，2016）。

为解决资源环境困境并保障粮食安全，我国政府将化肥“减量化”视为重要工作目标。原农业部（现农业农村部）从 2005 年开始，一直致力于推广测土配方施肥试点项目，以期提升化肥利用效率。自 2008 年起，中央一号文件不断提出发展绿色农业，开始采用补贴、技术推广等方式加强对农户以及新型经营主体绿色生产的支持。自 2014

年以来，农业发展目标开始直指“减量化”，明确提出化肥减量的要求。2015 年，原农业部颁布了《到 2020 年化肥使用量零增长行动方案》，提出了力争到 2020 年主要农作物化肥使用量实现零增长的目标以及相关要求，进一步明晰了化肥减量的指导方案。国家统计局数据显示，我国化肥施用总量从 2016 年起开始下降，这是自 20 世纪 70 年代起首次出现下降趋势。虽然整体上我国化肥减量增效取得了初步进展，但 2020 年亩均化肥施用量约为 313 千克/公顷，仍远高于国际安全施用标准的 225 千克/公顷。因此，国家仍在继续推动农业生产绿色转型。2019—2022 年中央一号文件在化肥使用量零增长的基础上提出了要实现化肥使用量负增长，并持续推进化肥减量这一发展目标，力争到 2025 年实现化肥利用效率再提升 3 个百分点，由此进一步强化了对绿色生产的需求（见表 1-1），这也意味着化肥减量仍为政策目标中的重要内容。

表 1-1　　中国化肥减量相关政策支持

年份	名称	政策内容
2008	中央一号文件	通过配方肥、种植绿肥以及增施有机肥加强耕地保护并改良土壤
2014	中央一号文件	加大农业面源污染治理力度，支持高效肥料以及低残留农药使用
2015	《到 2020 年化肥使用量零增长行动方案》	提出了采用“精、调、改、替”的技术优化路线，依靠科技进步、新型经营主体以及专业化农业化服务组织，改进施肥方式，降低化肥施用量并提升施肥效率
2017	《关于创新体制机制推进农业绿色发展的意见》	通过建立农业绿色循环低碳生产制度实现化肥、农药使用量零增长，同时到 2020 年化肥利用效率实现 40%的目标
2019	中央一号文件	提出农药、化肥使用量实现负增长，在化肥使用零增长的基础上强化了政策目标
2020—2022	中央一号文件	在化肥减量负增长的目标上，进一步提出了持续推进化肥减量增效目标

资料来源：笔者根据相关资料整理。

在上述现实以及政策背景下，减量施肥已成为学界关注的热点。已有文献大多聚焦于农户行为，探讨其化肥施用影响因素。21 世纪以来，我国农业生产性服务不断发展壮大，有效提升了农业生产效率并促进了农业农村经济发展（张露和罗必良，2018）。2021 年，全国人大审议通过了《中华人民共和国国民经济和社会发展第十四个五年规划和 2035 年远景目标纲要》，指出“要发展多种形式适度规模经营，健全农业生产性服务发展”，农业生产性服务逐渐成为实现现代农业与小农户的有机结合的重要抓手（钟真等，2021）。由于粮食种植收益较低以及农业兼业化程度加深，大部分粮食种植户会选择将农业生产环节外包给专业大户、合作社、农业企业等专业服务商。据《中国农村合作经济统计年报（2019 年）》统计，2019 年提供农业生产性服务的专业大户有 44.6 万户，提供服务的合作社达到 27.7 万个，企业则为 3.4 万个。其中，小麦作为中国三大粮食作物之一，种植区域在全国最为广泛、开展农业生产性服务最早并且服务占比最大。早在 2006 年，我国各地便针对小麦开展了生产性服务（孙小燕和刘雍，2019）。根据农业农村部数据，2019 年我国农业生产性服务业的服务面积超过 15 亿亩次，服务粮食作物面积 8.63 亿亩次，当年提供服务的组织超过 44 万个，服务小农户超 6000 万户，占全国农业经营户的 30%。

农户使用农业生产性服务后，生产决策主体以及生产方式都可能发生改变。那么，在我国粮食生产经营模式转型的现实背景下，农业生产性服务是否能够影响化肥投入？其中作用机理又是什么？围绕上述问题，本研究将结合理论与实证分析并采用多种方法深入剖析，以期为我国农业绿色转型以及可持续发展提供理论依据和现实模式。

二 研究意义

（一）现实意义

在我国农业生产经营模式转型以及农业绿色生产需求的现实背景下，探讨化肥减量这一问题具有现实意义。一方面，化肥使用对保障我国粮食生产、提升农业生产效率至关重要。但随着我国资源环境约束趋紧以及粮食生产由“量”向“质”转型，从要素投入来保证粮食安全的压力逐渐增大。因此以化肥减量为主要方向的绿色生产成为我国农业发展的现实需求。另一方面，农业生产性服务、农业适度规模经营等新型生产经营模式不断涌现，为我国农业生产开辟了新的道路。随着农业产业化程度加深，劳动力成本也逐渐上升，促使农业生产性服务商与小农户相互联结，形成了利益联结、共生共赢的新态势。基于农业发展现状、政策需求以及粮食生产广泛外包的现实，研究农业生产性服务对化肥投入的影响，对拓展化肥减量模式、保障粮食安全以及丰富对农业生产性服务的评价具有重要的现实意义。此外，厘清农业生产性服务对化肥投入的影响及作用机制，不仅对化肥减量增效具有重要意义，而且能够为瞄准政策及我国农业发展方向、实现农业绿色转型与可持续发展、保证国家粮食安全提供理论参考。

（二）理论意义

有关农业生产性服务对化肥减量的研究并未得到充分论证，本研究将有助于完善相关领域的不足。尽管有关化肥减量问题得到了大量关注，但大部分问题都忽视了我国粮食生产广泛使用农业生产性服务这一现实背景。现有研究多从农户角度关注农产品价格、要素价格、信息渠道、技术应用是农户减量施肥的重要因素，但并未认识到农户为农业生产决策者与服务商为农业生产决策者之间的差异。应当注意，当农户使用农业生产性服务时，农业生产决策者可能发生转变，此时二者对农业生产的决策基础差异必定会影响化肥投入。当农户为生产决策者时，服务商会通过信息传递促使农户改变化肥投入。除此之外，不论生产决策者为农户抑或是服务商，机械应用都是影响化肥投入的重要原因。而机械除农户自购外，还能通过农业生产性服务获取。因此，本研究在农户化肥减量行为的基础上，进一步探讨农业生产性服务通过生产决策主体转变、信息传递促使农户转变施肥技术以及机械应用对化肥投入的影响，进而为我国化肥减量以及绿色生产模式提供必要的理论证据支撑。

第二节　文献回顾及评述

化肥指采用物理及化学工艺等方法制成，施用于土壤提供氮、磷、钾养分为主的无机肥料。按照我国对化肥的标准认定①，化肥包括单一肥料、微肥以及复合肥等种类。涉及磷酸二铵、碳酸氢铵、过磷酸钙、尿素以及复合肥等②。我国化肥投入经历了从施用不足到过量施用的过程。新中国成立初期，有机肥是我国农作物主要的养分来源。20 世纪 60 年代之前，我国粮食生产普遍存在化肥投入不足的问题。当时，我国化肥产业发展落后，肥料多来源于进口。这一时期，化肥施用多以单质低浓度肥料为主且化肥施用强度较低，研究重点多聚焦于如何使用化肥促进粮食增产。研究人员对我国河西灌溉区的春小麦连续 3 年进行肥效试验，发现相较于未施肥的农田，氮磷钾单施或者混合施用化肥的农田具有显著的增产效应（许祖恩等，1966）。1966 年开始，我国拥有了自主生产的化肥产业。随着 20 世纪 70 年代以来我国化肥工业的不断发展，化肥逐渐取代了有机肥成为主要肥料（白由路，2017）。此外，改革开放后家庭联产承包责任制的推行，极大增强了农户生产动力，提升了我国农业生产活力。这一时期，我国

① 化肥为含有一种或几种作物所需营养元素的肥料。其包括单一肥料、微肥以及复合肥等。中国肥料具有国家认定的标准，2001 年中国质量监督检疫总局 GB18382—2001《肥料标识内容和要求》以及 GB15063—2001《复混肥料（复合肥料）》都对化肥中包含的肥料种类以及含量进行了说明。

② 需要说明的是，本研究尝试对化肥投入按化肥折纯量进行计算。但由于数据可得性以及现实原因，最终选择采用了亩均化肥投入金额对化肥投入进行衡量。主要原因为：一是由于农户在施用化肥时多以复合肥投入为主，而复合肥品牌众多且地区使用差异较大，因此农户自身也很难确定最终复合肥元素的比例。二是农户施肥过程不仅包括固态肥料，还包括后期叶面肥补肥。叶面肥属于液体肥料，较难获取具体元素含量以及质量。三是农户在现实中基本都是在当地合作社、供销社以及农资店购买化肥，由于购买渠道较为一致，因此较少存在由大量购置化肥带来的规模效应。同时，本研究在第三章微观案例观察以及第七章机械使用机制验证中也使用了化肥施用量进行分析。第八章也探讨了化肥投入金额与化肥施用量对结果的潜在影响，并采用其他数据库再次验证了农业生产性服务对化肥施用量的影响。此外，为避免价格以及通货膨胀对化肥投入造成的影响，在实证分析中对地区以及化肥价格进行了控制，并对化肥价格进行了平减。

粮食化肥投入大幅增加，且利用效率有所提升。20 世纪 90 年代，钦绳武等（1998）通过大量田间试验，发现我国主要粮食作物氮肥利用率为 30%—35%，磷肥利用率为 15%—20%，钾肥利用率为 35%—50%，这一结论被一直沿用至 21 世纪初。我国农业生产多年以增产为导向，正是因为化肥具有见效快、使用便利等特点，农户形成了以化肥为主导的施肥习惯。

21 世纪以来，我国加入了世界贸易组织（WTO），农业发展开始转向绿色以及可持续，学界也逐步关注到化肥施用过量的状况。一开始多是农学领域采用田间试验对化肥投入状况进行测算。学者基于土壤微量元素以及 pH 值，最终发现我国化肥施用效率整体偏低。研究结果表明，我国化肥利用率基本在 15%—35%，而不同区域以及作物之间差异较为明显，大部分地区属于化肥高量投入范畴，且这些高量施肥地区的施肥量已经超过全国平均水平的 1.29 倍（曾希柏等，2002；陈同斌等，2002；张卫峰等，2008；李红莉等，2010）。不过，化肥投入不仅是农学与环境问题，更是经济学问题，因此经济学领域也开始关注化肥投入问题。相关研究多基于经济学上最优施肥量的度量，在全国范围对化肥施用状况进行测算。相关研究发现三大粮食作物化肥投入均远超最优施肥量，且不同地区、不同营养元素、不同作物之间具有较大差异（何浩然等，2006；马骥，2006；史常亮和朱俊峰，2015）。

大部分学者对我国化肥施用状况得出了类似的判断，即我国化肥在粮食生产以及部分地区间存在着施用过量以及效率低下的问题。而化肥施用过量又是什么造成的？农业生产过程是自然再生产与经济再生产的有机结合，因此宏观环境会对我国化肥施用产生重要影响。起初，大部分学者集中在宏观领域分解我国总体化肥施用量不断上升的驱动因素，以明确我国化肥投入变化的原因从而为减量施肥寻找落脚点。宏观层面分解显示种植结构、种植面积以及化肥施用强度均能造成化肥施用量不断上升。而化肥施用强度本质上就是亩均施肥量，这与农户行为息息相关。而化肥施用也是农户的生产决策过程，微观农户特征也会影响化肥投入。因此，学界进一步转向微观农户视角，寻找农户化肥投入的影响因素以期为减量施肥寻找现实对应。

上述分析是对以往化肥投入研究整体脉络的梳理，下文将进一步综述化肥投入以及农业生产性服务的相关研究。首先，对化肥投入的影响因素进行综述，包括宏观和微观视角；其次，针对近期机械应用对化肥投入影响的研究，关注农户机械应用的影响因素；再次，基于本研究问题所在，综述农业生产性服务对农业生产的影响以连接其与化肥投入的关系；最后，对本研究议题新的研究趋势进行总结，主要为农业生产性服务对化肥投入的影响。

一　化肥投入影响因素研究

早期对化肥投入影响因素研究的驱动力主要在于明晰宏观层面化肥投入不断上升的原因。因此，有一批文献集中于宏观层面分解化肥投入变化的原因。随着学界对分解因素的解析发现施肥强度是化肥投入快速增长最重要的原因，至此农户化肥投入决策行为成为学界进一步研究的方向。

（一）宏观视角

总体来看，宏观视角下化肥投入的变化主要由以下几个因素引起。

1. 种植结构

随着我国农业发展以及种粮收益下降，我国种植结构逐步发生改变。由于不同农作物对化肥投入需求具有差异，因此种植结构的变化必然导致区域间以及总量上化肥施用的差异。由于具有较高的经济利润，农户逐渐由种植粮食作物转向种植如蔬菜、瓜果等经济收益较高的农作物。经济作物相比粮食作物需肥量大，因此这些作物播种面积的增加是宏观层面化肥投入上升的重要原因（Xin et al.，2012）。一方面，这些农作物对化肥往往有更高的需求（彭海英等，2008；颜璐和马惠兰，2011）；另一方面，相较于大田作物，经济作物更加追求短期内的高产出，因此会提升化肥的单位投入（张卫峰等，2008）。潘丹（2014）基于2004—2011年全国31个省份的面板数据，采用因素分解的方法对我国化肥施用强度的变动进行了分析，发现种植结构变化是我国化肥施用强度增加的主要原因。

2. 播种面积

除种植结构外，播种面积增加也是化肥投入上升的主要原因。Yang 和 Lin（2019）采用浙江 63 个县 2002—2016 年的面板数据，运用对数平均迪氏指数分解法（LMDI）对化肥投入驱动因素进行研究，将每个县的化肥用量分别分解为播种面积、亩均劳动力数量、亩均化肥投入等，最终发现播种面积的减少能够促进化肥减量。此外，罗斯炫等（2020）通过研究粮食主产区政策对我国化肥施用的影响发现粮食播种面积的减少能够减少化肥面源污染。不过，也有研究认为播种面积对我国化肥施用量变化的影响不明显（赵明正等，2019）。

3. 施肥强度

不少学者在对宏观化肥施用量进行分解后发现，施肥强度是影响我国化肥施用量变化最重要的原因。栾江等（2013）运用全国 1991—2010 年宏观面板数据，对化肥施用量进行分解后发现施肥强度对化肥施用量变化的影响贡献最大，达到 77. 1%，而播种面积以及种植结构调整的贡献率则分别为 12. 4%和 9. 0%。赵明正等（2019）基于我国实行《到 2020 年化肥使用量零增长行动方案》后化肥施用量总体下降的现实，采用 2016—2017 年的省级宏观数据对近年来化肥施用量下降的因素进行了分解，发现施肥强度降低是我国化肥施用量总体下降的最主要的原因。此外，王萍萍等（2020）也从化肥施用强度、种植结构、播种面积以及化肥种类入手，通过对我国 1998—2017 年农作物化肥施用量变动的影响因素进行分解，发现化肥施用强度是我国化肥施用量变化的主要因素，贡献率均值能够达到 60%—75%。

（二）微观视角

已有研究证明了化肥施用强度是影响我国化肥投入变化最主要的原因，那么化肥施用强度又受什么因素影响？实际上，化肥施用强度就是亩均施肥量（栾江等，2013），与农户行为密不可分。为进一步了解亩均施肥量变化的原因，学界开始聚焦于微观农户生产行为，探讨其化肥投入的影响因素。化肥投入既是生产要素，也是技术应用及优化过程，涉及技术应用决策。Rogers（1962）提出技术应用的决策需要获取该技术的相关知识以及潜在采用者的信息，需要关注四个条件：最终产出、投入成本、要素成本以及固定成本（孔祥智等，2004）。因此，农户化肥投入主要成本来源包括：一是学习成本，即由于新技术的改变农户需要重新学习适应的成本，包括时间、金钱等；二是生产成本，即采用新技术后生产资料成本的增加以及采用新技术时人工成本的增加；三是交易成本，即农户为获取信息所付出的成本等（向东梅，2011；Ma and Awudu，2018）。这意味着农户化肥投入不仅与市场因素相关，还与技术因素密不可分。目前，有关农户化肥投入的影响因素主要包括以下几个方面。

1. 化肥价格

农户对生产要素的需求以及投入会受到要素价格的影响。要素价格作为农户要素投入的决策基础，研究表明化肥价格会对农户化肥投入产生重要影响。早期的文献多在讨论农户对肥料市场的价格敏感性，当化肥价格较低且农户具备较好的支付能力时，其会选择增加化肥投入（Aboulaye and Lowenberg-DeBoer，2000）。之后，Abdoulaye和Sanders（2005）引入了农产品价格，认为化肥使用是农户逐步决策的结果，当化肥价格与农产品相对价格相比较小时，会显著提升农户化肥投入量。基于中国的现实，也有不少学者对化肥价格与农户化肥投入行为进行了分析。马骥（2006）通过华北平原冬小麦和夏玉米种植户的农户调研数据，发现化肥市场供给情况会显著影响农户化肥施用行为。这表现在当化肥供给水平较高时，化肥价格较低，这会促使农户增加化肥投入量。而我国化肥价格长期较低是影响农户化肥施用较多的主要原因。正是由于我国化肥要素市场价格长期低下，因此农户倾向于大量使用化肥而疏于精耕细作，从而导致化肥施用过量（饶静和纪晓婷，2011）。不过也有学者发现化肥价格对其需求弹性变化甚微，这意味着农户对化肥价格变化并不敏感，化肥价格变化对最终化肥投入的影响较小（Takeshima，2017）。

2. 化肥替代要素价格

除化肥本身的价格外，其替代要素价格也会影响农户化肥投入。劳动力成本也是农户使用技术时需要考虑的因素。随着中国经济快速发展，城镇化进程导致大量农村劳动力外流，在一定程度上造成了农村劳动力短缺。化肥作为劳动力重要的替代要素，大部分研究认为随着劳动力机会成本越来越高，农户往往会施用更多化肥替代劳动力以获取高收入，二者的相互替代造成了化肥施用效率低下的现状（何浩然等，2006；肖阳，2018）。李洁（2008）利用1980—2005年长三角地区农业生产以及农产品市场的宏观数据发现，劳动力成本与化肥价格要素替代弹性高速增长致使化肥对劳动的替代，是长三角地区作物化肥施用量快速增长的重要原因。Ebenstein（2012）认为当劳动力外流时，农户会使用更多化肥来弥补劳动力的缺失，从而提升了化肥投入。胡浩和杨泳冰（2015）通过农业部固定观察点2004—2010年的数据也得出了类似结论。从三大粮食作物来看，劳动力成本的上升促使农户选择其替代要素化肥来替代劳动力，从而造成化肥施用量增加。然而，也有部分学者认为劳动力和化肥之间并没有明确的替代关系，反而随着劳动力减少降低了化肥施用量。例如，Chang和Mishra（2012）发现非农就业的增加会导致劳动力外流，从而促使农户采用降低化肥施用量来节省劳动力。

3. 农产品价格

最终产出也是影响农户技术应用的重要因素。农户基于利润最大化的决策基础，会通过农产品价格决定化肥投入。Paudel等（2000）通过对美国东南部地区花生和棉花种植户的研究发现，农户对产品有较高预期收入时往往容易进行非理性的农业生产决策，从而大量施用化肥。张红宇（2003）也认为农产品价格会对农户施肥决策产生重要影响，当农户预期农产品价格较高时会增加对化肥投入。随着社会的发展以及人民生活水平的提升，消费者对农产品质量不断转型升级。正是由于消费者对于农产品质量以及绿色农产品的需求，市场往往会对农产品具有生产标准要求（张福锁，2017）。相关研究发现市场对农产品质量的要求会倒逼农户减少化肥施用量，例如沈兴兴等（2018）认为农产品的消费引导能够有效促使农户预期农产品价格提升，为提升收入减少化肥投入。唐艳（2019）基于农户心理因素，从计划行为理论出发探讨了有机产品认证对农户施肥行为的影响，结果表明农户在考虑到自身资源占有以及有机产品认证带来的收益基础上会通过减少化肥投入来获取更高收益。Ma 和 Awudu（2018）也发现由于合作社等农业生产组织能够通过打通销售渠道获取农产品质量溢价，农户在此基础上会选择增施有机肥降低化肥投入。因此，合理的农产品定价制度是激励农户减量施肥的重要因素（吴九兴和黄贤金，2019）。

4. 信息渠道

农户对化肥质量、使用方式的认知以及技术掌握都会影响最终化肥投入，而这都是通过信息获取实现的。由于农户生产知识掌握差异以及对化肥市场信息获取成本较高等，化肥施用行为会受到影响。因此，有效的信息渠道能够降低农户的技术学习成本以及交易成本。已有研究表明信息在农户施肥决策中具有重要作用（Feder et al.，1985）。农户在施肥时间、品种选择、每亩用量以及化肥施用环节都面临技术风险，因此农户在信息不对称的情况下，很容易接受化肥销售者提供的高剂量化肥，从而导致过量施用（何浩然等，2006），但农户自身可能并未意识到施用过量的情况（马骥，2006）。且我国化肥市场具有较大差异性，农户难以通过经验获取正确的化肥信息。加上农资市场信息获取成本较高，因此在购买高质量化肥后农户仍然选择一般施用方式，易造成过量施肥（纪月清等，2016）。对此，部分学者认为化肥施用量难以控制的主要原因是农户缺乏有效信息与科学生产指导，因此倾向于施用更多化肥来避免潜在的产量损失（Goodhue，1999）。同时通过邻里沟通、同伴效应以及农业生产技术培训等渠道，能够有效为农户提供化肥施用知识及农资市场信息，影响农户化学要素使用状况（Feder et al.，1985；周洁红和刘清宇，2010；常倩等，2016；Adnan et al.，2017）。

5. 机械装备使用

机械施肥是施肥技术优化的重要形式，不少学者提出除人工施肥外，机械使用是提升化肥施用效率、降低化肥施用量的有效方式（付浩然等，2020）。同时，现有研究认为机械的使用能够定量、精准控制化肥施用，从而减少农业生产中化肥投入。朱建国等（2021）通过对粮食作物的实证检验也发现机械施肥的引入能够精准施肥，降低化肥施用量。张露和罗必良（2020）通过对湖北省 1752 户水稻种植户的调研，发现通过机械进行定量化与标准化控制，是实现化肥减量的重要方式。然而，也有学者得出了不同结论，认为机械化使用并不会减少施肥，Zhou 等（2020）在研究机械使用对小麦产量影响的过程中发现农业机械化服务会提升化肥投入水平。

6. 外部约束

外部约束也会影响农户化肥施用行为。由于农户生产活动具有外部性，在没有外部干预的情况下，农户容易过量施肥从而产生农业面源污染问题（饶静和纪晓婷，2011）。随着化肥施用过量造成的环境成本逐渐上升，有学者从外部约束角度出发，以期为化肥施用减量提出建议。

（1）政策以及法律规制。20 世纪 50—80 年代，欧美国家的化肥农药投入量不断增长，造成了严重的环境污染问题。因此欧盟和美国地区都采取了一系列措施包括法律、税收、自愿协议以及集体监督等方式对农户化肥施用进行控制（Grossman and Krueger，1995；Xepapadeas，1991）。通过法律规定化肥使用上限并严格规定施用标准能够有效减少化肥施用。除此之外，通过财政税收等经济手段给予农户经济惩罚也会使农户减少化肥施用量（陈红金等，2019）。我国在早期通过“增产增量”激励型政策，促使农户不断提升化肥施用量（李新华和巩前文，2016）。基于资源环境约束趋紧的现实，从 2005 年开始，我国政府密集地实施了一系列减量施肥的政策措施，国内也有一批学者开始研究政策法规对农户化肥施用的影响。有研究证明，我国在 2015 年颁布了《到 2020 年化肥使用量零增长行动方案》后，化肥施用量相比 2015 年得到了有效减少（赵明正等，2019）。

（2）农业生产组织约束。除政策与法律规制外，农业生产组织的质量约束与控制，可能会倒逼参与农户减少化肥投入。张利国（2008）利用 2007 年江西水稻种植户数据发现，农户在垂直协作形式下（如生产合同、销售合同以及合作社等）会由于紧密程度提升而降低化肥投入。而协作的紧密程度造成农户化肥投入的显著差异，这表现在当农户垂直一体化比如订单农业形式时，相比其他农业生产组织合作方式能够更明显降低化肥投入（魏欣等，2018）。

7. 其他影响因素

除上述路径之外，还有一些其他因素影响着农户最终化肥的施用行为，并在其中起着调节作用，包括土地要素、风险规避意识、农户禀赋特征等。

（1）土地要素。有关土地要素对有机肥施用的影响研究，一是从经营规模的角度出发，认为经营规模较大的农户更重视生产的可持续性，为提升土壤质量会较少施用化肥（夏雯雯等，2019；张露和罗必良，2020）。除此之外，也有部分学者认为经营规模只是作为调节变量，由于经营规模较大的农户更想提升农产品的获利能力，因此会减少化肥施用量（高瑛等，2017；肖阳，2018）。二是基于地权稳定性的角度，认为农户如果拥有稳定的地权会激发其长期投资的意愿，从而减少化肥施用量（龙云和任力，2016；邹伟等，2020；郑淋议等，2021）。

（2）风险规避意识。农户的风险规避意识是导致其最终化肥施用决策差异的重要因素。由于大多数农户属于风险厌恶型，在农业生产过程中具有一套有效的风险规避策略（张跃华等，2005）。为避免产量下降的风险，大多数农户都会选择增施化肥来降低风险（高晨雪等，2013；仇焕广等，2014），因此导致了化肥过量施用的状况。

（3）农户禀赋特征。农户的其他特征，例如性别、受教育程度以及年龄等也可能影响其化肥施用决策（马骥，2006；巩前文等，2010）。Nkamleu 和 Adesina（2000）发现受教育水平更低、住所离耕地更远的农户会增加对化肥的投入。仇焕广等（2014）也发现户主受教育程度、年龄等都是影响农户过量施肥的原因。

二　农业机械使用的影响因素研究

农业机械化是促进农业转型以及改变农业发展方式的必由之路（蔡昉，2010）。虽然改革开放以来我国农业机械迅猛发展，但农业机械化水平仍不高。早期，由于农村劳动力大量外流，不断有学者针对农户农业机械使用的问题进行研究。随着农业绿色发展要求的提出以及农业机械多样化功能的发掘，越来越多的研究开始关注机械施肥是化肥施用的新方式，但由于机械施肥面临着高初始投资，这意味着机械施肥首先需要大量前期资金投入来购买技术装备，因此阻碍了农户运用机械装备施肥（Mottaleb，2018；Yigezu et al.，2018）。但由于农户的禀赋差异，例如经营规模较小、资本缺失等，农户较少自己购置技术装备（Feder et al.，1985）。因此，也有学者对农户机械应用的影响因素进行分析，以期为实现农业机械化提供现实出路。有关农户机械使用影响因素的研究主要集中在以下方面。

（一）农业机械价格

价格是农户进行农业机械投资的基础。Lu 等（2016）通过构建农业机械购买、农业机械服务以及产品三个市场的阈值模型，发现随着农业机械价格的提升，农户会减少对农业机械的使用。此外，也有研究基于农业机械的价格进一步衍生出农户资金拥有程度对其农业机械使用的影响。曹光乔等（2010）发现，资金充裕的农户更有可能购买大型机械设备，从而增加机械使用程度。在此基础上，Omotilewa 等（2019）发现政策补贴能够降低农户机械应用成本，这是因为通过补贴能够降低机械应用成本促进技术应用。Mukherjee（2020）通过分析印度 1353 户微观农户数据发现，银行数量对于农户机械使用具有显著正向影响，这与获取信贷能力的提升有明显关系。在中国也有类似的发现，扶桑（2019）通过对安徽皖北的微观农户调研，发现农机补贴能够降低农户机械购买成本从而提升农户对农业机械的采用率，但是农户对补贴的了解程度会对最终机械应用程度起调节作用。

（二）劳动力成本

除农业机械本身成本之外，其替代要素成本变化也会影响农户机械应用的意愿。农业机械作为劳动节约型技术，家庭劳动力状况对农户机械使用的影响密切相关。陈铁和孟令杰（2007）发现随着家庭劳动力数量的减少，农户更倾向于选择使用农业机械以替代劳动。刘玉梅等（2009）也验证了上述观点，认为家庭人口规模（劳动力数量）对农户农业机械的使用具有负向影响。出现上述结果的主要原因是上升的劳动力成本使农户需要通过机械应用来降低劳动力投入的机会成本（张宗毅等，2009）。

（三）土地要素

农业在农业机械的使用研究中，备受关注的是农户土地规模研究。早期，林毅夫（1994）指出由于我国农业生产长期是“均田承包，农户经营”的模式，因此农业机械的投资回报率较低，农户缺乏明显的机械投资意愿（杨芳等，2019）。但是，农业经营规模的增长会打破已有的要素配置状态，部分农户会选择采用机械来代替劳动进行生产（陈昭玖和胡雯，2016）。但也有学者认为土地细碎化并不是阻碍农业机械发展的原因（侯方安，2008）。因此，学界在进一步关注土地流转与农户农业机械使用之间的关系时，认为土地流转能够提升农户农业机械使用意愿（李琴等，2017）。相关研究发现土地转入会提升农户农业机械化水平，而土地转让则对于农业机械化有抑制作用（彭继权和吴海涛，2019）。此外，也有学者关注到地权稳定性的问题，认为地权稳定性越高会强化农户农业机械使用的可能性（林文声和王志刚，2018；胡新艳和米薪宇，2020）。

（四）农业生产性服务

现实中，农户获取农业机械的方式除自己购买之外，还能够通过服务市场获取。现实中大部分农户购买农机服务，而不直接购置生产机械（吴丽丽等，2017）。Feder 等（1985）通过对美国农业机械服务市场的研究发现农户通过在服务市场上租赁机械能够促使农户采用机械。纪月清和钟甫宁（2011）通过对农户小型拖拉机使用的研究认为家庭购买小型拖拉机以及购买农机服务具有互补关系。随着非农就业的增加，农户会逐渐倾向于购买农机服务，从而提高农业机械使用率。Lu 等（2016）认为服务外包市场的存在可以突破农户购买农业机械的约束，促使农户使用农业机械。蔡键等（2017）通过分析河南、河北以及山东三省的调研数据发现服务外包是促使农户使用机械的重要因素。在此基础上，有学者进一步关注到农业机械的异质性，发现随着农机服务市场的发展，农机服务外包对不同农业机械的使用具有不同影响（张标等，2017）。不过，也有学者认为服务外包与农业机械只存在相互替代的关系，与最终农户农业机械的使用并没有直接联系（纪月清和钟甫宁，2011）。其通过对农户小型拖拉机使用的研究认为家庭购买小型拖拉机和购买农机服务具有互补关系。

（五）客观生产条件

除上述研究之外，农地规模、地形特征、气象灾害等客观环境也会影响农户对于农业机械的使用。学界较一致地认为地形是阻碍农户使用农业机械的重要因素。冷博峰等（2020）关注到地形因素对农户农业机械使用的影响，发现平原地区农机补贴更有利于农户使用农业机械。而相对于平原地区，丘陵以及山地的农业生产条件较为复杂，土地细碎化程度高，因此阻碍了农业机械的使用（郑旭媛和徐志刚，2017）。且部分地区由于气象灾害频发，农户基于风险规避意识也会选择减少农业机械的使用（陈新建和黄嘉升，2020）。

三　农业生产性服务对农业生产影响研究

相关研究发现农业机械应用会影响化肥施用，而机械应用除农户自己购置之外，还能通过使用农业生产性服务获取。此外，本研究重点关注农业生产性服务对化肥投入的影响，因此需要进一步综述的问题是农业生产性服务会对农业生产产生哪些影响。在此之前，需要了解农户为什么要使用农业生产性服务。为回答上述问题，本部分进一步对已有研究中农户采用农业生产性服务的影响因素以及农业生产性服务对农业生产的影响进行整理。

现阶段生产性服务的研究仍多集中于制造业，较少将农业与生产性服务相结合。不过近年来随着我国农业生产经营模式转型，大量文献开始探讨农业生产性服务及其对农业生产的影响。西方国家有关生产性服务的研究起步较早，可追溯到 1941 年舒尔茨的《改造传统农业》。而国内，黄佩民和俞家宝（1997）则最早提出农业社会化服务与现代服务业相结合对传统农业发展具有重要作用。学界有关生产性服务业研究多集中于制造业领域。虽然近年来有关农业生产性服务的相关研究得到了快速发展，但仍处于起步阶段。

随着我国农业转型以及农业分工的深化，农业生产性服务以及农业经营主体都得到了快速发展。分散型特征的传统小农逐渐向兼业化农户、专业大户以及家庭农场转型（张晓敏和姜长云，2015）。而这些农业经营主体的改变，也促使农户对农业生产性服务的需求发生了变化。一方面，已有研究基于不同环节角度，认为农户对生产性服务外包的需求较大，但对不同环节需求具有差异。相关研究发现农户对农产品加工以及销售的需求较为强烈（张晓敏和姜长云，2015）。此外，农户对于技术密集型环节例如病虫害防治机械化等需求还较低，相关服务环节亟待发展（韩青等，2021）。另一方面，已有研究基于农业生产性服务的程度，认为农户对服务程度具有明显的偏向性。例如，吕杰等（2020）认为农户对全托管的需求较小，更多的是选择部分托管。韩青等（2021）也发现相比单程托管和多环节托管，农户对全托管的接受程度还较低。

（一）农户使用农业生产性服务影响因素

首先，本研究对农户采用农业生产性服务外包的原因进行综述以明确农户为什么会选择农业生产性服务。现有文献表明服务供给以及农户个体差异，会影响农户对农业生产性服务的选择。已有研究主要从生产约束、服务供给状况、信息渠道以及政策补贴等路径对农户的选择进行分析。

1. 生产约束

一方面，劳动力成本上升促使农户选择使用农业生产性服务以降低劳动成本。随着中国城镇化进程的加快，非农就业带来的高收益与农业生产收益产生了较大差距，促使农村劳动力大量外移。由于农业劳动力缺失带来的成本上升，越来越多的农户选择使用农业生产性服务来进行农业生产（苏柯雨等，2020）。另一方面，经营规模等客观生产条件约束也会影响农户使用农业生产性服务。劳动力成本的上升引致了机械化需求的提升，但小农户受限于资本以及经营规模约束，难以通过自己实现机械化，因此部分农户也会选择使用农业生产性服务来获取机械应用（Ji et al.，2017；杨子等，2019）。Igata 等（2008）通过比较荷兰和日本的服务外包状况发现，荷兰规模较小以及缺乏劳动力的农场会倾向于使用农业生产性服务。此外，由于地形、土地细碎化等客观经营条件与环境，农户缺乏发展天然规模经营的条件，因此部分农户会选择将生产环节委托给服务商以解放繁重的劳动力（冀名峰和李琳，2020）。

2. 服务成本

农户对农业生产性服务的选择是充分权衡成本收益之后做出的理性选择，因此其会基于服务成本决策是否使用农业生产性服务。当农户在家庭内部进行农业生产的机会成本大于使用农业生产性服务的成本时，农户会选择农业生产性服务（蔡荣和蔡书凯，2014；刘家成等，2019）。申红芳等（2015）通过构建需求价格理论模型，发现农业生产性服务不同环节的价格对农户的最终决策具有明显差异，当服务环节价格越低时，农户越倾向于在该环节使用农业生产性服务。Ji等（2017）通过研究也发现，服务价格对农户农业生产性服务选择行为极其重要。单位面积服务价格越高，越容易抑制农户使用服务的可能性（朱薇羽等，2020）。在此基础上，刘家成和徐志刚（2021）发现如果农户在耕整地以及收割等环节联合购买农业生产性服务，能够降低交易成本，更有效地实现规模经济，促使农户进一步使用农业生产性服务。

3. 服务质量

也有学者进一步发现，除服务价格外，服务质量才是农户选择农业生产性服务的关键。邸帅等（2020）发现农户为避免减产的风险，当服务质量较高时农户更倾向于使用农业生产性服务。此外，也有学者基于服务不同环节的质量特征，发现由于服务商在生产过程中较易出现道德风险等问题，因此农户更倾向于选择收割等这类机械化程度较高、生产较为标准化的服务环节（孙顶强等，2019）。从各环节特征出发，发现由于植保以及施肥环节需要更高的服务质量以及监督成本，因此其会影响农户对相关环节的需求。谢琳等（2020）则从服务商与农户之间的信任机制出发，发现农户对服务商服务质量的信任有助于降低合作中的监督成本促使农户使用农业生产性服务。此外，服务商与家庭内部之间的信任差值越大时，农户越倾向于在家庭内部进行生产。因此，由于服务各环节服务质量难以标准化，农户服务选择具有差异。

4. 服务信息获取

是否了解农业生产性服务的实现过程以及效果是农户选择农业生产性服务的重要原因。现有研究认为通过各类信息渠道促使农户了解农业生产性服务的效果以及流程是促使其购买农业生产性服务的关键，其中政府以及熟人是获取服务信息的主要渠道（李显戈和姜长云，2015）。在此基础上，有研究基于服务可得性，认为邻里效应以及农业技术的指导能够促进农户对农业生产性服务的选择（刘晗和王钊，2017）。谢琳等（2020）发现，农业技术员对农户的指导能够提升农户使用农业生产性服务的可能性。

5. 政策补贴

除上述原因之外，政策补贴也是影响农户服务外包的因素。现有研究关注的重点主要在补贴谁的问题上。韩青等（2021）发现对服务商补贴降低了服务环节的服务价格，从而促使农户更倾向于选择将服务外包，且相对来说由于交易成本的下降，农户对全托管的需求会提升。但也有研究发现，由于补贴多针对的是生产服务商，对农户最终的农业生产性服务选择并不显著，因此政府应该将留存部分直接补给农户从而提升农户使用农业生产性服务的可能性（Sun et al.，2020）。与之类似，姜长云（2020）提出各区域通过因地制宜将补贴服务提供者转移到补贴服务消费者有助于降低生产服务的消费成本，从而促进农户选择服务外包。

（二）农业生产性服务对农业生产的作用研究

已有研究发现机械能够通过农业生产性服务供应获取，这意味着农业生产性服务能够提升农户家庭机械化水平。除此之外，农业生产性服务对农业生产是否还有其他影响？基于此，本部分进一步总结了已有文献中农业生产性服务对农业生产的作用。现有研究中关于农业生产性服务对农业生产的作用主要有以下几条路径。

1. 农业生产效率以及农产品质量

大部分文献是针对农业生产性服务对农业生产效率以及农产品产量提升来进行研究的。Takeshima（2017）发现农业生产性服务能够提升农业生产效率，并促进农业规模报酬递增。相比未使用农业生产性服务的农户，使用农业生产性服务的农户规模效应能够提升0.2—0.3。Sun等（2020）也证实了上述观点，通过多项内生处理效应模型发现农业生产性服务能够提升水稻产量。Deng等（2020）基于中国微观农户的调研数据，发现农业生产性服务能够提升生产率。但也有学者认为，虽然农业生产性服务能够提升农产品产量以及农业生产效率，但是这种盈利能力由农户本身规模效应所实现，不一定与服务相关（Gillepie et al.，2007）。在此基础上，Zhou等（2020）进一步关注到农业生产性服务对不同农户产量作用的差异，认为服务外包对低生产率的农户增产作用更明显。

2. 生产成本

由于农业生产性服务与市场的有效连接以及规模效应，能够有效降低生产成本（张露和罗必良，2021）。现有研究认为，在开放的服务市场上，农业生产服务通过纵向分工同样能够实现服务的规模经济（罗必良，2017）。Lyne等（2018）对南非的农业生产性服务进行研究，发现使用农业生产性服务的农户能够减少生产约束，降低劳动力投入以及灌溉成本从而提升农业生产收益。农业生产性服务作为劳动力的替代要素，能够改善劳动力缺失问题，降低劳动成本（Machila et al.，2015）。也有学者认为由于农业生产性服务能够降低生产过程中的交易成本，因而能够降低农业生产成本。穆娜娜等（2019）通过合作社提供的服务案例，发现合作社提供生产性服务的优势在于能够降低服务外包的交易成本，且双方紧密协作程度较高，最终更有利于服务质量的提升。除整体上对农业生产性服务讨论外，也有研究关注到农业生产性服务的类型。Sun等（2020）发现农业生产性服务对病害虫控制成本由于服务类型不同而具有差异。这表现在，相比只购买劳动力服务的情形，将生产环节交由专业组织运作能够更有效地降低病虫害防控成本。

3. 农业生产技术应用

此外，也有部分研究发现农业生产性服务能够带动农户应用新的农业生产技术。Cai和Zhou（2016）发现，农业生产性服务的出现能够帮助农户克服技术采纳的障碍，促使农户进行资金以及劳动密集型技术的采纳。Ji 等（2017）发现农业生产性服务能够克服农户技术知识障碍，促进病虫害等防控技术的采纳。随着农业绿色转型的需求提升，也有研究关注到农业生产性服务对农业绿色生产技术采纳的影响，发现服务能够促进农户采纳秸秆还田、病虫害防控等绿色生产技术，从而促进农业可持续发展（孙小燕和刘雍，2019）。

4. 机械化水平

由于农户自身机械使用受到其风险规避意识、资金等约束，因此越来越多的学者从外部服务市场入手，研究农业生产性服务对机械使用的影响。有研究表明，由于农户土地、资金以及特征差异的影响，除自己购买农业机械外，农户也能通过农业生产性服务使用机械（Lu et al.，2016）。朱桂丽和洪名勇（2021）通过对西藏青稞种植农户的研究发现农业机械使用在受到农户要素禀赋约束的情况下，农业生产性服务能够提升农户的机械化水平。可能的解释是，从资本要素来看，农业生产性服务能够实现规模经济降低农户资金约束实现机械应用（胡新艳等，2020）。

四　农业生产性服务对化肥施用的影响研究

随着环境问题逐渐受到重视，学界也逐渐开始探讨服务外包对化肥施用的影响。由于减量施肥是一种具有正外部性的行为，农户需要自己承担减量施肥的成本，而其成果可由全社会共享，因此农户减量施肥的动力不足（Arriagada et al.，2010）。这时，农业生产性服务便进入了学界视野。不过，现有关于农业生产性服务对化肥施用影响的研究仍相对较少且存在争论。

部分学者认为农业生产性服务外包能够减少化肥的施用（孙小燕和刘雍，2019；张露和罗必良，2020）。一方面，已有研究多将农业生产性服务充当信息传递的渠道，认为农业生产性服务通过为农户传递减量施肥信息能够实现农户施肥技术改进。这是因为农业生产性服务通过测土配方施肥等绿色生产技术应用能够提升化肥施用效率，从而实现减量施肥（孙小燕和刘雍，2019；梁志会等，2020）。杨高第等（2020）认为服务提供者能够更有效获取农资以及化肥施用知识的信息，通过甄别化肥用量正确施用化肥，减少了化肥施用。另一方面，现有研究关注到农业生产性服务能够通过机械使用降低化肥投入。张露和罗必良（2020）通过湖北省水稻种植户的调研数据发现，通过服务外包能够引入机械标准化施肥，从而减少化肥施用量。

也有部分学者基于农资商与服务商之间的关系，认为对于功能集中于农资供应以及销售信息提供的服务提供者而言，可能会更加强调投入品的作用从而导致化肥施用量增加（王常伟和顾海英，2013）。陈义媛（2018）从服务外包商对化肥获取的角度来看，认为由于农资市场的市场化转型，服务提供商会与农资销售商“合谋”，通过有条件地为小农户提供服务，销售化肥等生产资料，从而导致化肥投入增加。除此之外，也有部分学者认为生产性服务外包与化肥施用之间没有显著相关性（Marenya and Barrett，2009；Obisensan et al.，2019）。

五 文献评述

对化肥投入的研究经历了一定的发展过程，取得了丰富的研究成果，尤其以农户层面的研究居多，但仍需要进一步探索，这表现在以下几方面：

首先，已有文献并未考虑到农户使用农业生产性服务后农业生产决策主体可能发生改变。已有研究基本都是基于农户视角研究化肥投入的影响因素，然而中国的小麦种植户已经广泛使用农业生产性服务，此时农业生产决策主体可能发生转移，二者在农业生产决策基础上具有差异，必定会影响最终化肥投入。因此，已有完全以农户为基础作为研究视角的框架已不再适用。

其次，虽然已有研究发现农业机械能够对化肥施用产生影响，但仍存在争议和不足。一方面，这是由于已有研究关于农业机械对化肥投入影响的认知不足。除化肥投入量之外，由于机械精准、定量的特点机械施肥对化肥投入的影响更有可能是减少农户之间施肥不均等的程度。另一方面，已有研究并未关注到机械使用来源差异对化肥投入的影响。除农户自己购置农业机械之外，采用农业生产性服务也是农户获取机械的另一条渠道，二者由于机械质量的区别可能对最终化肥投入具有一定影响。基于此，需要进一步探讨农业机械对化肥施用量以及施肥均匀度具体有什么影响，以及机械应用来源于农业生产性服务与农户自购是否具有差异。

再次，虽然已有研究多已关注农业生产性服务作为信息渠道对化肥减量的作用，但并未对信息的异质性进行讨论。以往文献多是将农业生产性服务作为统一信息传递整体，但现实中由于服务商差异技术采纳能力具有区别，最终信息传递效果不同。此外，化肥投入除产中环节之外还涉及农资环节供应，当化肥购买以及产中环节均在同一服务商处购置时，服务商能够根据农户具体生产条件提供具有针对性的施肥信息。因此，从不同环节以及服务来源差异视角探讨农业生产性服务信息传递异质性这一路径，对已有研究也是有益补充。

最后，已有研究中对农业生产性服务界定不清晰以及完全从农户数据出发也造成了结论的争议以及机制解释不清晰。此外，对作用机制的讨论也较为零星、独立，缺乏统筹把控。具体而言，部分研究认为产前环节属于农业生产性服务，或者将与化肥投入无关的环节纳入讨论范畴，因而得出了不同结论。这意味着，只有将农业生产性服务界定清晰才能准确识别其对化肥投入的影响。此外，完全使用农户数据会遗漏当服务商作为农业生产决策主体时对化肥投入的影响路径。这是因为如果数据获取完全基于农户视角，当服务主体完全转变为服务商时，农户无法有效知晓服务供应商的决策过程以及结果。因此，也需要通过案例分析对服务商决策动力进行说明。

基于上述现有研究缺陷，进一步需要明确：农业生产性服务是否会对化肥投入产生影响？是通过什么机制影响的？当生产决策主体转变为服务商时其决策动力是什么？目前，这些问题还未得到清晰回答。基于此，在中国粮食生产广泛外包的现实背景下，从信息传递、生产决策主体转变以及机械应用的视角探索农业生产性服务外包对化肥投入的影响，对农业可持续发展以及拓展减量施肥模式是一项颇具现实和理论意义的研究。

第三节 研究目标及内容

一 研究目标

本研究以小麦①生产为例，通过构建系统性理论分析框架，基于我国小麦种植广泛使用农业生产性服务的现实，识别农业生产性服务对化肥投入的总体影响。在此基础上，首先从信息传递角度分析农业生产性服务通过信息传递促使施肥技术升级从而影响化肥投入。其次，从农业生产决策主体转变角度说明农业生产性服务对化肥投入的影响。最后，揭示机械应用在农业生产性服务中对化肥投入的作用，以期为改善我国化肥过量施用、促进农业绿色转型以及实现农业可持续发展提供理论依据和现实参考。具体目标如下。

第一，识别农业生产性服务与化肥投入之间的关系；

第二，辨别信息传递在农业生产性服务中对化肥投入的影响；

第三，分析生产决策主体转变对化肥投入的作用，考察全托管对化肥投入的影响；

第四，阐述机械应用在农业生产性服务中对化肥投入的贡献。

二 研究内容

根据前述研究目标，本书研究内容主要包括以下七个部分：第一部分，理论框架构建以及研究假说提出；第二部分，现实观察我国农业生产性服务与化肥投入之间的关系；第三部分，总体检验农业生产性服务对化肥投入的影响；第四部分，从信息传递角度识别不同农业生产性服务环节对化肥投入的影响；第五部分，从生产决策主体转变角度，分析全托管对化肥投入的影响；第六部分，解释机械应用在农

① 本研究以小麦为例进行说明。由于不同品种化肥投入本身具有显著差异，大部分研究都会采用单一品种进行研究以控制不同种植品种化肥投入量的客观差异。此外，由于本研究聚焦于我国粮食生产，小麦作为三大主粮之一，是实现我国生产绿色转型的关键。此外，小麦识别误差较小，而玉米多以饲用为主，水稻则需要进行早稻和晚稻的区分。再加上小麦作为最早开展农业生产性服务的作物，研究具有典型性。基于上述原因，选择了小麦作为研究对象。

业生产性服务中对化肥投入的影响；第七部分，基于以上分析提出政策建议。

（一）农业生产性服务与化肥投入关系的理论分析

理论部分分为三部分展开，首先，对已有关于化肥投入影响因素研究的基本范式进行总结，并说明已有研究局限性。其次，对农户使用农业生产性服务的因素进行理论推导。最后，结合信息传递、农业生产决策主体转变以及机械应用机制，分情况阐述农业生产性服务对化肥投入的影响，并基于理论框架设定，结合我国小麦种植广泛使用农业生产性服务的现状，提出待检验的研究假设。

（二）我国农业生产性服务与化肥投入现实观察

本部分主要从现实出发为后续实证检验铺垫背景常识，以理解农业生产性服务与化肥投入的关系，主要有四部分内容。

（1）说明改革开放以来我国农用化肥投入变化状况。首先，对我国农用化肥施用总量以及施用强度进行介绍；其次，区分不同地区化肥施用总量以及施用强度变化状况；最后，对不同作物化肥施用总量以及施用强度进行分析。

（2）介绍改革开放以来我国农业生产性服务发展历程。首先，结合政策变化对农业生产性服务演变过程进行分析；其次，采用宏观数据从不同时期、不同作物出发对我国农业生产性服务的发展状况进行描述；最后，结合宏观数据对我国农业生产性服务的演变逻辑进行总结。

（3）结合宏观数据及现实案例说明农业生产性服务与化肥投入之间的关系。主要使用省级层面宏观数据观察农业生产性服务与化肥投入的关系，并通过案例分析农业生产性服务不同类型对化肥投入影响的现实途径，为后续实证检验提供现实背景。

（4）为后续有效进行大样本检验对微观数据进行描述性统计分析。主要介绍数据结构，并在此基础之上对本研究核心变量农业生产性服务及具体环节使用状况进行描述。此外，对农业生产性服务与化肥投入之间的统计关系进行交叉分析。

（三）农业生产性服务对化肥投入影响的总体检验

（1）检验农业生产性服务对化肥投入影响的存在性。首先，控制农户特征以及经营变量差异，识别总体上两者之间关系是否存在；其次，将农业生产性服务细分至与化肥使用的相关环节，分析播种、植保两项环节对化肥投入的影响。

（2）分析不同地区农业生产性服务对化肥投入的差异。本部分主要按照各地农业生产性服务供给状况以及地形进行区分，识别在不同农业生产性服务供给以及地形情况下农业生产性服务对化肥投入的差异，以为后续探讨信息传递、农业生产决策主体转变以及机械应用机制进行铺垫。

（四）机制分析一：信息传递与施肥技术采纳

农业生产性服务能够分为部分托管以及全托管。农户在使用部分托管时，多数情况仍为自己决策。本部分主要验证农业生产性服务通过信息传递促使农户施肥技术升级从而影响最终化肥投入，主要分为三个部分。

（1）引入农资供应环节，探讨农资与播种或者植保环节组合使用对化肥投入的影响以识别信息传递的作用。同时，由于农资与播种或者植保来源于同一服务商意味着能够按照农户具体生产条件提供科学施肥信息，因此进一步分析农资与后续播种以及植保环节是否来源于同一服务商对化肥投入的影响差异。

（2）不同环节来源于不同服务商意味着科学施肥信息传递质量差异。因而，区分播种与植保环节服务来源于家庭农场与专业大户以及农业生产组织，探讨不同服务来源对化肥投入的影响。

（3）信息传递主要是通过改变农户施肥技术应用从而影响化肥投入，进一步验证不同环节对农户新型施肥技术采纳的影响这一作用机理。

（五）机制分析二：农业生产决策主体转变

除信息传递促使农户施肥技术升级外，农业生产性服务还能通过服务商替代农户生产对化肥投入产生影响。由于农户使用部分托管时无法明确是否完全为服务商决策，但农户使用全托管时则必定完全由服务商进行农业生产决策。因此，本部分以全托管这一农业生产决策主体转变的现实模式为衡量变量，研究农业生产决策主体转变对化肥投入的影响。具体如下。

（1）识别全托管对化肥投入的影响。首先，基于生产决策主体完全转变，分析全托管对最终化肥投入的影响；其次，选择工具变量，采用工具变量法解决农户决策带来的内生性影响；最后，聚焦于采用农业生产性服务的农户，区分全托管与部分托管，比较生产决策主体完全转变与未完全转变对化肥投入的影响区别。

（2）在识别了全托管对化肥投入的具体影响后，进一步区分全托管对化肥投入不同分布农户的影响，并基于经营规模区分全托管对不同规模农户化肥投入的影响差异。

（六）机制分析三：机械应用与均匀施肥

无论农业生产决策主体是服务商还是农户，只要使用了农业生产性服务则意味着机械的使用，因此需进一步解释机械应用在其中对化肥投入的影响。主要内容如下。

（1）整体分析机械应用对化肥投入以及施肥均匀度的影响，并采用处理效应模型解决农户机械应用的内生性问题。此外，更换被解释变量进行稳健性检验。

（2）研究机械服务来源于农业生产性服务时对化肥投入的影响。具体为处理效应模型解决农户机械应用的内生性问题，同时更换被解释变量进行稳健性检验。

（3）重点关注应用机械服务的农户，识别机械自购以及使用机械服务对化肥投入的影响差异。

（4）单独关注自购机械以及使用机械服务农户与未使用机械农户对最终化肥投入的影响，以识别不同机械来源对化肥投入的边际效果。

（七）政策建议

在上述理论分析以及实证检验的基础上，对主要研究结论进行总结，并结合我国小麦种植户广泛使用农业生产性服务的现实，对如何实现农业生产化肥减量以及可持续发展提出合理的政策建议。

第四节 研究方法及数据来源

一 研究方法

本研究主要综合运用文献分析法、理论分析法、统计分析法以及计量分析法来阐述研究问题以及观点。

（一）文献分析法

通过梳理有关化肥投入、农业生产性服务的相关研究，把握相关研究现状，并总结已有研究的一般范式从而定位本研究的探索方向，明确研究贡献。

（二）理论分析法

通过概念界定、区分农业生产性服务不同类型，在前人研究的基础上进一步构建本研究框架，对信息传递、农业生产决策主体转变以及机械应用与化肥投入之间的关系讨论清楚，为后续实证分析奠定基础。

（三）统计分析法

统计分析法能够有效初步掌握数据分布状况，在实证过程中具有重要作用。本书在研究中多次采用统计分析方法，对是否采用农业生产性服务、不同类型以及不同环节农户样本化肥投入情况进行整体描述，以为后续计量分析奠定数据基础。

（四）计量分析方法

本研究从基准模型出发，参考以往实证基础，合理对模型进行设定并设计变量，同时采用内生转换模型、倾向性得分匹配法、处理效应模型、工具变量法对内生性进行矫正，并使用分位数回归方法说明全托管对不同化肥投入农户的影响。

二 数据来源

本研究所使用的数据包括宏观统计数据以及微观农户数据。

（一）宏观统计数据

本书的宏观统计数据主要包括发改委汇编的历年《全国农产品成本收益资料汇编》、国家统计局历年的《中国统计年鉴》、《中国农村统计年鉴》以及《中国农业机械工业年鉴（2019）》等。

（二）微观农户数据

本书采用的微观农户数据来源于三部分。一是中国农业大学国家农业农村发展研究院 2018 年、2019 年的返乡调研数据。该调研始于 2014 年，5 年间问卷设计有多次调整，针对研究问题以及数据一致性，选取了 2018—2019 年的农户样本开展研究。调研范围涵盖我国所有粮食主产区，包括 14 个省（市、区）265 个行政村以及 5414 户家庭。调研内容涵盖农户家庭特征、生产经营情况（粮食作物种植、生产要素投入）、农产品销售、家庭全年收支情况等。二是浙江大学中国家庭大数据库（Chinese Family Data Base，CFD）2017 年中国农村家庭追踪调查（China Rural Household Panel Survey，CRHPS）数据。该调研始于 2011 年，其间经过三次调整，变量经过多次变动。由于数据可得性以及本研究聚焦问题，选择 2017 年数据进行分析。整体数据包括全国 29 个省（市、区）的农村样本共 24764 户 77132 人①。数据在农村层面、城镇层面均具有代表性，并几乎涵盖全国所有省份。该数据涉及中国农村家庭比较完整的信息，具体包括家庭的基本构成、就业、收入与支出、农业生产经营状况、机械使用状况、化肥施用情况、土地利用与流转以及社会保障等方面。此外，数据还涉及中国基层单位（村委会）的基本情况，以及可供对比研究的城镇家庭数据。三是南京农业大学中国土地经济调查（China Land Economics Survey，CLES）数据库。为验证结论稳健性，本研究在第八章采用了 CLES 数据库再次检验了农业生产性服务对化肥施用量的影响。该调研基于江苏省农村固定观察点的建立与调查，于 2020 年开始在江苏省进行基线调研，全面分析了江苏省农村社会经济发展状况。调研采用 PPS② 抽样，具体为在江苏省 13 个地级市中抽取 26 个调研区县，在每个区县分别抽取 2 个样本乡镇，每个乡镇抽取 1 个行政村，每个村随机抽取 50 户农户。样本共计 52 个行政村 2600 户农户。调

① 数据中城镇样本 15247 户 49880 人，主要段落不再赘述。

② 按规模大小呈比例地抽样，属于概率抽样中的一种。

查内容包括土地市场、农业生产、乡村产业、生态环境、脱贫攻坚、农村金融等方面。

需要说明的是，本研究主要章节第四章至第六章采用的是中国农业大学国家农业农村发展研究院的返乡调研数据。其主要内容为总体验证农业生产性服务与化肥投入之间的关系、解释农户使用部分托管时通过信息传递促使农户施肥技术升级从而实现化肥减量，以及阐述农户使用全托管，由于与农户具有产量约束，因而一方面为保证产量达到合同约束，另一方面为了降低成本，服务商会降低化肥使用的作用机制。而后续机械应用作用机制验证，由于返乡调研数据中不涉及农户自购机械以及机械服务的区分，而单纯播种环节的引入不仅涉及通过信息传递促使减量施肥，还涉及机械使用，并不能单独测度农业生产性服务中机械使用对化肥投入的影响。因而，为分离出机械应用的作用，进一步使用了浙江大学 CFD 中 2017 年中国农村家庭追踪调查解释机械应用的作用机制。此外，由于中国农业大学返乡调研数据缺乏化肥施用量的数据，为进一步验证结论，本研究也采用了南京农业大学 CLES 数据库进行稳健性检验，以期多角度验证农业生产性服务对化肥投入的影响，并增强结论的稳健性。

第五节 技术路线

本研究技术路线如图 1-2 所示。整体路线分为理论、现实观察以及实证部分。对农业生产性服务与化肥投入之间的关系进行理论分析后，首先从宏观数据以及微观案例角度对二者关系进行现实背景铺垫；其次，证明农业生产性服务对化肥投入影响的存在性；最后，分析农业生产性服务通过信息传递促使农户采纳新型施肥技术以对化肥投入产生影响，并阐述农户使用服务后农业生产决策主体转变对化肥投入的影响。在此基础上，进一步验证机械在农业生产性服务中对化肥投入的作用。

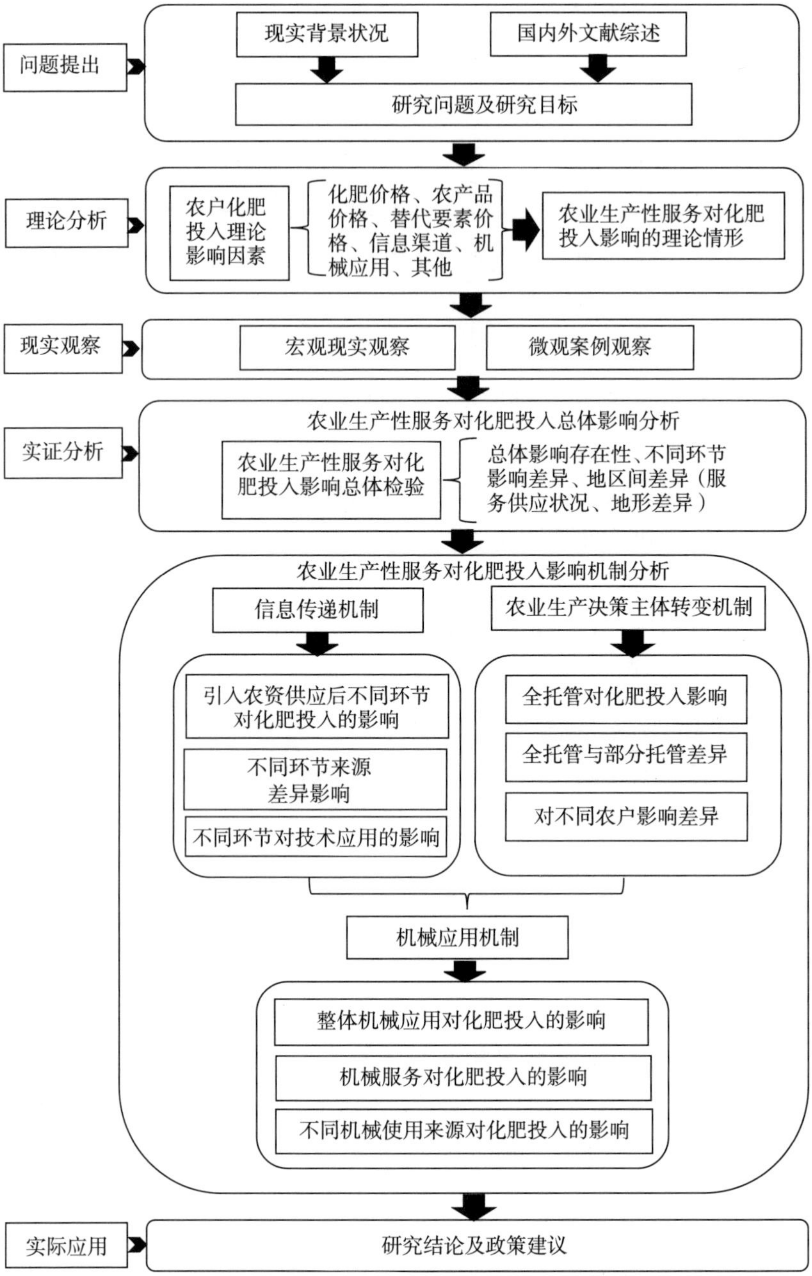
问题提出
现实背景状况
国内外文献综述
研究问题及研究目标
理论分析
农户化肥投入理论影响因素
化肥价格、农产品价格、替代要素价格、信息渠道、机械应用、其他
农业生产性服务对化肥投入影响的理论情形
现实观察
宏观现实观察
微观案例观察
实证分析
农业生产性服务对化肥投入总体影响分析
农业生产性服务对化肥投入影响总体检验
总体影响存在性、不同环节影响差异、地区间差异（服务供应状况、地形差异）
农业生产性服务对化肥投入影响机制分析
信息传递机制
农业生产决策主体转变机制
引入农资供应后不同环节对化肥投入的影响
不同环节来源差异影响
不同环节对技术应用的影响
全托管对化肥投入影响
全托管与部分托管差异
对不同农户影响差异
机械应用机制
整体机械应用对化肥投入的影响
机械服务对化肥投入的影响
不同机械使用来源对化肥投入的影响
实际应用
研究结论及政策建议

图 1-2　技术路线

第六节 创新之处

本研究创新之处可以归为以下四方面。

首先，充实了农业生产性服务对化肥投入影响因素的分析框架。已有文献对化肥投入的影响探讨经历了一系列发展过程。虽然已有研究从化肥价格、农产品价格、替代要素价格、信息渠道以及机械应用方面解释了农户化肥投入的影响因素。但通过对现有文献梳理能够发现，虽然已有部分研究关注到农业生产性服务对化肥投入的影响，但机制解释仍不充分。因此，结合中国小麦种植户广泛外包的现实，将农业生产性服务纳入分析框架能够细化化肥投入影响因素，并为我国农业生产性服务建设提供现实参考，具有一定创新性。

其次，进一步识别了农业生产性服务中差异化信息。已有研究并未基于人力资本、信息获取能力差异，将服务商分类探讨以分析服务不同来源对最终化肥投入的影响。此外，本研究进一步关注到产前与产中环节服务供应来源一致意味着服务商能够根据农户经营特征提供有效的科学施肥信息，还关注到各环节供应服务商不同所传递的科学施肥信息质量存在差异。因此，本研究区分了产前产中环节是否同一来源对化肥投入的影响，以及环节供应服务商差异以分析信息传递有效性对化肥投入的影响。

再次，从生产决策主体转变视角出发，拓展了农业生产性服务对化肥投入影响的研究维度。已有研究多从农户视角讨论农业生产性服务对化肥投入的影响，但当服务外包后农业生产决策主体很可能由农户转为服务商，此时单一从农户维度来探讨此问题已不再适用。基于此，本研究在总结已有研究范式的基础上，将农业生产决策主体转变纳入分析框架，并进一步分析农业生产决策主体转变后服务供应商化肥投入的决策动力。

最后，揭示了机械应用在农业生产性服务中对施肥均匀度的影响。已有研究已经关注到机械应用对化肥投入的影响，但仍存在争议且并未关注到机械使用对施肥均匀度的影响。此外，除农户自身购买机械外，农业生产性服务也是农户机械应用的渠道来源。基于此，本研究将农业机械服务纳入研究框架，考虑农业生产性服务通过机械应用对化肥施用量以及施肥均匀度的影响，能够进一步深化对化肥投入影响因素的研究框架，也是对现有机械应用对化肥投入影响的有益补充。

第二章

理论框架及研究假设

化肥减量对我国粮食安全以及农业可持续发展至关重要，有关化肥投入影响因素的研究在理论探讨中不断深化。随着农业生产经营模式转型，农业生产性服务对化肥投入的影响被逐步纳入研究框架中。虽然学界对农业生产性服务与化肥投入之间的关系已经进行了探索，但并未形成相应的实证范式，仍存在局限性。因此，本章的重点是基于已有研究范式的不足，从理论层面探讨农业生产性服务与化肥投入之间的关系。本章主要研究内容安排如下：第一，对已有化肥投入影响因素研究范式进行梳理，并明确现有研究局限性；第二，构建本研究分析框架并提出研究假说。具体而言，一是基于农户视角，分析农业生产性服务通过信息传递改变农户施肥技术从而对化肥投入产生影响；二是基于服务商视角，分析当农业生产决策主体为服务商时的决策基础及动力，并推导出服务商对化肥投入的需求函数；三是讨论生产主体通过机械使用对化肥投入产生影响；四是结合理论分析框架提出本研究在实证部分需要验证的假设，以为后续研究奠定基础。

第一节　以往研究范式总结

已有研究多基于农户视角探讨其化肥投入影响因素。这是因为农户是融合经济与社会功能为一体的集合单元，并以理性“经济人”为基本假设（翁贞林，2008）。亚当·斯密（1972）认为理性经济人都是以追求利润最大化为行为基础。理性小农学派，例如舒尔茨（2009）以及 Popkin（1980）等认为小农像所有企业家一样都是理性“经济人”，且小农经济运行机制与市场经济运行机制相差无几，其经济行为以利润最大化或家庭福利最大化为基础，农户会通过有效配置生产要素实现帕累托最优。特别是波普金，在理性小农的基础上强调了农户计算的重要性，认为农户是通过长期或者短期的公共或者私人投资提升其生活水平。黄宗智等基于中国的现实情况，结合农户生产与消费行为进一步拓展出具有中国特色的农户行为理论。其认为农户不仅具有异质性且在农业生产决策中具有多重行为目标，这表现在小农户既为家庭生产也为社会生产，除利润及家庭福利最大化之外，农户还会考虑如风险规避等因素（郑风田，1995；刘莹和黄季焜，2010）。

小麦种植户作为理性“经济人”，如上所述是在既定生产约束之下以利润最大化为行动准则。化肥作为必不可少的生产投入，既是农业生产要素也是农业生产技术应用（Paudel et al.，2000；Takeshima et al.，2017）。因此，在讨论研究框架时需要将影响农户化肥投入的市场因素以及技术因素进行剥离，从而明晰理论框架。本章以农户“利润最大化”动机作为逻辑起点，结合已有关于农户施肥行为的研究以及现实状况提出已有框架的不足之处。

农户化肥投入决策是其对生产成本以及收益变化共同衡量的结果。这意味着农户在考虑农业生产要素投入时是通过边际收益以及边际产量相等来达到基准目标的。假设农户的生产函数以及利润函数分别如下：

$$y=f(x) \tag{2-1}$$

$$\pi(p, w)=\max_{y,x}(py-wx: y, x\in T) \tag{2-2}$$

其中，式（2-1）为产出函数，y 为小麦产量；x 为生产小麦时的要素投入向量；p 为小麦价格；w 为要素投入的价格向量；T 为小麦生产可获得的技术集合。

式（2-2）能够通过包络定理即霍特林引理得出农产品供给以及要素需求函数，具体如式（2-3）及式（2-4）所示：

$$y(p,\ w)=\frac{\partial \pi}{\partial p} \tag{2-3}$$

$$x_i(p,\ w)=-\frac{\partial \pi}{\partial w_i} \tag{2-4}$$

借鉴肖阳（2018）以及祝伟等（2021）的设定，为直观分析小麦生产中农户决策最优化肥投入，假定只存在化肥一种可变要素投入。从小麦产量曲线来看，当化肥投入为 x_1 时，能够达到小麦最大产量值 y_1，这时为农学意义上的最优化肥投入。而当 $x>x_1$ 时，边际产量开始为负，这意味着在化肥投入大于 x_1 之后，小麦产量在达到最大值之后开始下降，具体如图 2-1 中（a）所示。上述理论情形在现实状况下也有所对应，例如当化肥投入过多时，由于土壤中有机质以及腐殖质缺乏，易造成土壤板结从而导致作物产量下降。

经济学上农户最优施肥则不同于农学中的定义。随着化肥投入增加，小麦的边际产量有所下降。与此同时，当小麦产量上升时小麦的边际成本也在递增。如图 2-1 中（b）所示，边际收益等于边际成本时的化肥投入则为最佳化肥投入。由于小麦市场可以近似看作完全竞争市场，小农户只是小麦市场价格的被动接受者，因此边际收益为常数，即 *MR* 为水平直线。因此，经济学上最优化肥投入为达到 y_2 产量时的化肥投入 x_2，而不是 x_1。能够发现，经济学上最优化肥投入要低于农学定义的最优化肥投入。

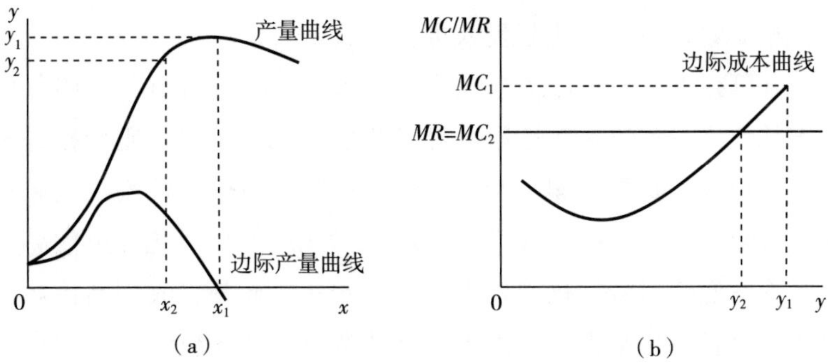

图 2-1　小麦产量与化肥投入关系

根据式（2-3）以及式（2-4）能够发现化肥投入会受到要素投入价格以及小麦市场价格的影响。此外，由于化肥投入本身也是农业生产技术的集合，因此除上述市场因素外化肥投入还会受到技术水平的影响。本章将已有研究结论与利润最大化的理论框架相结合，对农户化肥投入影响因素进行分类讨论，并分析其中的局限性以为后续本研究理论框架设定做铺垫。

一　已有研究中化肥投入影响因素

（一）市场因素

1. 化肥价格与农产品价格

化肥作为农业生产中不可或缺的投入要素，市场因素会对农户化肥投入产生重要影响。如式（2-4）所描绘，要素需求会受到要素价格及农产品价格的影响。一般来说，化肥价格越高，农户化肥投入则会越少（Croppenstedt and Mulat，1997；马骥等，2006）。这是由于化肥价格升高或降低时，边际成本曲线会上移或者下移。如图 2-2 所示，边际成本曲线分别上移至 MC' 以及下移至 MC'' 时，最佳产量将会下降至 y_3 或上升至 y_4，这时最佳化肥投入也会相应下降或上升。因此，当化肥价格上升时，农户化肥投入会下降；而当化肥价格下降时，农户化肥投入则会上升。农产品价格也是影响化肥投入的重要市场因素，当农产品价格上涨时，抑或是农户预期农产品能够获取较高价格时会增加化肥投入（张红宇，2003；Paudel et al.，2000）。这是因为农产品价格提高，边际收益曲线会向上移动，这时最优产量有所上升，相应的农户最优化肥投入也会提高。

也有研究得出了与传统最优化肥投入不一样的观点，表明化肥以及农产品价格不是单一线性影响最终化肥投入。虽然化肥价格是影响农户要素投入的重要因素，但 Takeshima 等（2018）观测到化肥价格对其需求弹性变化甚微，这意味着农户对化肥价格变化并不敏感，因而化肥价格变化对最终化肥投入的影响较小。此外，农产品价格也并不完全正向影响化肥投入。由于产品消费市场对绿色农产品需求的兴起，具有农产品有机认证、绿色农产品认证这一类标签的农产品成为消费者优先选择的对象。一般而言，这类具有产品质量认证标签的农产品都具有较高价格，但由于标签具有高质量、绿色农产品的潜在意义，会需要农户在生产中降低化肥等化学要素投入，因此这类农产品在市场上的高价格会倒逼农业生产者降低化肥投入。

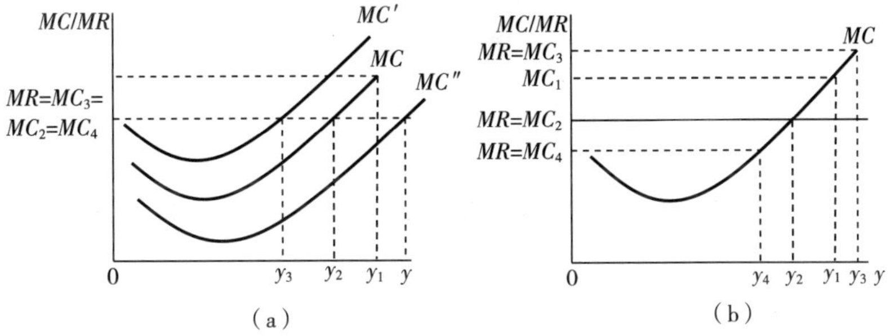

图 2-2　化肥价格、小麦市场价格变化与化肥投入关系

2. 化肥替代要素价格

替代要素价格也会影响化肥投入。在农业生产中，化肥投入与劳动力以及无机肥均可以相互替代，通过化肥与劳动力、无机肥的不同组合能够达到同等产量（何浩然，2006；肖阳，2018）。现实中，劳动力与化肥属于替代要素，随着劳动力价格逐渐提升，施用化肥的劳动力将会减少，农户担心减少的劳动力会影响最终产量，因此会通过增施化肥避免降低最终产量（Ebenstein，2012；胡浩和杨泳冰，2015）。此外，无机肥与化肥也可以互为肥料替代，有研究表明无机肥价格提升会促进化肥投入增加（马骥和蔡晓羽，2007）。如图 2-3 所示，（x_1，l_1）为初始预算约束下，劳动力/无机肥投入与化肥投入之间的组合关系。如果现实中无机肥或者劳动力价格下降，在产量不变的情况下，农户无机肥或者劳动力投入会上升至 l_2，而化肥投入则会下降为 x_2，此时最佳化肥投入以及无机肥/劳动力投入组合为（x_2，l_2）。反之，化肥投入则会增加。但现实中由于无机肥获取难度大、获取价格高，因此农户肥料使用仍以化肥为主。而由于农村劳动外流现象严重，劳动力价格较高，不少农户还是通过增加化肥投入从而来弥补由于劳动力投入下降而带来的减产风险。

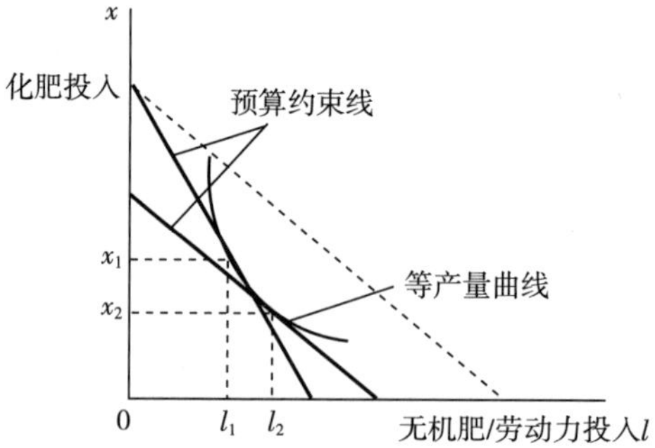

图 2-3　无机肥/劳动力投入与化肥投入替代关系

3. 农业生产知识

学界在传统生产函数上进一步关注到农户认知的异质性，这一部分归于农户特征中。而已有文献又关注到，市场中另一项重要的影响农户化肥投入的因素就是信息。相当于已有生产函数拓展为

$$y=f[x,\ \delta(inf)] \tag{2-5}$$

式中，δ 为农户特征向量，包括农业生产知识掌握、认知能力等；inf 为信息。通过信息传递能够改变农户农业生产知识状况，从而影响化肥投入。由于农资市场中化肥质量参差不齐且农资销售店准入门槛较低（孙明扬，2021），因此实际中农户很难甄别化肥品牌以及质量信息，这时就容易购买低质化肥并增加化肥投入（何浩然等，2006）。甚至就算购买了高质量化肥也会出现农户由于无法确定具体化肥投入而出现的过量投入现象（马骥，2006；纪月清等，2016）。因此，随着信息获取程度的增加，能够提升农户农业生产知识水平，从而促使农户合理施肥、降低化肥投入（应瑞瑶和朱勇，2015）。

（二）技术因素

除市场因素之外，如式（2-2）所示，由于小麦生产函数是技术的集合，因此技术改进也能够改变等产量曲线从而使要素投入发生变化，从而对化肥投入产生影响。市场因素直接影响农户要素投入行为从而降低其化肥投入，而技术进步则是农户通过技术改良，例如使用测土配方施肥技术，改变施肥方式按照土壤、作物需肥时间合理施

肥，改进施肥技术从而达到降低化肥投入的效果。这表现在由于技术进步，等产量曲线会往上移动，因此相比以往使用较少化肥也能获取最终产量，因此施肥技术进步有利于降低化肥投入。

技术集合由一系列影响技术应用的向量组成。具体而言，信息传递是影响农户改进技术的重要因素。信息除了能够帮助农户甄别农资市场信息，提升生产知识水平之外，还能够改进农户技术应用能力（Feder and Savastano，2006；周洁红和刘清宇，2010；Mottaleb，2018）。其中，社会网络、生产组织参与状况都是作为技术信息传递渠道，对农户最终技术升级产生影响（Mathijs，2003；冯晓龙和霍学喜，2016；万凌霄和蔡海龙，2021）。

（三）机械应用

现有研究讨论施肥时多默认人工施肥，但是施肥与小麦生产中的播种、田间管理以及植保环节密不可分。由于播种以及后续植保环节多为劳动密集型技术，因此衍生出了大量机械替代人工进行农业生产的形式，这意味着不仅可以使用机械替代劳动力来施肥，还能够将机械与施肥技术组合使用从而改变化肥投入（张露和罗必良，2021）。

二 已有研究局限性

以往研究在农户利润最大化框架下不断深化化肥投入的影响因素，且因农业经营模式变化出现了新的影响因素。随着农业生产经营模式转型与发展，传统小农理论已经无法完全阐述农户决策动机以及生产模式（徐勇和邓大才，2005）。农业生产性服务由于满足了农村劳动力不足、实现规模经营以及改善农户家庭福利的现实需求而呈现出快速发展的态势。在此现实背景下，大部分粮食种植户都会选择使用农业生产性服务。虽然有小部分研究针对农业生产性服务与化肥投入之间的关系及作用渠道进行了阐述，但结论仍具有争议。目前，农业生产性服务对化肥投入的主要影响渠道包括：①在农资市场获取低价优质化肥，从而利用价格优势改变施肥技术（梁志会等，2021）；②能够甄别化肥用量（杨高第等，2020）；③具有直接应用减量施肥技术的能力（孙小燕和刘雍，2019）。

需要注意的是，农业生产性服务对化肥投入的影响研究仍缺乏一套系统的理论框架。主要原因在于：一是以往研究对农业生产性服务界定不够清晰，多将产前以及产后环节都纳入农业生产性服务的讨论框架中。然而，农业生产性服务是农业生产环节过程中的服务（芦千文，2017；冀名峰，2018），产前环节农资供应只有与产中环节搭配供应时才属于农业生产性服务（姜长云，2020）。二是当农业生产决策主体为农户时，农业生产性服务主要是通过改变农户施肥方式来影响最终化肥投入量，这意味着施肥技术发生了转变。已知信息渠道是影响技术应用的重要方式，那么对农业生产性服务如何影响农户施肥技术应用这一渠道也需要详细说明。三是已有研究多将农户作为农业生产决策主体，需要意识到当农户使用农业生产性服务后，农业生产决策主体很有可能转移为服务商，这时二者决策动力具有差异。已有研究并未剥离两类主体影响，这有可能会误判农业生产性服务与化肥投入之间的关系。四是虽然有少量研究分析了机械应用对化肥投入的影响，但机械既能通过农户自购获取，也能通过使用农业生产性服务得到。而已有研究并未对上述两种路径进行区分，从而证明机械服务对化肥投入的影响。此外，不论是农户还是服务商进行农业生产决策，后续农业生产过程都会涉及机械的应用，为系统阐述农业生产性服务对化肥投入的影响应该把机械应用这一路径纳入理论框架中。

因此，进行理论分析时需要进一步关注到以下问题：首先，需要清晰界定农业生产性服务范畴。现实农户农业生产性服务使用多为产中环节，且当服务商同时供应化肥以及后续产中环节时也能够纳入农业生产性服务范畴，那么这一界定范围是否能够更有效说明二者的关系？其次，需要考虑农业生产性服务是否能够通过信息传递影响农户施肥技术应用。不论是施肥方式抑或是施肥量的变化都属于施肥技术改进，那么本质上农业生产性服务对农户化肥投入的影响则是通过改变农户施肥技术来实现的。而信息作为影响技术应用的重要渠道，农业生产性服务是否能够通过信息传递实现化肥减量？再次，需要关注到农业生产决策主体决策动力具有差异。在考虑农业生产性服务时，第一直觉往往是从农户行为角度分析农业生产性服务如何影响农户化肥投入。然而当农户使用农业生产性服务后，生产决策主体很可能已经转为服务商。农户以利润最大化为决策动力，而服务商则只需在与农户约定的既定产量下实现成本最小化。基于二者决策动力差异，服务商决策与农户决策最终化肥投入是否具有差异？最后，需要考虑到机械应用对化肥投入影响这一路径。不同于施肥技术改进，机械施肥完全是通过机械应用改变最终化肥投入。相比人工施肥，机械施肥更加精准定量，且农户使用农业生产性服务后，无论生产决策主体是农户还是服务商，都会进行机械应用。因此，这一渠道也应单独剥离出来以区别于施肥技术应用这一路径进行讨论。

第二节　研究理论框架及研究假说

专业分工深化引致产中各环节可分，农户可以搭配使用农业生产性服务不同环节。一方面，农业生产性服务会通过信息传递以及机械使用影响农户化肥投入；另一方面，决策主体会出现差异。因此，本部分在对以往研究范式以及局限性总结的基础上，遵循“农业生产性服务选择—农业生产决策主体—农业生产性服务对化肥投入具体影响渠道”逻辑路径进行理论阐述。这意味着，需要从底层逻辑出发，明确农户为什么要选择农业生产性服务。当农户单独或者组合使用部分环节时，农户在使用农业生产性服务后仍存在自己决策的情况，因此需要讨论农业生产性服务如何影响农户化肥投入状况。除农户决策外，农户在使用农业生产性服务后农业生产决策主体也可能会转移为服务商，因此需要进一步分析农户与服务商的决策动力差异，以比较二者对化肥投入的不同影响。除此之外，农业机械服务也是农业生产性服务中的重要环节（Lu et al.，2016；曹峥林和王钊，2018；刘晗等，2018），这时不论农业生产决策主体是农户抑或是服务商，都会通过机械来施肥。因此，本部分首先对农业生产性服务进行界定，并从农户对农业生产性服务的选择出发，通过理论分析阐释信息传递、农业生产决策主体转变以及机械应用三条渠道如何作用于农业生产性服务对化肥投入的影响。

一　概念界定

已有研究中正是因为对农业生产性服务界定不清，才会导致所得结果不一致。因此，清晰界定农业生产性服务是后续有效进行理论及实证分析的基础。本部分首先对农业生产性服务进行总体界定，鉴于后续需要讨论到农业生产决策主体转移为服务商的情形，进一步对现实中农业生产决策主体转变的现实对应模式全托管，以及农户购买单项以及部分农业生产性服务时的半托管进行定义。

（一）农业生产性服务

“生产性服务”早期是从工业领域兴起的概念。这一概念最早由Stigler（1956）提出，但当时并未达成一致。Greenfield（1966）提出生产性服务虽然表面上是短暂的交易活动但能够长期储存，这扩展了生产性服务的时间界限。之后，Coffey 和 Bailly（1991）等关注到服务商对要素引入的作用，促使“生产性服务”这一概念走向成熟。其认为生产性服务是在开放市场基于社会分工，通过服务商专业知识以及人力资本引入供应生产服务的行为。Alesina 和 Rodrik（1994）把生产性服务引入农业领域，发现随着生产服务内容的扩展，农业内部会分离出一些服务功能，由专业化的服务组织来提供生产服务。Kenneth（1998）在前人基础上更加科学界定了农业生产性服务的范围，认为生产性服务贯穿农业产业链中的各个环节。

而我国农业生产性服务在早年一直以农业社会化服务体系建设的思路、政策和方式来推进农业生产性服务发展。后期随着政策明确以及市场化进程加速，逐渐将农业生产性服务剥离出来，并明晰相关讨论范畴。随着20世纪90年代后农业生产性服务的不断发展，学界认为农业社会化服务与农业生产性服务的本质和内涵存在差异，逐渐开始对两者进行区分。有研究认为农业社会化服务贯穿整个农业产业链条，并为农业生产及生产经营主体提供中间投入服务，总体而言，其同时具备服务社会化和组织系统性双重意义（孔祥智等，2009；郝爱民，2011；黄慧芬，2011）。而农业生产性服务是为满足农业生产中间投入从生产经营内部环节分离出来的服务行业，主要为生产经营主体中间生产环节服务（刘志彪，2015）。由此可以看出，社会化服务和生产性服务在内容上大致相同，但两者侧重点不同（姜长云，2016）。社会化服务侧重于服务的系统性和配套性，而生产性服务更加强调市场化和产业化。前者以政策为导向，关注服务的公益性和传统经营服务；后者更强调市场化的运行机制，通过服务来创造价值。综合来看，已有研究大都认为农业生产性服务为农业提供的中间投入服务贯穿整个农业生产流程，主要包括对农业生产活动提供各种支持性服务（芦千文，2017）。冀名峰（2018）对社会化服务以及生产性服务的交叉部分进行了剥离，认为农业生产性服务就是指“下地干活”的部分，例如村里农资供应属于社会化服务但不属于生产性服务。只有既提供农资又为农户提供机械以及病虫害防控等的服务才属于生产性服务。

本研究基于已有研究并结合施肥在农业生产中所处位置对农业生产性服务进行了界定。施肥主要是指生产经营者在明确作物需肥规律的基础上，根据所设定目标产量的总需肥量，遵循生长时期的需肥规律和肥料效应，施用氮、磷、钾肥等肥料（农业农村部，2006）。在小麦施肥过程中，首先需要在播种时施用底肥。后期，在种植过程中还需要根据作物的长势以及时期针对作物需要的肥料进行补肥和追肥。考虑到农业生产性服务为农户不改变土地承包经营权的前提下，农户将产中自己不愿意或者无能力耕种的部分或全部环节委托给专业服务商进行管理，并支付一定费用，最后粮食收益归为农户的形式（冀名峰和李琳，2020；姜长云等，2021）。其主要包括耕地、播种、田间管理、植保以及收割等环节，即整个种植过程。由于农户在单项或者组合购买服务时，与施肥相关的环节包括播种环节种肥同播、植保环节补肥以及全程服务使用的整体化肥施用流程。因此，本研究定义农户只要使用了播种、植保以及全程服务则为使用了农业生产性服务。

（二）全托管与部分托管

前述部分在对农业生产性服务进行定义时提到了农户使用全程化服务时能够获取全流程化肥施用服务。农户在使用农业生产性服务时会出现不同形式，这时农业生产决策主体可能会为服务商，其中一种形式就是全托管。全托管作为农业生产性服务的重要组成部分，主要面向农业生产中的产中环节（姜长云，2020）。与农业生产性服务具有差异的是，不是所有产中服务都属于全托管，只有当所有产中服务都组合起来形成成套供给时才为全托管（冀名峰，2018；姜长云，2020）。因此，本研究中定义农户将所有农业所有生产环节外包，且生产决策主体为服务商时为全托管。农业生产性服务能够分为全托管与部分托管，除所有环节委托给服务商外，农户也能选择单项或者组合购买服务（孙小燕和苏昕，2012）。鉴于前述部分对农业生产性服务的界定，本研究中定义在使用农业生产性服务的农户中除全托管外，使用了播种、植保环节任意一项服务的为部分托管。

二　农户对农业生产性服务的选择

研究农业生产性服务对化肥投入的影响，第一步需要从根源上说明是什么促使农户选择了农业生产性服务，以进一步深入研究影响路径。农户对农业生产性服务的选择是多种因素相互作用的动态过程（庄丽娟等，2011）。如前所述，农户以家庭收益最大化为生产目标。借鉴王建英（2015）的分析方法，本部分从农户利润最大化的目标出发探讨是哪些因素影响了其对农业生产性服务的选择。一般来说，由于家庭禀赋以及农户个人特征差异，家庭会面临不同的生产约束。假设农户生产面临的要素投入向量为 x，其中包括家庭从事小麦生产的农业劳动力、家庭农业机械禀赋、农户经营规模以及化肥投入等；δ 为农户特征，主要是农业生产知识等；s 为农业生产性服务投入的向量；使用要素所生产出的小麦产量为 y；w 为要素投入的价格向量；农户所面临的技术合集为 T（意味着随时间推移技术对生产的影响）；p 为小麦销售价格；P_{si} 为每个环节农业生产性服务的费用（包括耕地、播种、植保、灌溉以及收割等）；s_i 为农户使用农业生产性服务的各项环节；s（n）为各环节农业生产性服务的交易成本（n 为农户使用农业生产性服务的数量）。根据上述设定，农户利润最大化的函数形式可以表示为

$$\max_{y,\ x} \pi = pf(x,\ \delta,\ s:\ y,\ x,\ s \in T) - wx - \left[\sum_{i=1}^{m} p_{si} s_i - s(n) \right] \tag{2-6}$$

利润最大化的条件是利润函数一阶导为0，因此对式（2-6）中的s求偏导，得到：

$$\frac{\partial \pi}{\partial s_i}=pf_s(x,\ \delta,\ s:\ y,\ x,\ s\in T)-p_{si}=0 \quad (2-7)$$

式中：$f_s(\cdot)$为产量对农业生产性服务各环节的偏导。整理之后可以得到农业生产性服务的需求函数，即

$$s_i=h_i(x,\ \delta,\ p_{si}:\ y,\ x\in T) \quad (2-8)$$

式（2-8）证明了农户对农业生产性服务各环节的需求与其要素禀赋、要素价格、技术应用状况、服务价格以及农户特征相关。因此，现实中农户生产约束能够直接影响其是否选择使用农业生产性服务。

小农户在现实中往往面临着经营规模限制，部分家庭由于农地细碎化程度较高难以使用农业生产性服务。而相比小规模农户，大规模农户由于专业化程度更高，更倾向于自己生产（Vernimen et al.，2000；陈思羽和李尚蒲，2014）。除经营规模约束外，随着城镇化进程的快速提升，农村劳动力不断外流，农业兼业化程度不断提高。这时家庭则面临着农业劳动力刚性约束，为弥补劳动力不足农户会选择使用农业生产性服务（Diao et al.，2014；蔡荣和蔡书凯，2014）。部分农户能够自己购置农业机械以替代劳动力进行农业生产，然而由于机械资产专用性程度较高，大部分农户机械所需投入的前期资金较多，因此仍无法自己购买机械（王建英，2015）。农业生产性服务作为农户机械使用的重要手段，农户会通过使用农业生产性服务来满足自身对机械使用的需求（Lu et al.，2016）。而农户技术水平也是影响其选择农业生产性服务的重要因素。现实中，大部分农户对农业技术具有一定需求（徐飞宇，2013）。那些具有技术应用需求，但技术采纳水平受限的农户可能选择农业生产性服务来弥补技术应用障碍。除上述因素之外，信息渠道获取不畅也是影响农户使用农业生产性服务的重要原因。这是因为信息不仅能够影响农户农业生产知识，还能够影响技术应用水平。当信息获取不畅时，意味着农户无法有效提升自己农业生产知识以及进行技术应用来改善生产水平，这时农业生产性

服务则由于具有较为广阔的信息渠道而成为农户弥补信息约束的较好选择。

实际中，大部分农户并不是为了获取施肥服务而使用农业生产性服务。已有研究发现农户总体上还是对农业机械服务这类劳动密集型服务需求较高，而对施肥、植保环节等技术密集型服务需求较低（蔡荣和蔡书凯，2014）。虽然农户对于施肥环节需求服务较低，但需要注意到农户所使用的农业生产性服务与化肥投入具有适配环节。从流程来看，化肥投入分为基肥、追肥以及补肥。从与农业生产性服务相匹配环节来看，在播种环节涉及种肥同播以及后续植保环节涉及使用植保机喷洒叶面肥。如农户未使用全托管服务时，其中的追肥环节并不会涉及。但需要说明的是，虽然农户使用部分托管时大概率不涉及小麦追肥环节，但小麦生产中基肥施用是最重要的一环，比重占总施肥量的50%—60%，施用量较大。因此，如果农户未使用全托管，通过单项环节对化肥投入的影响也能够说明影响化肥投入较大比重的是基肥以及补肥环节。

三　农业生产性服务对化肥投入的影响路径

当农户使用部分托管时，服务商能够通过产前农资供应以及后续播种或者植保环节的科学施肥信息传递，促使农户转变施肥技术从而减量施肥。而当农户使用农业生产性服务后，农业生产决策主体可能转为服务商，此时服务商会在保证既定产量约束的条件下降低成本，实现成本最小化。相较于农户以利润最大化为决策基础，化肥投入最终需求具有差异。且相比农户，服务商具有更高人力资本，因而能够掌握科学施肥技术实现减量施肥。此外，不论生产决策主体是服务商抑或是农户，本研究所定义的农业生产性服务均涉及农业机械使用。而相比人工施肥，机械施肥更加精准、定量，是减量施肥的新形式。因此，根据以上所分析的三条影响路径，得出总体假说：

H2-1：相比未使用农业生产性服务，使用农业生产性服务的农户能够更有效降低化肥投入。

为更加清晰而系统展示本章所讨论的关于农业生产性服务对化肥投入的影响路径，本部分进一步对农业生产性服务对化肥投入的影响进行分解。

（一）信息传递对施肥技术应用的影响

前述部分解释了农户使用农业生产性服务的本质原因是弥补自身禀赋缺失问题。那么在农户使用农业生产性服务之后又是如何影响化肥投入的呢？已知现实中农户仍多单独使用机械以及植保这类服务，这意味着农户在使用农业生产性服务后多数情况下仍为自己决策生产，而服务商只是按照农户需求对其“不愿干”或“干不好”的环节进行替代。农户化肥投入的改变主要是施肥方式以及施肥技术转变，均属于技术应用这一渠道。因此，农业生产性服务对农户化肥投入的影响将会落脚到技术应用上。

根据已有文献总结以及现实化肥投入过程，施肥技术应用遵循“农资获取—信息传递—技术应用”的逻辑。由于本研究所讨论农业生产性服务只涉及产中环节，产后加工以及销售环节并未涉及，因此农业生产性服务对最终小麦价格并不会产生影响。基于此，假设农户在使用农业生产性服务后小麦销售价格不会受到影响。本章概念界定部分说明了只有当农资供应与后续产中环节“配套”使用时才属于农业生产性服务范畴。这意味着，农户只有既购买农资供应服务又购买产中环节服务时，才能纳入农业生产性服务讨论框架内。

从化肥投入的整体流程来看，农户首先需要在要素市场获取化肥，后续再决定化肥投入。对优质农资的甄别以及施肥方式、用量的改变都属于技术改进范畴。而信息来源范围以及有效性都决定了农户新技术使用的状况（钟真等，2014），农户使用农业生产性服务能够显著改善其信息获取能力。一方面，服务商具有甄别化肥质量的能力。现实中，农户既能够自己在要素市场购买肥料，也可以通过服务商购买肥料（杨高第等，2020）。不过，农户自己在农资市场上获取肥料与其在服务商处购买具有区别。农资市场肥料品种多样且质量参差不齐，农户自己在市场上获取肥料时很难区分出适用于自身农业生产条件的肥料品种。此外，现实中还存在农资店准入门槛较低，且与农户存在信息不对称的问题，因此为获取高额利润农资店多倾向于向农户推荐低价高用量化肥（连煜阳等，2018；孙明扬，2021）。相对而言，服务商具有规模采购以及议价优势，因此能够与大型农资企业达成合作关系以获取优质低价肥料。此外，服务商具备专业技术人员，能够有效识别化肥质量。相比低质量肥料，使用较少高质量肥料则能达到使用相同产量，因此农户在购买了高质量化肥后能够降低最终化肥投入。

另一方面，农业生产性服务中服务商通过为农户传递技术信息能够改变农户施肥技术。之前提到当农资环节与后续产中环节搭配使用时才属于农业生产性服务讨论范畴，当农户在服务商处购买农资时，服务商会向农户推荐合适的肥料，并告知农户后续施肥具体用量。这是因为相较于农户，服务商具有更广泛的信息来源，例如与科研机构以及高校的合作能够知晓合理施肥信息，从而提升服务商的农业生产知识。人力资本提升对于降低化肥投入具有重要作用（Pan，2014），在农户使用生产性服务的过程中，服务商充当了农业生产知识的传送器（梁志会等，2020），通过将化肥施用知识传递给农户在农业生产过程中实现了技术转移。

服务商在产中环节会向农户提供施肥信息。前述部分分析到农业生产性服务中播种环节涉及种肥同播，后续植保环节也涉及补肥。在上述环节中，虽然使用何种肥料由农户决定，但是服务商在替代农户进行播种以及植保时会与农户沟通生产过程。一般来说，农户在使用农业生产性服务时会对其服务过程进行监督以保证服务商服务质量。在这一过程中，服务商则必须按照农户需求提供服务。此外，服务商人力资本较高，具有经验丰富以及专业的技术人员支撑，因此能够随时关注作物生长、土壤养分以及甄别化肥用量。而农户在使用农业生产性服务后，施肥技术的改善多是由于信息传递。这表现在农户购买服务时能够通过服务商获取高质量化肥以及科学施肥信息，从而改变化肥投入。

只有当农资环节与后续环节搭配使用时才属于农业生产性服务。虽然在产中环节获取信息能够转变农户施肥技术水平，但如果农户能够从化肥投入的起始环节即农资供应环节就获取肥料质量以及施肥方式信息，那么在后续产中环节服务商能够按照农户实际生产条件提供科学施肥技术信息，从而能够更有效地降低化肥投入。不过还需要考虑到，农资供应与后续播种或者植保环节来源差异会影响到信息传递质量。一般来说，如农户农资供应以及后续播种或者植保环节来源于同一服务商，由于服务商除产前环节外，还能基于产中环节服务了解到农户具体生产条件，因而能够为农户传递个性化施肥建议，促使农户科学施肥。此外，由于一体化服务供应，农户能够降低服务过程监督成本，服务商会改进施肥技术从而提升产量。基于上述分析，得出以下假说：

H2-1a：信息传递能够通过改进农户施肥技术而降低最终化肥投入。播种、植保环节服务能够降低最终化肥投入。引入农资环节后，信息传递有所增加，因此同时使用农资与播种、农资与植保环节服务能够降低化肥投入。

（二）农业生产决策主体决策动力差异

前述分析讨论到当农户使用部分托管后，农业生产决策者仍多为农户。但应该注意到，当农户将生产环节委托给服务商后也存在从农业生产决策主体转变为服务商的情况。此时，二者生产决策动力具有明显差异，最终会影响化肥投入。小麦生产中各环节具有可分性，这时农户可以选择购买单项服务，也能选择搭配使用多项服务。由于现实中具有区域、服务主体以及农户差异，因此无法明确区分哪些服务完全是农户决策，而其他则由服务商决策。不过，现实中能够明确全托管完全是由服务商进行生产决策并替代农户生产的模式。

前文已经说明，已有研究基本都是基于农户视角分析化肥投入的影响因素。农户利润最大化来源于提升小麦收益并降低要素投入。农户使用全托管后服务商将代替农户进行生产活动。由于决策主体转变为服务商，此时以农户生产利润最大化为基础的激励决策对于解释全托管对化肥投入的影响已不再适用。小麦种植全托管涵盖了耕地、种肥同播、追肥、灌溉、植保、补肥以及收割全部环节，其间服务商将基于其禀赋特征进行农业生产，并决策化肥使用。相较于农户，服务商具有降低化肥投入的动力。当农户将所有环节委托给服务商进行生产时，服务商必须保证其所生产出的粮食产量不低于农户自己生产时的产量。因此，要素投入组合必须至少保证既定产量。在实现既定产量的前提下，服务商会尽可能减少要素投入从而降低生产成本。

为从理论角度剖析农户使用全程托管后由于决策主体转变对最终化肥投入的影响，本部分构建了拉格朗日函数求出既定产量约束下服务商化肥投入。首先，设定一个技术不变的常数弹性替代函数（CES函数）作为服务商成本最小化的约束条件：

$$Q_0=(x_1^{-\rho}+x_2^{-\rho})^{-1/\rho} \tag{2-9}$$

式中：Q_0 为服务商生产出的小麦产量；x_1 为化肥要素投入；x_2 为其他要素投入；ρ 为化肥要素投入与其他要素投入的替代参数，$\rho\leqslant 1$ 且 $\rho\neq 0$。

对应地，生产过程中服务商需要付出的成本为化肥投入与其他要素投入成本的加总，具体表示为

$$c(w_1,\ w_2)=w_1x_1+w_2x_2 \tag{2-10}$$

式中：w_1 为化肥价格；w_2 为其他要素价格。通过设定拉格朗日函数能够得出最优要素投入关系：

$$L=w_1x_1+w_2x_2-\lambda[(x_1^{-\rho}+x_2^{-\rho})^{-1/\rho}-Q_0] \tag{2-11}$$

分别对化肥要素 x_1 以及其他要素 x_2 求导得到：

$$\frac{\partial L}{\partial x_1}=w_1-\lambda x_1^{-(\rho+1)}(x_1^{-\rho}+x_2^{-\rho})^{-(1-\rho)/\rho}=0 \tag{2-12}$$

$$\frac{\partial L}{\partial x_2}=w_2-\lambda x_2^{-(\rho+1)}(x_1^{-\rho}+x_2^{-\rho})^{-(1-\rho)/\rho}=0 \tag{2-13}$$

$$\frac{\partial L}{\partial \lambda}=(x_1^{-\rho}+x_2^{-\rho})^{-1/\rho}-Q_0=0 \tag{2-14}$$

将式（2-12）和式（2-13）相除后变换能够得到化肥要素投入与其他要素投入之间的关系，即

$$x_2=x_1\cdot\left(\frac{w_1}{w_2}\right)^{\frac{1}{1-\rho}} \tag{2-15}$$

将式（2-15）代入式（2-14）能够得到服务商决策时的化肥投入为

$$x_1=Q_0(w_1^{\rho/1-\rho}+w_2^{\rho/1-\rho})^{\frac{1}{\rho}}/w_1^{\frac{1}{1-\rho}} \tag{2-16}$$

式（2-16）意味着服务商化肥投入与农产品产量、化肥价格及其他替代要素价格相关。不过，服务商所面对的产量既定，在不影响产量的情况下服务商具有降低生产成本的需求，因此会尽可能减少化肥投入。现实中，小麦市场类似完全竞争市场，农户只是价格接受者，因而小麦市场价格对服务商决策化肥投入的影响有限。此外，对化肥价格求二阶导得到：

$$\frac{\partial x_1}{\partial w_1}=\frac{Q_0}{1-\rho}w_1^{\rho/1-\rho}(w_1^{\rho/1-\rho}+w_2^{\rho/1-\rho})^{\frac{1}{\rho}}\left(\frac{w_1^{\rho/1-\rho}}{w_1^{\rho/1-\rho}+w_2^{\rho/1-\rho}}-1\right)\Big/ w_1^{\frac{2}{1-\rho}} \tag{2-17}$$

式（2-17）中，$w_1^{\frac{2}{1-\rho}}>0$，而$\frac{w_1^{\rho/1-\rho}}{w_1^{\rho/1-\rho}+w_2^{\rho/1-\rho}}-1<0$，因此化肥价格与化肥投入之间存在着反向关系。这意味着随着化肥价格提升，服务商会减少化肥投入。特别是近年来化肥价格上涨迅速，再加上服务商全托管覆盖规模较大，因此为获取最大利润其会甄别技术以及化肥投入从而降低生产成本。

而对农户而言，其生产并不具有产量约束，因而 Q_0 并不是固定不变。区别于服务商，农户化肥投入决策是其对生产成本以及预期收益变化共同衡量的结果。这意味着农户在考虑农业生产要素投入时是以边际收益以及边际产量相等来达到基准目标的。式（2-4）表示农户化肥投入决策与化肥价格以及农产品价格息息相关。由于农户具有利润最大化的激励，其会在 $MR>MC$ 条件下为提升产量而增加化肥投入。这意味着只要 $Px_1-(\rho+1)(x_1-\rho+x_2-\rho)^{1-\rho/-\rho}>w_1$，农户就会增加化肥投入来增加产量从而获取更高收益。这也反映出在产量不具有约束的情况下，农户并不具备降低化肥投入的动力。这是因为大部分农户仍以生存为主要目标，为了避免由于降低化肥使用所带来的减产风险仍会维持化肥高用量（仇焕广等，2014）。而服务商则只需在既定产量约束下以及技术条件下，通过调整一定比例的要素投入实现成本最小化。

上述理论推导发现服务商与农户具有不同的生产决策动力，农户的利润最大化来源于提升种植收益以及降低生产成本。相比农户自己种植，服务商代替农户进行生产时具有产量不能小于农户自己种植时产量这一生产约束。而服务商的利润最大化则在于在既定产量之下实现成本最小化，因此会选择降低生产要素投入。通过以上分析，能够说明农户在使用农业生产性服务后农业生产决策主体可能会转变为服务商，由于服务商与农户面临不同生产约束以及收益来源，因此化肥投入具有差异。前文界定了全托管为农户委托服务商进行产中所有环节农业生产，且生产决策主体为服务商时的农业生产性服务形式。以全托管为农业生产决策主体转移为服务商的替代变量，此处提出研究假设：

H2-1b：全托管作为农业生产决策主体转变的现实模式，相比未使用全托管，农户使用全托管能够显著降低化肥投入。

（三）机械应用对化肥投入的影响

除上述两条路径之外，还需要注意到农户在使用农业生产性服务后，不论是服务商抑或是农户进行农业生产决策，还存在机械应用这一路径对最终化肥投入产生影响。人工施肥以及机械施肥都是化肥投入的方式，但二者对于化肥投入的机理具有差异。相对而言，人工施肥能够按照作物实际生产状况机动调整施肥程序，并灵活变更用量及进行现场化操作，但标准化程度较低。而使用机械进行化肥投入则能够按时按量，精准施肥。通过机械深施能够有效避免化肥损害，增加施肥均匀度。

农户使用农业机械的方式除自购之外，还能够通过使用农业生产性服务获取（纪月清和钟甫宁，2011；Lu et al.，2016；吴丽丽等，2017）。前述部分已经说明了农户对农业生产性服务的需求主要集中在耕地、播种以及收割这类劳动密集型环节。虽然机械的使用往往与农地规模存在相互依赖性（王建英，2015），但播种、耕地以及收割等环节由于机械化发展较早，已经研发出较多与小规模地块相匹配的机械。这意味着，不论哪类农户使用这些服务都具备生产中使用机械的现实可能。按照小麦化肥投入流程，一般是在播种时施用基肥，后期返青、拔节期或者孕穗期进行追肥和补肥。因此按照农业生产性服务环节则是在播种以及植保环节使用机械搭配化肥使用，包括播种时种肥同播以及植保环节无人机喷洒叶面肥。

需要注意的是，农户自购机械以及通过农业生产性服务所获机械质量以及大小具有差异，这会影响最终化肥投入。虽然中国机械化水平快速发展，但是在播种以及植保环节与化肥投入完全适配的机械发展仍不充分（付宇超等，2017）。相比农户自购机械，农业生产性服务更有可能使用大型高质量、与化肥投入相匹配的机械。而大型高质量机械能够提升施肥效率并增加施肥均匀度。这是因为相比农户服务商更具备资金、信息以及规模采购优势，能够用较低价格获取大型机械，一般来说为国外大型机械。现实中，国外播种以及植保环节的大型机械更为前沿，例如法国库恩公司的机械在施肥过程中能够进行全自动化操作，有效配合播种以及肥料施用，均匀撒至农田（董剑豪等，2020；何亚凯等，2021），这使得化肥投入均匀度更高。由此得到研究假说：

H2-1c：机械服务能够提升施肥均匀度并降低化肥施用量。而播种服务涉及整体施肥中占比 50%—60%的基肥施用，因而降低化肥施用量以及提升施肥均匀度效果更显著。

农业生产性服务对化肥投入影响研究框架如图 2-4 所示。

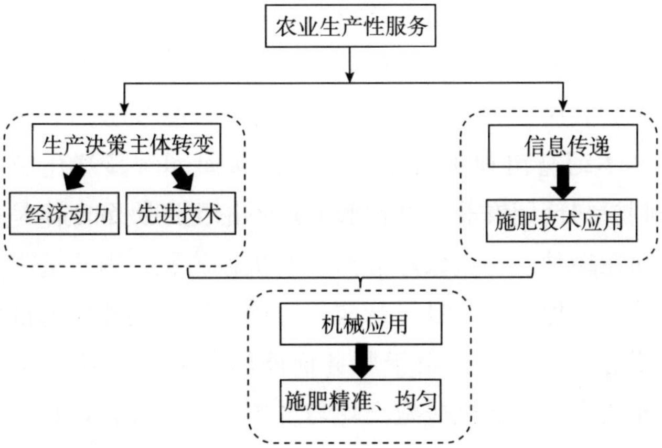

图 2-4　农业生产性服务对化肥投入影响研究框架

第三节 本章小结

通过整理以往研究范式发现，已有研究仍主要基于农户视角讨论化肥投入的影响因素。随着研究不断深化以及农业生产性服务这一新型经营模式出现，有研究关注到这一经营模式转型对化肥投入的影响，从信息传递以及技术应用等角度进行了考量，但研究结果并不一致且未形成完整的理论体系。究其原因：一是已有文献对农业生产性服务的界定不清。二是混淆了技术以及信息因素的层次。化肥投入减少必定是施肥技术改善的结果，而信息作为影响技术应用的重要渠道，二者应该分属不同层次。三是未考虑到实际中农户使用农业生产性服务后向农业生产决策主体转变这一机理。四是忽略了农业生产性服务中机械应用对化肥投入影响这一路径。

基于对以往研究的梳理，本章将农业生产性服务对化肥投入的影响分解出三条路径机制。首先，从农户角度关注到农业生产性服务能够通过信息传递影响农户施肥技术改进。本质上，化肥投入的变化都是技术改进的结果。由于信息是影响技术应用的重要原因，而农户在使用农业生产性服务通过农资以及后续产中环节获取技术信息能够改进施肥技术。其次，考虑农户在使用农业生产性服务后，由于农业生产决策主体不同会出现决策动力差异，从而影响最终化肥投入。最后，考虑到农户使用农业生产性服务后不论生产决策主体是谁均会应用机械，而在播种以及植保环节都涉及机械施肥，因此进一步说明了由于机械施肥更加精准定量、标准，通过机械应用能够降低化肥施用量并提升施肥均匀度。且由于服务商能够获取大型及高质量农业机械，因此相比农户自购机械施肥均匀度更高。此外，本章基于上述所构建出的理论框架，进一步提出了待验证的假说，为后续章节的实证检验奠定基础。

第三章

中国农业生产性服务与化肥投入现实观察

化肥减量作为本研究的核心议题，需要对我国化肥投入的演变情况进行分析以为后续实证检验铺垫现实背景。同时，由于本书探讨的是农业生产性服务对化肥投入的影响，因此除分析化肥投入变化状况外，也有必要从宏观视角理解农业生产性服务的发展状况。农业生产性服务作为一种新型生产经营模式，根植于特定的历史条件及背景下，且经历了一系列变迁。此外，农业生产性服务具有多种模式。了解不同模式与化肥投入之间的关系能够对农业生产性服务与化肥之间的关系具有现实概念。基于此，首先，本章对我国化肥投入进行分析，主要从化肥施用总量以及施用强度方面说明我国化肥投入的整体状况，并区分地区以及品种说明化肥投入的具体特征，为下文深入研究这一议题提供了背景支撑。其次，立足宏观维度，从相关政策出发并结合农业生产性服务相关水平测度，对改革开放以来我国农业生产性服务的演变历程、演变特点以及演变逻辑进行阐述，并观察农业生产性服务与化肥投入之间的关系。再次，在上述宏观数据基础上，通过案例分析更清晰理解农业生产性服务与化肥投入的现实运行模式，进一步了解农业生产性服务与化肥投入之间的表观关系，以为后文实证检验做铺垫。最后，为说明农户农业生产性服务使用状况及其与化肥投入之间的关系，对微观数据进行描述性分析以了解本研究数据结构。

第一节　中国农用化肥投入演变状况

化肥作为农业生产中重要的要素投入，对我国粮食生产发挥了极大作用。但随着农业生产绿色转型以及可持续发展等概念的提出，保护生态环境、有效利用要素资源逐步得到政府以及学界的重视。在此基础上，我国政府加强了对农用化肥投入的管理，实施了一系列化肥“减量增效”的措施。本节一方面对我国自 1979 年以来化肥投入变化状况进行说明，包括化肥施用总量以及施用强度；另一方面从不同地区以及不同作物入手，分析化肥投入内部结构差异，在宏观层面多角度分析我国化肥投入演变特征，以为后续微观实证分析提供现实背景。

一　我国化肥投入变化状况

（一）农用化肥施用总量

如图 3-1 所示，我国化肥施用总量总体上呈上升趋势，2015 年前基本保持持续增长，2015 年达到峰值后有所下降。具体而言，1979 年我国化肥施用总量为 884 万吨，2015 年为 6023 万吨，之后有所下降，并在 2019 年达到 5404 万吨，基本与 2009 年持平。区分化肥种类，氮肥、磷肥以及钾肥的施用量都呈现出持续增长态势，不过 2014 年起有所下降。氮肥施用量从 1979 年的 826 万吨上升至 2014 年的 2393 万吨后开始呈现下降趋势，2019 年施用量为 1930 万吨。氮肥与我国农用化肥施用总量变化保持一致趋势的原因在于，氮肥是化肥施用最重要的部分，特别是在 2002 年之前基本上占总施肥量的 50% 以上，现今氮肥施用量仍占总体化肥施用量的 36%。从磷肥和钾肥的使用状况来看，二者分别由 1979 年的 224 万吨和 32 万吨上升至 2019 年的 682 万吨和 561 万吨，且均在 2014 年左右达到峰值，然后开始下降。不过，相比氮肥，磷肥以及钾肥在化肥施用总量中所占比例较少。就化肥施用量的增长速度而言，1995 年之前为快速增长期，这期间化肥施用总量、氮肥、磷肥以及钾肥的年均增长速度分别达到了 8%、6%、7%和 20%。此后在 1995—2014 年这一阶段化肥施用量保持缓慢增长的趋势，化肥施用总量、氮肥、磷肥以及钾肥在这一时期的年均增长速度分别为3%、4%、1%和4%。2014年左右化肥施用达到峰值之后开始出现下降趋势，年均下降速度分别为2%、4%、4%以及3%。

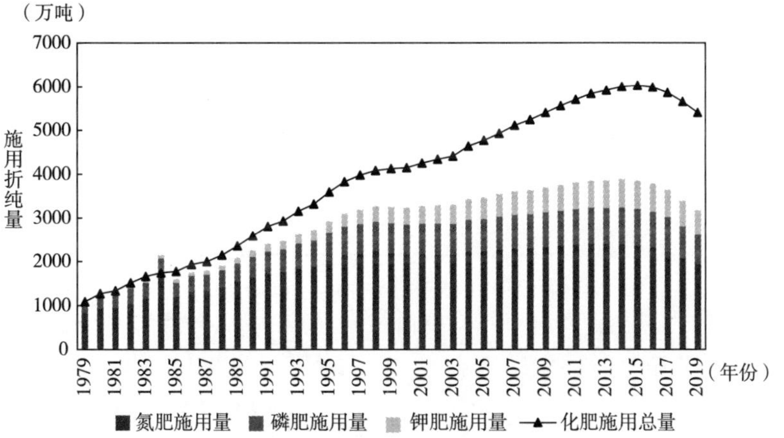

图3-1　1979—2019年我国化肥施用总量以及主要类型化肥施用量

资料来源：《中国统计年鉴》（1979—2020）。

（二）化肥施用强度

除化肥施用总量之外，应该意识到施肥强度高是我国化肥持续高用量的重要因素（栾江等，2013）。因此，在施用总量的基础上还需进一步分析我国化肥施用强度变化，以明确我国化肥投入变化过程。图3-2为1979—2019年我国化肥施用强度以及氮肥、磷肥、钾肥施用强度。1979—2014年我国化肥施用强度呈现直线上升趋势，从1979年的4.88千克/亩上升至2014年的24.20千克/亩，年均增长率约为4.8%。随后，我国化肥施用强度呈现缓慢下降趋势，截至2019年施肥强度为21.71千克/亩。

而氮肥、磷肥、钾肥施用强度也与总体施肥强度保持一致，需要说明的是磷肥以及钾肥的施用强度在2014年达到最高点后开始下降，而氮肥施用强度则是在2011年达到峰值后逐渐下降。由于我国农业生产以往主要以氮肥施用为主，容易忽略其他营养元素。随着施肥方式改变以及施肥技术的提升，我国农业生产中开始逐渐重视磷肥、钾肥等其他肥料的作用，并减少氮肥投入。这表现在磷肥施用强度从1979年的0.99千克/亩快速上升至2014年的3.41千克/亩，随后下降至2019年的2.74千克/亩，基本与1994年一致。钾肥施用强度也从1979年的0.14千克/亩增加到2014年的2.59千克/亩，在2014年后又下降至2019年的2.25千克/亩。而氮肥施用强度则从1979年的3.71千克/亩直线上升至2011年的9.90千克/亩，年均增长率能够达到3.7%左右。不过，从2012年开始氮肥也有所下降。

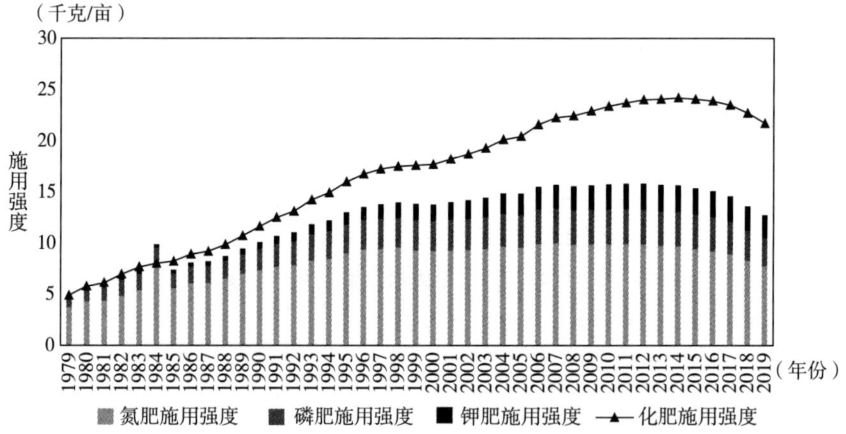

图 3-2　1979—2019 年我国化肥施用强度以及主要化肥类型施用强度

资料来源：笔者根据《中国统计年鉴》（1979—2020）计算而成。

二　不同地区间化肥投入变化状况

前文虽然从整体上识别了我国化肥施用量变化情况，但仍应该考虑到由于不同地区土壤、气候以及水文等自然资源等存在差异，化肥施用量具有区别。因此，本部分将对我国各省份的化肥施用总量以及化肥施用强度进行分析，关注各省份化肥施用变化状况。

（一）不同地区化肥施用总量变化状况

为展现出不同地区的变化状况且考虑到数据展示的有限性，本部分选取了各省份2000年、2005年、2010年、2015年以及2019年化肥施用总量进行描述，并与各省份 1990 年化肥施用总量进行比较，计算出不同年份相较于 1990 年的变化状况，具体如附表 1 所示。能够发现，大部分省份化肥施用总量呈现先上升后下降的趋势，峰值一般出现在 2014—2016 年，这也与我国 2015 年颁布的《到 2020 年化肥使用量零增长行动方案》在时间上保持了一致。31 个省份中，北京和上海化肥施用总量保持了稳步下降的状态，而只有新疆的化肥施用总量保持总体上升的态势。就不同年份而言，相较于 1990 年化肥施用变化率，北京和上海仍然保持着负增长率。而新疆和内蒙古增长幅度最大，相较于 1990 年，两省 2019 年的化肥施用量增长了 500% 以上。其余省份增幅相对来说较小，增幅为 20%—200%。

（二）不同地区化肥施用强度变化状况

除化肥施用总量之外，施肥强度对于不同地区化肥施用状况的理解也具有重要意义。不同地区 2000—2019 年化肥施用强度及变化状况如附表 2 所示。能够发现，与化肥施用总量一样，大部分省份化肥施用强度也呈现了先上升后下降的趋势。与化肥施用总量趋势相类似，上海化肥施用强度仍呈现持续下降的趋势。且相比 1990 年，2019 年上海化肥施用强度下降了 29. 26%。新疆则持续保持上升的态势，由 2000 年的 220. 83 千克/公顷上升至 2019 年的 362. 77 千克/公顷，相比 1990 年提升了 185. 60%。

三　不同粮食作物化肥投入状况

不同作物涉及不同化肥投入需求，因此只从总体上关注化肥投入无法识别不同作物施肥差异。由于本研究重点关注在保障粮食安全需求下实现化肥减量，并将研究对象聚焦于小麦生产。因此，本部分重点关注稻谷、小麦以及玉米三种粮食作物化肥施用量，以识别粮食作物以及小麦生产化肥投入情况。此外，除施用总量之外，本部分还进一步关注了三大粮食作物化肥投入费用，并且将变化趋势与三大粮食作物化肥施用总量变化趋势进行了比较，以为后文化肥变量选取做铺垫。

（一）不同粮食作物化肥施用总量变化

图 3-3 为 1978—2019 年我国粮食作物化肥施用总量变化趋势。可以看出，三大粮食作物化肥施用总量都保持着波动上升的态势。三

种粮食作物平均化肥施用总量从 1978—1991 年呈现快速上升的趋势，从 1978 年的 635 万吨上升至 1991 年的 1442 万吨，1991 年达到峰值后化肥施用总量开始有所下降，直到 2004 年左右又开始保持上升的趋势，一直增长到 2016 年的 1241 万吨后开始出现了下降趋势。从不同作物来看，稻谷以及玉米化肥施用总量较高，且玉米化肥施用总量变化幅度较大。三种作物化肥施用总量在 1978—1991 年中均出现了持续上升的态势，而从 1991 年后开始波动下降，直到 2004 年这一时间节点再次出现了增长趋势。稻谷化肥施用总量从 2004 年的 831 万吨上升至 2019 年的 1023 万吨，这一期间小麦化肥施用总量从 620 万吨增长至 1001 万吨，而玉米化肥施用总量则是从 718 万吨上升至 1509 万吨。从中能够看出玉米化肥施用总量的变化幅度最大，相比 2004 年，2019 年增长了约 110%。需要关注的是本研究的重点小麦化肥施用总量的变化状况。虽然整体上化肥施用总量增长速度及变化幅度要小于玉米，但一直保持波动上升的态势。1978—1990 年小麦化肥施用总量从 564 万吨增长至 1100 万吨，1991 年后呈现波动下降趋势，直至 2004 年起又开始呈现不断上升趋势。

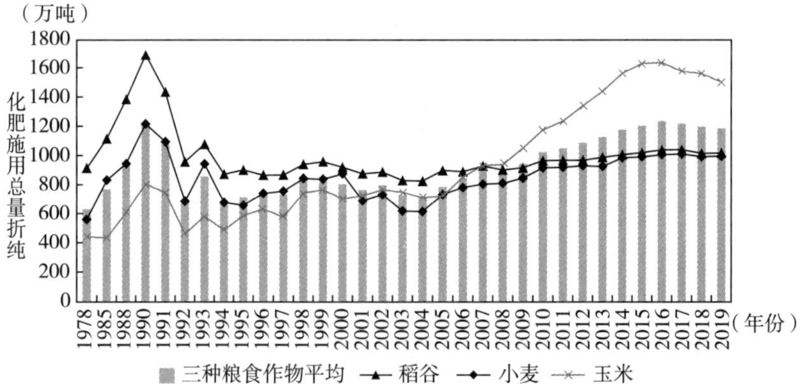

图 3-3　1978—2019 年我国不同粮食作物化肥施用总量

注：稻谷、小麦以及玉米化肥施用总量由《全国农产品成本收益资料汇编》（1979—2020）中稻谷、小麦以及玉米化肥施用强度乘以《中国统计年鉴》（1979—2020）中稻谷、玉米以及小麦播种面积所得。三种粮食作物平均化肥施用总量由上述三种粮食作物播种面积平均乘以化肥施用强度所得。

（二）不同粮食作物化肥施用强度变化

施用总量的增长可能是由播种面积增长以及施肥强度变化共同引起的，因此为了解粮食作物化肥施用变化具体状况需要进一步对上述三种作物的化肥施用强度进行分析。如图 3-4 所示，三大粮食作物亩均化肥施用量总体上保持一致趋势。具体而言，三种粮食作物亩均化肥施用量在 1978—1988 年呈现上升趋势，从 15 千克/亩上升至 29 千克/亩，之后波动下降呈现平稳态势，直到 2004 年开始有所上升，从 19 千克/亩上升至 2019 年的 25 千克/亩。从不同作物来看，稻谷、小麦以及玉米亩均化肥施用量均呈现波动上升的趋势，并与三大粮食作物平均化肥施用量保持一致。三种作物中小麦化肥施用强度的增长幅度最大，从 1978 年的 13 千克/亩上升至 2019 年的 28 千克/亩，年均增长率为 3%。而稻谷以及玉米的化肥施用强度年均增长率分别为 0.68%、1.46%。

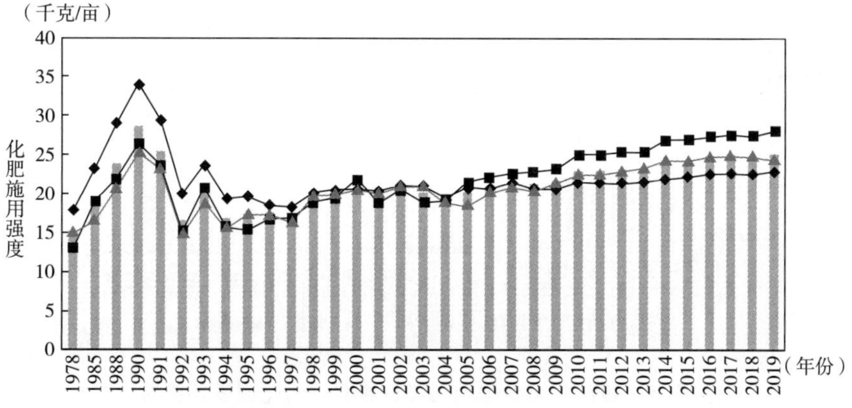

图 3-4　1978—2019 年我国不同粮食作物化肥施用强度

资料来源：《全国农产品成本收益资料汇编》（1979—2020），下同。

（三）不同粮食作物化肥投入费用变化

除化肥施用量之外，化肥投入费用也是衡量我国粮食作物化肥投入的重要指标。一般来说，化肥投入费用会与化肥施用量具有正相关的关系。根据数据，发现稻谷、小麦、玉米以及三大粮食作物平均化肥投入费用保持了一致的趋势，具体状况如图 3-5 所示。我国三大粮食作物平均、稻谷、小麦以及玉米化肥投入费用均在 1978—1996 年呈现出上升态势，之后开始波动下降。与化肥施用总量以及施肥强度保持一致，三大粮食作物平均、稻谷、小麦以及玉米化肥投入费用均在 2004 年后呈现逐步上升趋势。从不同作物来看，与化肥施用强度一致，小麦化肥投入金额增长幅度最大，其次是玉米和稻谷。具体而言，稻谷化肥投入金额从 1978 年的 8 元/亩上升为 2019 年的 136 元/亩，增长了 16 倍。这一阶段内，小麦化肥投入金额从 6 元增长为 156 元，年均增长率约为 61%。而玉米则是从 1978 年的 7 元/亩上升至 2019 年的 140 元/亩，年均增长率约为 46%。

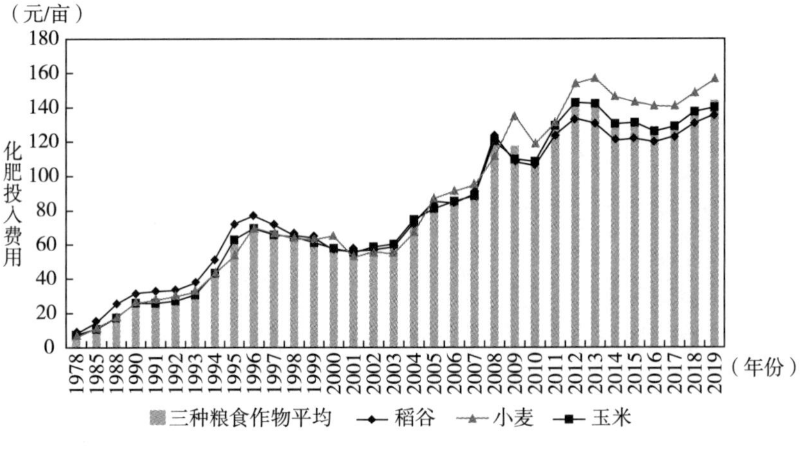

图 3-5　1978—2019 年我国不同粮食作物化肥投入费用

第二节　中国农业生产性服务演变状况

在对我国化肥投入演变状况进行描述后，本节进一步聚焦到宏观层面农业生产性服务的变迁情况。农业生产性服务的发展伴随着专业分工、产业发展以及区域布局深化，并内嵌于中国农业经营制度发展变迁中（曹峥林，2019；梁志会等，2021）。在中国城镇化进程加快、农村青壮年劳动力不断外流的现实状况下，农业生产性服务得到了快速发展。农村要素市场不断“解绑”，市场化进程的加速，更是为农业生产性服务发展提供了必要的客观条件。此外，新型经营主体培育以及适度规模经营的政策导向也赋予了农业生产性服务新的发展价值。早期，我国将农业生产性服务等同于农业社会化服务建设，但随着市场化程度的提升，农业生产性服务逐步与农业社会化服务区分开。为对应化肥投入变化的时间节点，本研究重点介绍 1979 年后农业生产性服务的发展状况，通过结合我国政策以及制度变迁，厘清农业生产性服务的发展历程。并在此基础之上，基于已有研究对农业生产性服务水平的测度，采用宏观数据分析我国农业生产性服务的演变历程、特点以及逻辑。

一　我国农业生产性服务演变历程

农业生产性服务的发展伴随着我国农业经营制度变革。农业生产性服务作为新型农业生产经营模式，随着我国家庭联产承包责任制的建立而萌芽。此后，城镇化进程加速也成为农业生产性服务快速发展的驱动力。因此，基于改革开放以来我国农业生产性服务的发展阶段特征，本研究将农业生产性服务划分为三个阶段，分别是 1978—1989 年农业生产性服务的萌芽阶段、1990—2008 年的快速发展阶段以及 2009 年至今的逐渐成熟阶段。

（一）农业生产性服务萌芽阶段（1978—1989 年）

1978 年以来，我国开始对农村地区改革，家庭联产承包责任制逐渐建立，农业经营逐渐从集体统一经营转向分散、小规模的家庭经营。农户拥有经营自主权后开始独立面对市场，生产积极性大幅提升。不过，家庭承包责任制的建立客观上也形成了我国农业生产分散且细碎化的特点，这一客观现实在一定程度上制约了家庭农业机械的发展。改革绩效以及红利出现催生了市场对农业生产性服务的现实需求。农户开始对农业生产经营自负盈亏，农业生产逐步市场化。此外，制度变革使大量农村剩余劳动力开始寻求外出务工的机会，为农业生产性服务发展创造了客观条件。随着农村改革的启动，中央也同步推动着农业生产性服务发展。国家在这一时期，将农业生产性服务等同于社会化服务发展。1983 年，中央一号文件首次提出“社会化服务”的概念①，之后的政策文件进一步扩展了社会化服务的内涵及边界，有效促进了农业生产性服务的发展。萌芽阶段的农业生产性服务总体上发展水平仍较低，呈现了较强的时代改革背景，且主要服务环节为人工以及畜力替代的劳动密集型服务（曹峥林和王钊，2018）。

（二）农业生产性服务快速发展阶段（1990—2008 年）

随着乡镇企业的发展以及城乡收入差距扩大，农村劳动力逐渐向非农部门转移，农业兼业化程度加深，致使农村青壮年劳动力大量缺失。在上述现实背景之下派生了市场对农业生产性服务的强烈需求。随着城镇化进程的加速，农户收入大幅增加，再加上劳动力外流这一现实状况，提升了农户购置大型机械进行农业生产的需求，这也促使以农田作业为主的农机专业户与农机服务组织得以发展壮大。因此，在农村市场化改革不断深入的现实背景下，产生了大批农业生产性服务主体，并不断拓展服务内容，增强了农业生产性服务的供给。在政策层面，中共中央、国务院于 1990 年②首次提出“农业社会化服务体系”的概念，并建立起农业社会化服务体系基本框架。综上所述，这一阶段农业生产性服务发展伴随着农业社会化服务体系的构建，呈现快速发展态势，且服务主要集中在农业机械使用方面，主要为机械替代劳动力的资本密集型服务。

（三）农业生产性服务逐渐成熟阶段（2009 年至今）

为适应农村发展新业态以及农村产业结构调整，农村土地、劳动力等要素资源的流动，农业经营规模不断增加，新型农业生产技术得

① 中央一号文件中明确指出“各项生产的产前产后的社会化服务，已逐渐成为广大农业生产者的迫切需要”。

② 1990 年，中共中央、国务院在《关于 1991 年农业和农村工作的通知》中提出“农业社会化服务体系”这一概念，同时也提出服务主体为“合作经济组织、国家经济技术部门和其他各种服务性经济实体”。1991 年，国务院出台了《关于加强农业社会化服务体系建设的通知》，提出要建立“以乡村集体或合作经济组织为基础，以专业技术部门为依托，以农民自办服务为补充”的农业社会化服务体系。

以应用于农业生产中。农业生产性服务在这一阶段将公益性服务与市场性服务进行了区分。不同于之前等同于农业社会化服务发展，这一阶段政策对农业生产性服务进行了具体指向，至此明确了农业生产性服务的范畴。2015 年，国务院办公厅发布《国务院办公厅关于推进农村一二三产业融合发展的指导意见》，首次提出要发展“农业生产性服务业”。2017 年，原农业部、国家发展改革委、财政部联合颁布了《关于加快发展农业生产性服务的指导意见》，明晰了农业生产性服务的发展方向。此后，相关政策也对服务主体进行了政策引导，并将农业生产性服务与乡村振兴战略相结合，提出“要发挥农业生产性服务在现代农业产业链中的引领支撑作用”①。在上述政策推动之下，多元化服务主体开始出现，多种形式规模经营不断涌现，服务市场化程度得到提升，这也为小规模农业生产聚集成大规模提供了可能（刘家成等，2019；罗必良等，2021）。此外，由于“三权分置”的实现，农地产权制度调整进一步为农业生产性服务的实现破除了产权障碍。这一时期农业规模化经营不断加快、农业技术日新月异，农户对生产服务的需求逐渐转向专业化与市场化（曹峥林和王钊，2018）。在上述背景下，农业生产性服务分工更加细化，劳动、资本以及技术密集型服务竞相发展，不断深化并创新出多种形式，如生产托管等。这也促使了农户将全部或者部分生产环节交由服务主体来完成，并形成了农户与服务主体的双向选择。至此，农业生产性服务发展趋于充分，服务体系也逐渐成熟完善。其具体发展历程如图 3-6 所示。

二　我国农业生产性服务演变特点

在厘清农业生产性服务发展阶段的基础上，需要进一步从宏观层面分析我国农业生产性服务的演变特点，这时就涉及农业生产性服务的衡量。现今并没有对农业生产性服务的宏观统计指标，已有研究也只是采用相关指标进行替代衡量。例如，申红芳（2014）就采用租赁作业费占农业生产总成本的比重来替代衡量农业生产性服务水平。然

① 2018 年，中共中央、国务院印发了《乡村振兴规划战略（2018—2022 年）》，明确提出要“大力培育新型服务主体，加快发展‘一站式’农业生产性服务业”。

而按照本研究概念界定，农业生产性服务主要包括农业生产产中环节的各项服务。这意味着农业生产性服务除农机作业之外还涉及技术应用，因此只使用机械费用对农业生产性服务进行衡量未免以偏概全。由于农业生产性服务不止涉及农机租赁还涉及技术服务，因此本研究借鉴曹峥林（2019）对农业生产性服务的衡量，使用《全国农产品成本收益资料汇编》中的租赁作业费以及技术服务费两项费用之和占生产总成本的比重作为农业生产性服务的替代指标，借此刻画我国农业生产性服务的变化特点。

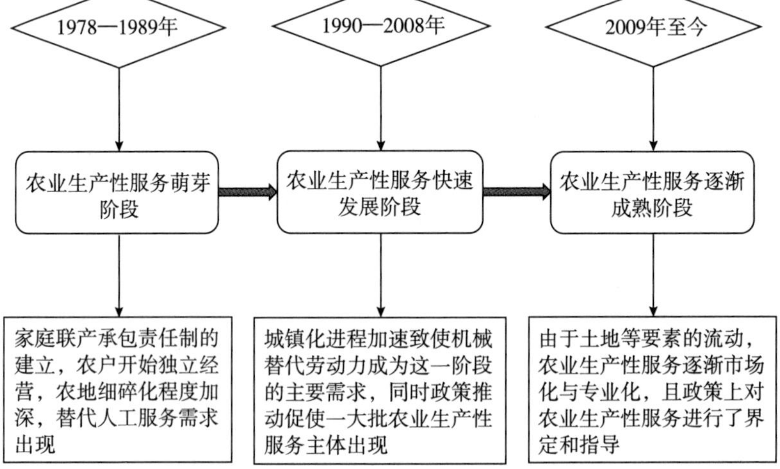

图 3-6　我国农业生产性服务发展历程

（一）不同时期农业生产性服务变化状况

从整体时间变化来观测农业生产性服务水平，有助于理解我国农业生产性服务发展的动态性。由于本研究重点关注粮食安全问题，因此首先关注三种粮食作物平均农业生产性服务水平，具体变化状况如图 3-7 所示。从趋势上看，1978—2019 年三种粮食作物（水稻、小麦以及玉米）平均农业生产性服务水平总体上呈现渐进增长、动态波动的趋势。整体来看，1978—2019 年农业生产性服务平均发展水平为 14.14%。具体而言，我国三种粮食作物平均农业生产性服务水平从

1978年的7.88%上升至2019年的16.10%，总体增长幅度达到104.31%，年均增长幅度为2.54%。而从年份观察，1978年的农业生产性服务水平为最低值，仅有7.88%。随着农户对农业生产性服务需求的提升以及政策推动促使服务主体不断增加，服务供给逐渐提升，农业生产性服务水平有所上升，虽然在1996年达到低点10.78%，不过在2007年又增至峰值17.26%。

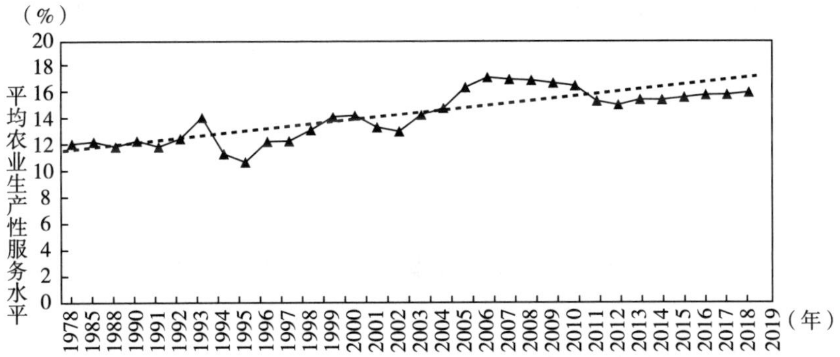

图3-7 我国三种粮食作物平均农业生产性服务水平

（二）不同作物农业生产性服务变化状况

前述分析只是粗略对三大主粮作物的农业生产性服务水平按时序变化进行评估。但不同作物暗含着种植技术、机械使用状况以及管理水平的差异，因此使用农业生产性服务的环节以及技术也不尽相同，这也意味着不同作物间农业生产性服务发展水平具有差异。因此，为更有效了解农业生产性服务的具体发展状况，还需要明确不同作物之间农业生产性服务发展水平。从图3-8能够看出，与三种粮食作物平均水平保持一致，稻谷、小麦以及玉米在1978—2019年均呈现出渐进增长、动态波动的趋势，且三种作物仍在1994—2007年呈现出较大波动性特征。从发展水平来看，稻谷农业生产性服务水平最高，小麦次之，三种作物中玉米的农业生产性服务水平最低。相对而言，稻谷与小麦的农业生产性服务水平较为接近。具体来看，稻谷的农业生产性服务水平从1978年的7.96%上升至2019年的17.71%；小麦则从 1978 年的 8.08%上升至 2019 年的 16.97%；而玉米则是从最初的 9.22%上升至现今的 13.36%。

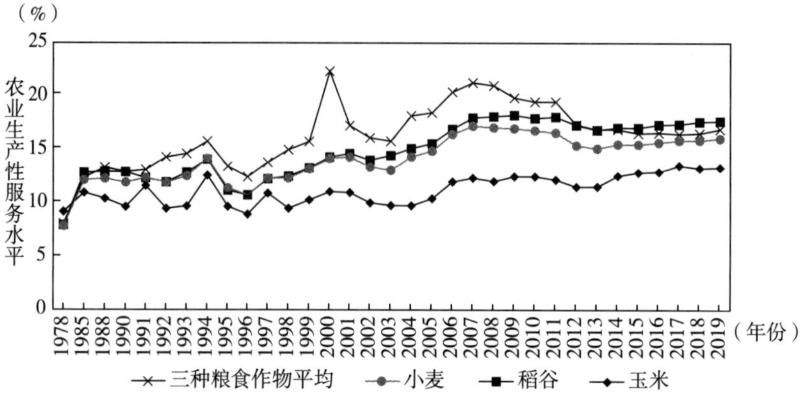

图 3-8　我国三大粮食作物农业生产性服务水平

三　我国农业生产性服务演变逻辑

从农业生产性服务整体发展历程以及宏观数据来看，农业生产性服务的发展离不开产权制度的深化、技术进步以及要素市场化程度提升。通过数据能够看出农业生产性服务的演变逻辑：一是产权制度深化以及技术所带来的分工深化，二是要素市场化程度提升带来的有效资源配置。

（一）专业分工深化

农业生产性服务发展演进遵循了从服务主体壮大，到环节不断细化的逻辑，分工是其发展的本质和内核。从服务主体来看，产权制度深化为服务主体的出现提供了制度可能。作为农业生产最主要的要素投入，我国农地产权主要由所有权（归属村集体）、承包权（归属农户）以及经营权（归属农户或其他农业生产主体）构成。在当前三权分置的农地产权制度下，农户可以通过土地流转实现经营权的转让。这意味着经营不善或者资源配置效率较低的农户能够将经营权或者细分经营过程，流转给经营更具比较优势的农业生产主体。在此形式下，双方能够获取剩余价值，并有效改善资源配置效率。由此可以看出，产权细分是产权主体交割的前提条件，而产权细分又会引致多样化的农业经营主体从事农业生产。生产主体的多样化在现实中表现出生产环节的分工，从而促使农业生产性服务的出现。

技术可分为农业生产性服务提供了现实可能。农业生产由于强地域性、季节性以及多样性等特点，往往难以分解，因此不利于农业生产专业分工。然而由于技术进步，农事活动在技术上的可分性不断提升。一方面，农业生产环节可分意味着在生产主体以及生产空间上可以主体分离以及空间分离，有利于农业生产性服务市场的扩大；另一方面，技术可分带来的环节细分降低了农业生产的交易成本，并提升了农业生产的标准化程度（罗必良，2017；张露和罗必良，2021）。现实中，由于专业分工的深化，农业生产环节能够由专业服务商来供应。服务商相较于农户能够更好在市场上搜集信息，因而能够减少农业生产中信息不对称问题。此外，虽然农户将经营权转让给服务商具有监督成本的问题，但专业服务所具备高资产专用性的特点也能够内化到服务成本中。

（二）有效资源配置

农业生产性服务发展的另一逻辑则是有效资源配置，通过服务主体资源来弥补家庭内部资源不足，主要体现在要素以及空间替代上。农业生产中的要素替代是由技术变迁引起的。农业生产技术、农业机械化以及信息化的不断发展都大大减少了农业生产过程中所需的劳动力，并且有效提升了劳动力素质。此外，技术以及机械的引入使得农业生产可控性以及标准化程度更高，特别是机械对人工的替代。不过对农户而言，由于机械所需要的高资产投入，不仅需要具备一定资金，还需要客观准入经营规模。而农户对专用性资产的使用频率以及效率也会导致低效率的投资。因此，通过服务主体来提供农业生产环节服务能够有效弥补农户投资不足的劣势，有效实现要素替代。

要素市场化程度的提升也使得要素资源流动成为可能。农业要素流动能够有效影响要素配置，特别是土地、劳动力的要素通过跨区域以及跨产业流动改变了现实下的要素配置状况。随着我国城镇化进程的加快以及城乡收入差距的扩大，农村劳动力，尤其是青壮年劳动力的跨区流动及从事非农就业已经成为常见现象。不过，由此出现了农业生产劳动力不足、劳动力结构失衡等问题，也导致了土地撂荒现象加剧。这意味着原家庭内部资源配置已无法满足生产需要，寻求资源配置方式转型成为现实需求。农业要素的跨越空间流动也倒逼农户寻求外部资源来弥补家庭资源禀赋不足，从而优化家庭资源配置，这必然催生了服务主体与农户在农业生产中的分工与合作，促进了农业生产性服务市场发展。

第三节 农业生产性服务与化肥投入的案例观察

前述部分采用宏观数据对我国农业生产性服务、化肥投入变化进行了分析与观察，发现不论是农业生产性服务抑或是化肥投入的变迁都遵循着时代背景以及具体现实需求。那么，农业生产性服务与化肥投入在现实中的关系如何？由于实际中农业生产性服务具有不同模式，而不同模式对化肥投入影响路径以及最终效果都有区别，因此本节将对现实中农业生产性服务对化肥投入的关系进行阐述，采用案例初步了解现实中农业生产性服务与化肥投入之间的关系，为后文进一步采用大样本微观数据验证二者关系做铺垫。

为观察现实中农业生产性服务与化肥投入之间的关系，本节通过对服务商以及具有代表性的部分农户访谈以进行案例分析，采用化肥施用量数据分析农业生产性服务不同模式具体运行过程、决策主体差异、决策动力与化肥投入之间的关系。具体安排如下：首先，说明案例选择与资料收集过程从而明确案例选择的可行性，主要包括调研地点、服务商以及农户的选择过程，并且对案例分析对象进行描述性统计；其次，对农业生产性服务不同模式对化肥投入的现实影响路径以及结果进行分析；最后，对不同模式下农业生产性服务对化肥减量的动因进行阐述。

一　案例选择与资料收集过程

为从现实角度理解农业生产性服务与化肥投入之间的关系，本研究对代表性区域农业生产性服务与相关化肥投入进行了案例分析。相较于定量分析，案例分析能够更聚焦于“为什么”这一类更具解释性的问题。研究人员在复杂的现实环境中，通过收集数据、访谈等多种素材，并基于构建的理论框架以及研究假说，将包含信息的细节与质性研究范式相结合，从而能够深层次解构研究对象的决策动机、原因以及内在机理等（Robert，1994；李琪，2018）。本部分主要目的是对农业生产性服务现实模式与化肥投入之间的关系进行考察，主要包括不同服务模式下具体运作流程以及影响化肥投入的途径。回答上述问题需要深入对服务商以及其所覆盖地区的农户进行研究，并从服务商与农户视角分别剖析整个服务流程。

（一）山东省章丘市农业生产性服务案例选择依据

按照 Robert（1994）的观点，为深入分析研究对象，并且使研究问题得到普适性结论，需要选取典型性案例进行研究以反映出研究对象的特征。同时，为便于研究，还应在语言交流顺畅、地理位置方便的地点进行分析。依据上述案例选取原则，本章选择了山东省章丘区农业生产性服务作为研究对象。选择依据主要有以下三个方面：一是山东省作为我国粮食主产区具有悠久的粮食生产传统，并较早开始发展农业生产性服务；二是章丘区粮食生产在整个山东省具有较高份额，且农业生产性服务发展较好；三是当地具有对农业生产性服务的客观需求。

本书的研究作物为小麦，山东省作为我国粮食主产区之一，既是我国第三大经济大省也是第三大产粮大省。自 2014 年起，山东省粮食产量就稳定保持在 1000 亿斤以上。2020 年，山东省粮食产量占全国粮食总产量的 8. 14%。而从单种作物来看，山东省 2020 年小麦产量为 2569 万吨，占全国小麦产量的 19. 14%①。从农业生产性服务角度来看，山东省也是最早开展农业生产性服务的省份之一。截至 2020

① 笔者根据《中国统计年鉴（2021）》计算而成。

年，山东省农业生产性服务主体达到13.6万个，占全国的10%以上。此外，山东省农业生产性服务面积达到1.5亿亩次，占全国的10%左右。其中，粮食生产性服务面积占总体服务面积的55%（毛鑫鑫，2021）。

章丘区作为山东省济南市的重要粮食生产区域，2020年粮食产量为62.3万吨（章丘区统计局，2020），占整个济南市的21.42%。除粮食生产基础外，章丘区还具有实现农业生产性服务的需求与客观条件。其主要表现在：一是当地土地规模经营程度较高、地块连片且平整，易于农业机械服务的引入，且易获得规模经济。二是该区域工业较为发达，本地具有大批工厂以及乡镇企业，农户不离开本地就能实现非农就业从而获取更高收入，因而也对农业生产性服务具有需求。综上所述，本研究选择山东省章丘区的农业生产性服务模式进行案例分析，有利于识别农业生产性服务对化肥投入的作用，并总结出具有规律性、系统性的经验，从而为我国农业绿色生产提供现实模板。

（二）案例研究资料收集过程

本研究主要围绕农业生产性服务商、服务商所覆盖农户与当地未购买服务农户来设计调查内容，从而增强案例的可信度。本章案例相关数据收集的方法主要有以下几种。

1. 文献、网络信息收集

调研前搜集案例相关文献、报道以及政策等信息，以初步总体了解章丘区农业生产性服务发展状况、服务主体类型以及化肥投入状况。

2. 实地调研

2021年6月，笔者赴山东省章丘区黄河街道、刁镇以及相公庄街道进行调研。调研以村为单位开展，一方面通过对当地服务商访谈获取生产服务覆盖范围、运作模式、生产成本、化肥投入、施肥技术应用状况以及化肥施用决策动力；另一方面，对服务商覆盖农户及区域内未使用服务的农户进行调研，了解农户生产成本、化肥投入、施肥技术应用状况以及化肥施用决策动力，以甄别不同模式生产决策主体以及运行差异。具体调研情况如表3-1所示。

表 3-1 案例调研情况

调研对象	调研地点及时间	调研内容	调研方法
小麦种植户	村委会集中调研，每户约20分钟	未采用农业生产性服务农户化肥施用量、化肥购买价格、农户采用农业生产性服务的原因、获得的配套服务、技术应用状况等	调查问卷/结构访谈
农业局局长、农技员	农业局办公室，约2小时	当地农业生产性服务发展状况、相关政策以及当地化肥施用总体状况	结构访谈
服务商	服务公司、合作社门店，每个服务商约2小时	服务商发展状况、为农户提供的服务、具体模式、运作机制、化肥投入状况、技术应用状况、农资购入成本以及施肥决策原因等	结构访谈

资料来源：笔者根据调研实际情况整理而成。

（三）服务主体、农户样本特征

整个章丘区符合标准的农业生产性服务商有 11 个，在选择的镇上基本 1—2 个服务商就能够覆盖该区域的农户。本研究在选取的 3 个镇中调研了当地覆盖农户最广的服务商，并在每个镇选取的 4 个村中各抽取了具有代表性的农户进行研究。

1. 领先合作社

领先合作社（以下简称“合作社”）成立于 2018 年，注册资本 350 万元，为章丘区示范合作社。合作社于 2018 年起为农户提供农业生产性服务，2020 年两季农业生产性服务共覆盖了 26.3 万亩次，2021 年一季小麦种植农业生产性服务就覆盖了 14 万多亩。合作社主要覆盖黄河街道的农户，其中选取的 4 个村中，钱家村和赵家村几乎整村都采用了该合作社的农业生产性服务，而徽宗村和唐王村则未采用农业生产性服务。合作社能够提供农资购买、包衣拌种、旋耕、播种、植保、收割等服务，同时还能够为农户提供农产品加工销售、包装运输以及贮藏等产后服务。

2. 鑫星农业服务有限公司

鑫星农业服务有限公司（以下简称“鑫星农业”）成立于 2014

年7月，注册资本为300万元。鑫星农业现有工作人员21人，具有大型农业机械包括播种、深翻、旋耕、收割等种类共9台，人工打药机械64台，自走式大型宽幅喷药机4台，飞防植保机6组。鑫星农业自成立以来先后为7个村的农户提供生产性服务7000余亩，主要为农户提供农业植保服务、农业机械服务、农业技术开发及成果转让、推广利用、技术咨询、农资批发以及零售服务等。其生产性服务模式也是山东省农业农村厅试点的“2021年章丘区农业生产托管服务项目”，是研究农业节本增收的典型案例。

3. 鲁供丰农农业有限公司

鲁供丰农农业有限公司（以下简称“鲁供丰农”）成立于2020年，注册资本为500万元，由山东省供销社控股。由于隶属供销社，因此鲁供丰农只能与村集体签订服务合同。服务公司通过村集体整合农户土地资源，集中流转当地农户的900亩耕地。服务公司保证每年给农户800元/亩土地流转费用，粮食销售给中储粮之后的收益减去农资成本以及服务费用与村集体4：6分成。2020年鲁供丰农开始进行农业生产性服务试点，服务面积为440亩次。2021年服务面积大幅度上升，覆盖了9000亩左右，是2020年的20多倍。该公司基本提供的都是全程托管服务。具体样本村分布及特征状况如表3-2所示。

表3-2　样本村分布及特征状况

序号	村庄名	所属乡镇	村所覆盖服务主体名称及服务方式	是否将服务外包给服务商
1	钱家村	黄河街道	合作社	是
2	赵家村			是
3	徽宗村			否
4	唐王村			否
5	纱罗村	刁镇	鑫星农业	是
6	青杨林村			是
7	董辛村			否
8	辛一村			否

续表

序号	村庄名	所属乡镇	村所覆盖服务主体名称及服务方式	是否将服务外包给服务商
9	曹孟村	相公庄街道	鲁供丰农	是
10	小康村			是
11	南王村			否
12	石龙村			否

资料来源：笔者根据调研数据整理而成。

二　农业生产性服务不同模式与化肥投入

基于所调研的服务商及农户特征，首先，对农业生产性服务不同模式进行介绍，包括运作内容、机制以及与农户之间的关系等；其次，对不同模式对化肥投入影响的具体路径进行阐述；最后，对每种模式下化肥减量的效果进行说明。

现实中农业生产性服务主要能够区分为以下三类模式。第一类是传统模式，这种模式下整个农业生产过程均由农户完成，并不涉及农业生产性服务的引入。第二类是农户只使用部分具有较强需求的农业生产性服务，按照第二章理论部分概念界定定义为部分托管模式，包括农机服务、技术服务或者农资与后续产中部分服务相结合使用，该模式下农户会把相关环节委托给服务商来生产。第三类是全托管模式，具体为农户将所有生产环节委托给服务商进行生产，农户只需负担相应服务费用，生产决策者完全为服务商。具体模式如表 3-3 所示。

表 3-3　农业生产性服务模式描述

农业生产性服务模式	传统模式	部分托管模式	全托管模式
生产过程涉及主体	农资供应商	农资供应商	农资企业
	农户	农户	农户
		服务商	服务商
生产决策者	农户	农户	服务商

资料来源：笔者根据文献以及调研现实模式状况整理而成。

（一）传统模式

由于我国大国小农的特点，以家庭独自经营为主的传统模式长期大量存在。1978年以来，我国开始对农村地区改革，家庭联产承包责任制逐渐建立，农业经营逐渐从集体统一经营转向分散、小规模的家庭经营。农户拥有了经营自主权，开始独立面对市场，农业生产积极性也大幅度提升，这也使农村经济得以蓬勃发展。在此基础下，农户作为独立生产经营主体的形式在我国仍较为普遍，也形成了如图3-9所示的传统模式。调研的徽宗村等其余6个村的农户都是采用这类传统模式，生产决策主体为农户，生产过程完全由农户完成。

产前环节，这些地区的农户会在农资市场向农资供应商如农资店、供销社以及合作社等购买化肥等生产资料，但此时信息传递并不充分，农户无法甄别其在农资市场上购买的化肥。由于农资市场种类繁多且质量参差不齐，一方面农户难以在纷繁的品牌中筛选出高质量化肥；另一方面就算农户购买了高质量化肥，也会因为不了解该品牌生产资料施用标准导致实际中错误使用（马骥，2006；纪月清等，2016）。农户如果需要甄别生产资料品牌、质量信息以及明确技术应用方法，还需要投入相应的信息搜寻成本。例如徽宗、唐王等村庄的农户，一般在镇上农资店购买化肥。近两年化肥市场价格波动较大，上升较多，农户在农资店购买价格平均为1.75元/斤。由于基层农资经销商准入门槛较低，农户对化肥质量甄别能力较弱，多只能接受农资店的推销（孙明扬，2021）。

购买农资后，农户按照自己的生产知识在农业生产中根据小麦长势进行田间管理，包括耕地、播种、施肥、洒药、灌溉以及收割等。一般来说，当地农户小麦种植一般施肥两次。在第一次播种时施用底肥，平均为90斤/亩。第二次在小麦返青期追肥，平均也为90斤/亩。具体传统模式运行图如图3-9所示。

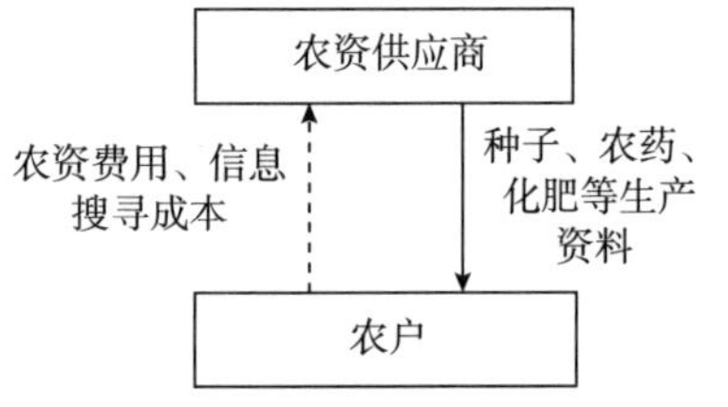

图3-9　传统模式运行图

（二）部分托管模式

随着城镇化进程加速，农户对农业生产性服务的需求不断深化。章丘区能够大规模发展农业生产性服务可能有两点原因：一是当地农户具有对农业生产性服务的需求。章丘区工业较为发达，特别是调研地区乡镇企业众多，农户兼业化程度较高。由于农业生产劳动成本大幅上升，部分农户开始退出农业生产活动，这也催生出农业生产对机械化的需求。然而受限于规模以及资金约束，当地农户难以自购农业机械来应用。二是当地具有较好的农业生产性服务供给。济南市农业生产性服务示范组织，隶属章丘区的占其中约1/4。这也促使当地发展出一批类型多样的服务商，包括合作社、专业服务公司以及供销社，因此农业生产性服务供给较为充分。

专业分工深化使得各环节具有可分性，而农户对农业生产性服务需求的加深也派生出服务环节多样化。以小麦为例，生产环节可以分为播种、施肥、耕地、植保、灌溉、收割等，农户能够根据需求对产中服务进行打包订购。服务商则协助农户进行其生产中“干不了、干不好以及干得不经济”的环节，以提升农户收益（杨志海，2019；姜长云，2020）。区别于传统模式，该模式下生产中部分环节由服务商替代农户进行，从而弥补了农户劳动、资本、技术等要素禀赋缺失问题（Lu et al.，2016）。合作社、鑫星农业以及鲁供丰农都能为农户提供“打包订购”的部分服务。实际中，农户在使用部分托管时主要是向服务商购买机械服务，包括机耕、机播以及机收服务，其余化肥购买、追肥、洒药、灌溉等环节则由自己完成。

当农户使用部分托管时有两种形式，一种形式是如只购买耕地、播种以及收割的机械服务，农户每年小麦的服务费为170元/亩。这时，农户会自己在农资市场购买化肥，服务商则会按照农户决定的化肥施用量在播种时使用机械种肥同播。调研发现只要使用了机械服务的农户在播种环节都采用了种肥同播的施肥方式。需要注意的是，这时的农业生产决策者仍为农户，不过相比传统模式，服务商采用了机械直接导入化肥，这时能够增加施肥深度，且更均匀、定量。相较而言，只购买机械服务时农户对化肥施用量的影响与传统模式相比差异较小，但由于施肥深度以及机械施肥，化肥施用会更加均匀定量，施肥效率更高。

不过，农户购买机械服务时由于涉及不同服务商，最终化肥施用量仍具有差异。一类是向当地农机专业大户购买，这时农机专业大户只是按照农户的要求进行种肥同播，基本与传统模式施肥量保持一致。另一类是农户向合作社以及专业服务公司购买机械服务，服务商会与农户沟通适合作物生长的化肥施用量，在播种时期相比传统模式以及向专业大户购买机械服务时的情况，能够减少11%左右的底肥施用。能够发现，农户只有向农业生产组织这类服务商购买农业生产性服务时才能获取信息从而实现施肥技术升级。

另一种形式是农户除向合作社或者服务公司购买机械以及植保服务外，还会向其购买化肥。以鑫星农业为例，当地农户自己购买化肥时为1.75元/斤，虽然向合作社购买时价格基本持平，但能够获取更优质肥料从而提升施肥效率。这是因为服务公司与大型国有农资公司如中国农资等企业合作，能够获取优质低价化肥。此外，化肥施用的信息以及技术也在这一过程得到了传递。服务商在购买肥料时会告知农户化肥具体用量以及方式。后续，服务商为农户提供机械服务时还会按照农户现实种植情况与农户沟通化肥等要素投入。农户在接收到信息后会适当调整自己的施肥决策。在这种形式下，通过服务商提供的种肥同播服务，农户会每亩施用80斤底肥，相比传统模式以及只使用机械服务时会下降11%。之后追肥则由农户自己完成，平均施用量为75斤/亩，相较于传统以及只使用机械服务时下降了约17%，总体上施肥量下降了14%。

具体而言，部分托管通过以下途径实现化肥减量。一是机械应用提升施肥效率。机械服务对最终化肥施用量下降影响较小，但能够增加施肥均匀度。例如，鑫星农业这类服务商具有资金优势，能够从国外引进大型机械用于农业生产，因此化肥施用效率及均匀度更高。二是农户能够获取优化施肥技术的信息。农户向公司购买服务和农资时，能够获取优质化肥具体施用量以及标准，从而转变施肥决策降低化肥施用量。此外，当农户向合作社以及专业服务公司购买机械服务时，这类服务商在产中环节也能够通过与农户沟通进行施肥技术信息传递，促使农户改进施肥方式。三是农户能够获取优质肥料。服务商由于从大型农资企业能够获取优质低价肥料，因此能向农户提供优质化肥。相比普通化肥，施用较少优质化肥就能满足土壤需求，因此能够减少化肥施用量。部分托管模式运行图如图 3-10 所示。

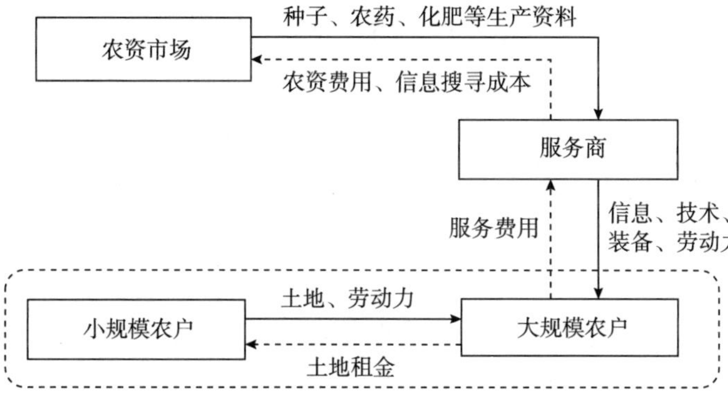

图 3-10　部分托管模式运行图

（三）全托管模式

本次调研的 3 个服务商都能够提供全托管服务。一般来说，农户将农业生产委托给服务商，服务商则为其提供农资、耕地、播种、施肥、灌溉、植保、收割等服务，农业生产决策者理所当然转为服务供应商。服务供应商在产前环节会对接大型农资企业获取低价优质农资。同时，由于其具备获取农资质量以及技术应用信息的渠道，能够通过专业技术人员甄别农资质量以及使用方式，也为进一步科学生产奠定基础。与部分托管模式相似，农户购置农资的信息搜寻、生产资料购买、农机购置以及技术应用的成本完全内化在全托管服务费用中，从而降低了整体农业生产成本。

其中，鲁供丰农的全托管模式较为特别，因为其是通过发挥村集体的组织作用集中流转农户土地从而提供全托管服务。如前述部分介绍，服务商通过整合土地资源连片服务，降低了交易成本以及机械应用限制，从而实现了规模经济。与部分托管模式不同，全托管模式下农户会委托服务商进行全程农业生产并支付相应费用，但服务商必须保证粮食产量不小于农户自己生产时的粮食产量。随着服务外包程度进一步加深，农户所付出的服务费用会增加。不过农户只需委托服务商进行农业生产，其则能够外出务工获取更高收入。例如，服务公司与农户协商签订合同后，为农户小麦种植提供农资供应、深翻、旋耕整地、宽幅精播、病虫害防治、一喷三防以及机收等服务，全年小麦服务费用与农资费用合计 570 元/亩。化肥则由服务商供应，同时随着服务费用提升化肥成本也被相应摊薄，这时化肥成本则为服务商的原始成本 1.60 元/斤，比农户自身在市场购买要低 8.6%。

农户将生产过程完全委托给服务商时，农业生产决策主体进行了转移。服务商会增加施肥次数并降低化肥施用量，这一过程则是通过优化施肥技术来实现的。在传统模式下，农户因生产习惯、经济能力以及降低成本的选择几乎不施用叶面肥。而服务公司在播种时会施用 70 斤/亩底肥，后续会追肥 50 斤/亩，并在植保环节采用无人机喷洒 50 克/亩的叶面肥。整体来说，化肥施用量相较传统模式以及农户只购买机械服务时下降了约 33%。且服务商通过采用测土配方施肥技术以及增施叶面肥弥补作物根系养分吸收不足的问题，提升了化肥施用效率。三种模式化肥施用成本、施用量具体情况如表 3-4 所示。

表 3-4　案例中农业生产性服务模式成本以及小麦化肥施用状况

序号	服务形式	服务成本（元/亩）	化肥成本（元/斤）	化肥施用量	施肥技术据信息传递	施肥技术是否改进
1	传统模式	—	1.75	底肥 90 斤/亩 + 90 斤/亩追肥	—	—
2	部分托管模式	170	1.75	专业大户：底肥 90 斤/亩+90 斤/亩追肥；合作社：底肥 80 斤/亩 + 90 斤/亩追肥	不完全	是（合作社或专业服务公司）
	部分托管模式（含农资）	200	1.75	底肥 80 斤/亩 + 75 斤/亩追肥	完全	是

续表

序号	服务形式	服务成本（元/亩）	化肥成本（元/斤）	化肥施用量	施肥技术据信息传递	施肥技术是否改进
3	全托管模式	570	1.60	底肥 70 斤/亩+50 斤/亩追肥+50 克/亩叶面肥	—	是

资料来源：笔者根据调研数据整理而成。

全托管模式运行图如图 3-11 所示。

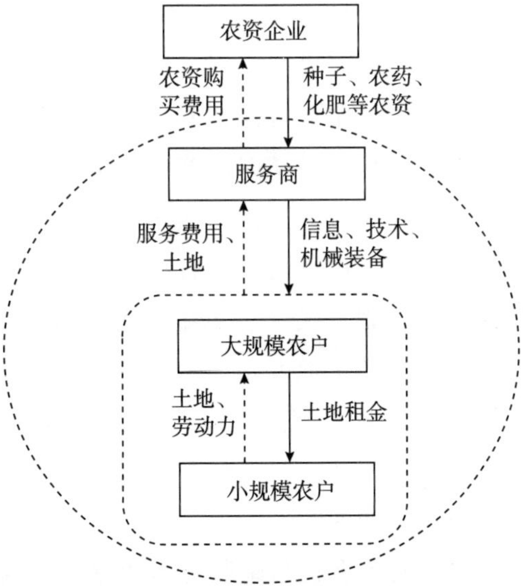

图 3-11　全托管模式运行图

三　农业生产性服务不同模式下化肥减量的动因

传统模式以及部分托管模式下，生产决策主体为农户，其是基于利润最大化做出化肥投入决策。一般来说，农户决策农业生产时过量施肥的现象较为显著。具体而言：一是由于农户风险规避意识较强，不愿意承担化肥减量带来的减产风险（Feder et al.，2006；仇焕广等，2014）。二是我国化肥价格长期较低，化肥支出只占农业生产总成本中较小部分。相对而言，直接撒施化肥忽略施用量对农户而言较为便利（葛继红和周曙东，2012）。三是我国农户经营规模小、土地细碎，因此改变施肥方式或进行技术应用缺乏资金、专业技术知识并受规模准入限制（梁志会等，2020）。例如，机械施肥是标准、定量施肥的一种重要形式，然而我国小规模农户居多，前期资金投入以及经营规模受限，因此通过自己购买机械施肥的农户较少。四是大部分农户不直接面向消费者，这时农户难以甄别消费者对产品的需求，也无法实现精准田间管理（沈兴兴等，2018）。

相比农户决策，服务商化肥减量的动力也来源于利润最大化，但其更具减量施肥的动力。具体而言，一是服务商需要通过合理施肥保证小麦产量。这一点在全托管模式下表现得较为明显。由于全托管模式下服务商需要与农户签订服务合同，并且保证由服务商所生产出的小麦产量必须不小于农户自己种植时的产量。因此，其在进行生产决策时必须通过农业生产要素合理配置来实现产量最优，以防产生违约风险。以领先合作社为例，由于与农户具有合约约束产量，其通过多次田间试验寻找合适的施肥方式，最终发现降低总体化肥施用量、增加化肥施用次数能够实现产量最大化。二是在保持产量的基础上降低农业生产成本。服务商作为“理性经济人”，也会通过降低成本来实现利润最大化。这表现在，其会在不影响最终产量的基础上尽量降低化肥施用量，从而减少生产成本。

化肥施用量的调整实质上就是施肥技术改进，而施肥技术调整则需要服务商具备减量施肥的能力。一方面，服务商具有资金优势以及信息来源更新技术。显然实际中如想明确获取更高粮食产量所需化肥用量需要进行大量田间试验。由于资金以及技术缺失，农户自身很难进行对照试验以获取合理化肥施用量。而像鑫星农业这类服务商，由于与科研院校具有合作关系并具有资金优势，会进行技术更新以实现产量最优。因此，在全托管模式下服务商会避免随意撒施化肥的现象，通过适量施肥提升产量。除施肥量外，机械质量差异会对施肥均匀度以及深度造成影响，从而影响最终产量。所调研的案例中几乎所有农户在底肥施用时都是使用机械。在传统模式下，农户一般租用当地农机户以及自购机械在播种时进行种肥同播，但相对来说机械质量较低。而农业生产组织这类服务商由于资金优势能够自购优质机械且具备资产专用性，通过高质量机械施肥不仅能够调节施肥均匀度，并且能够实现肥料深施提升肥料利用率。另一方面，服务商能够获取低价优质肥料。在实际操作中，所调研地区农户基本在镇上农资店购买化肥，但由于基层农资经销商准入门槛较低，因此农户较难获取高质量化肥并且缺乏甄别化肥质量的信息。而合作社以及服务公司农资获取遵循“农资企业—服务商—替代农户应用”的路径。通过与大型农资企业达成合作，能够获取优质低价化肥。此外，由于当地服务商大多由农资经销商发展而来，因此具有甄别化肥质量以及施用的专业技术人员，能够明确化肥具体施用标准与方式。

第四节　农业生产性服务与化肥投入微观统计分析

本章在前述部分使用微观案例阐述了现实中农业生产性服务与化肥投入之间的关系。为进一步识别二者之间的关系，本研究后续章节将会采用大样本数据进行实证检验。由于本书主要章节使用的是中国农业大学国家农业农村发展研究院的返乡调研数据，为了解微观数据农业生产性服务与化肥投入之间的分布状况，本节将对主要数据库进行描述性统计分析。

一　数据来源

本研究所使用数据来源于中国农业大学农业农村发展研究院 2018 年、2019 年的返乡调研数据。该调研始于 2015 年，已经持续了 4 年时间，其间经过三次问卷调整。考虑到本研究关注议题及变量可获取性，因此选择了 2018 年、2019 年的数据进行分析。调研采用了多阶段抽样方法。首先，我们在选定的省份内招募家乡在上述地区的调研员；其次，进一步让每省调研员在其所在市随机选择 2 个村；最后，调研员在每个村随机选择 10—15 个农户进行调研。在调研过程中，我们使用结构化的调查问卷对农户进行了面对面访谈。调研内容包括问卷调研年份前一年即2017年、2018年农户个人及家庭特征状况（如年龄、教育程度、种植规模和家庭规模等）、农作物种植情况、生产要素投入状况、农业生产性服务外包状况以及化肥投入状况等。为聚焦本书议题，我们最终只保留种植小麦的农户，剔除了关键信息缺失的变量，并对农户家庭收入以及经营规模按照1%进行“缩尾”处理，以消除异常值的影响。经处理得到有效样本1439个。样本省份分布状况如表3-5所示。

表3-5　样本省份分布状况

调研省份	样本数（个）	占总样本比例（%）	调研省份	样本数（个）	占总样本比例（%）
安徽	86	5.98	江苏	174	12.09
湖北	109	7.57	山东	410	28.49
河南	463	32.18	河北	141	9.80
四川	56	3.89	总样本	1439	100

资料来源：笔者根据调研数据整理而成。

二　核心变量选择

由于本研究重点关注农业生产性服务对化肥投入的影响。如第二章理论机制所述，当农户使用部分托管模式时，农业生产性服务与化肥投入相关环节只包括播种、植保环节，化肥使用流程则只涉及基肥以及补肥使用，追肥则由农户完成。现实中，农户使用播种环节后，会将所购化肥给服务商让其在播种的时候运用机械种肥同播。此外，也有部分农户对植保环节具有需求，而这一环节涉及运用无人机等机械补喷叶面肥。当农户使用全程农业生产性服务即全托管后，农业生产决策主体转为服务商，整个基肥、追肥以及补肥用量均由服务商决定。

基于上述分析，为保证农业生产性服务与化肥投入环节相关从而有效识别化肥减量效果，本研究将农户只要使用播种（*sow*）、植保

（*plantpro*）以及全托管（*full*）任意一项定义为本章核心解释变量使用农业生产性服务（*service*），以虚拟变量形式进入回归模型中，其中农户使用农业生产性服务为 1，否则为 0。核心被解释变量为化肥投入（*fert*），以亩均化肥投入金额衡量①，单位为元/亩。此外，由于第五章需要讨论信息传递与新型施肥技术应用这一作用机制，而农资环节意味着服务商能够对肥料品种以及科学施肥信息进行传递，但单独农资环节不属于农业生产性服务讨论范畴，只有农资环节与后续产中环节搭配使用才属于农业生产性服务。基于此，选择了农户同时使用农资与播种（*agrsow*）以及农资与植保（*agrplantpro*）作为后续讨论的变量。而新型施肥技术（*ferttech*），以 2019 年问卷中“2018 年家庭是否使用测土配方施肥技术”、2018 年问卷中“2017 年家庭是否使用新型肥药技术”共同衡量，如农户两个变量中有一个为是则定义为 1，否则为 0。

三　农户农业生产性服务使用状况

样本农户农业生产性服务使用状况如图 3-12 所示。能够发现，使用农业生产性服务的农户为 884 户，占总样本的 61.43%。其中，农户对播种环节的需求最高，整体样本中使用播种环节的农户为 841 个，占总样本的 58.44%。而单独使用农资供应以及植保环节服务的农户较少，分别为 356 户以及 265 户，各自占总样本的 24.74%以及 18.42%。在引入农资环节后，发现同时使用农资供应与播种服务的农户样本为 282 个，使用农资供应与植保服务的农户样本则为 193 个。此外，使用全托管的农户为 96 户，占总样本的 6.67%，表明现阶段使用全托管的农户仍较少。

四　农业生产性服务与化肥投入状况交叉分析

基于农户对农业生产性服务不同环节以及新型施肥技术的使用状况，本部分对不同环节以及形式下相应化肥投入进行了交叉分析，具体描述性统计结果如表 3-6 所示。结果显示，使用农业生产性服务的农户平均化肥投入要低于未使用农业生产性服务的农户，均值差异为

① 具体选择原因在第一章文献回顾的概念界定部分已经进行了说明，此处不再赘述。

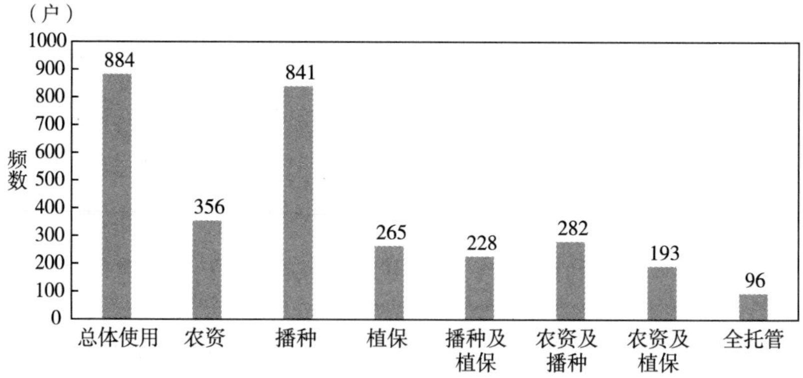

图 3-12 样本农户农业生产性服务使用状况

5. 50%左右。使用了全托管的农户与未使用的农户化肥投入差异较大，表现在如农户使用全托管，其平均化肥投入相比未使用全托管能够降低 7. 93%左右。分环节来看，播种环节服务的农户最终化肥投入约为 144 元/亩，而不使用的农户最终化肥投入则约为 151 元/亩，差异较为明显。而使用与未使用植保环节农户平均化肥投入差异较小，变化幅度不足 1%。当农户同时使用农资、播种环节以及农资、植保环节时，平均化肥投入都要低于未使用的农户。而当农户使用新型施肥技术时，最终差异也较大，使用技术的农户平均化肥投入要比未使用的农户要低将近 2%，这意味着在统计层面上使用新型施肥技术的农户化肥投入会较低。

表 3-6 农业生产性服务不同环节对化肥投入描述性统计 单位：元/亩

变量名称	化肥投入状况	
	使用	未使用
农业生产性服务	143. 99（38. 08）	151. 91（60. 32）
全托管	136. 91（32. 88）	147. 77（48. 86）
农资环节	143. 54（33. 28）	148. 03（50. 44）
播种环节	143. 88（38. 87）	151. 32（56. 07）
植保环节	146. 21（33. 45）	147. 06（49. 32）

续表

变量名称	化肥投入状况	
	使用	未使用
农资、播种环节	144.86（34.02）	147.41（49.41）
农资、植保环节	142.34（33.50）	147.62（48.49）
新型施肥技术	144.88（42.26）	147.61（48.23）

注：括号中为标准误。

资料来源：笔者根据调研数据计算而成。

第五节　本章小结

本章针对化肥投入这一议题对我国化肥投入状况包括总体化肥投入、不同地区化肥投入以及不同粮食作物化肥投入变化状况进行了分析。同时，对我国农业生产性服务发展基本情况进行了梳理，包括我国农业生产性服务发展历程、演进特点以及演进逻辑。此外，采用案例对现实中农业生产性服务对化肥投入的影响路径以及效果进行了说明，并对本研究采用的微观数据进行了描述性分析。本章主要研究结论如下。

第一，总体上我国化肥施用量以及施肥强度均呈现不断上升的趋势，不过在不同地区以及粮食作物间存在着显著差异。对于化肥施用量以及施用强度而言，山东省、河南省以及江苏省是化肥施用较多的地区。而分作物来看，玉米化肥施用总量最高且 1978 年至今上升幅度较大。而小麦则是施肥强度最高，且施肥强度增幅最大，1978 年至今，年增长率平均能够达到 3%。此外，值得一提的是，我国粮食作物化肥投入金额均与化肥施用强度增长趋势保持一致，这为本书第四章至第六章使用亩均化肥投入金额作为化肥投入的替代指标提供了现实依据。

第二，进一步关注我国农业生产性服务演变情况，发现 1978 年我国开始进行农村经营制度改革，农业生产性服务需求开始出现，农业生产性服务开始萌芽。自1990年起，我国城镇化进程的快速发展，劳动力缺失成为机械服务快速发展的主要动力。此外，相关政策也逐步推动着农业生产性服务主体出现。而自2009年以来，随着农村要素资源“解绑”，土地、劳动力等要素市场化程度提升，农业生产性服务逐步走向专业化与市场化。

第三，我国农业生产性服务在不同时期、不同作物间差异显著，但总体上呈现波动上升趋势。1978—1994年我国粮食作物农业生产性服务首先经历了一轮快速上升趋势，之后到1996年出现波动下降趋势，此后到2018年一直呈现波动上升态势。粮食作物中稻谷、小麦以及玉米农业生产性服务发展均展现出波动上升的趋势，其中水稻以及小麦农业生产性服务发展水平较高。农业生产性服务出现上述发展态势的原因一是产权制度深化以及技术发展所带来的专业分工，二是市场化程度的提升带来的资源有效配置。

第四，根据现实观察发现不同农业生产性服务模式下化肥施用量具有差异。在农户只购买农业机械服务时，化肥施用量与农户未购买服务时相差无几，但是施肥更均匀、效率更高。当农户不仅购买机械、植保服务还向服务商购买农资时，总体化肥施用量相较前两种模式会下降约14%，其中底肥施用量下降约11%，追肥施用量下降约17%。而全托管模式下化肥施用量不仅整体下降明显，且施肥次数有所增加。整体上全托管模式下化肥施用量相较传统模式以及部分托管模式只够买机械时下降了约33%，且增加了两次50克/亩的叶面肥使用。

第五，不同模式对化肥投入的影响差异具有不同动因。从部分托管来看，由于机械服务来源不同，服务商与农户之间信息传递出现差异，最终化肥投入具有区别。当服务商既提供农资供应以及机械服务时，信息传递更为顺畅。当农户只向当地专业大户购买机械服务时，服务商多按照农户需求进行施肥，化肥施用量相比农户自己施用差别较小。因此，农户向合作社以及专业服务公司购买机械服务相较专业大户而言，化肥施用量能够降低14%。而全托管模式下，服务商一方面由于与农户具有合约约束，会改进施肥技术降低化肥投入来保证产量。另一方面，其具有降低成本的需求，服务商会在不影响产量的基础上降低化肥投入以减少生产成本。

第六，根据微观数据库描述性统计结果发现，大部分农户会选择使用农业生产性服务，其中播种环节使用户数占比最高，植保环节使用较少。整体来看，不论是整体使用农业生产性服务、全托管还是播种环节，化肥投入在统计上均显示要低于不使用上述服务的农户。不过，使用与未使用植保环节农户化肥投入的差异较小，仍需要后续大样本实证检验明确二者之间的关系。

本章案例分析以及微观数据描述性统计表明农业生产性服务能够降低化肥投入，但上述分析只是基于现实观察，缺乏大样本数据对这一命题进行验证。基于背景铺垫，本研究将在后续章节基于本章所描述的微观数据，对农业生产性服务对化肥投入的影响采用微观数据进行实证检验，并从不同作用机制分析二者关系。

第四章

农业生产性服务对化肥投入影响的总体检验

本章的核心目标是总体验证农业生产性服务对化肥投入的影响是否存在。除整体验证外，也会分环节讨论农业生产性服务对化肥投入的影响。此外，由于不同地区农业技术、机械使用以及服务主体的客观差异，进一步区分不同地区以验证结果稳健性。具体而言，本章将从不同地区农业生产组织占比以及地形状况入手，分析农业生产性服务对化肥投入的影响差异。需要说明的是，农业生产组织一般是农业生产性服务提供者，因此村级农业生产组织占比在一定程度上能够反映当地农业生产性服务供给状况。而不同地形则意味着技术以及机械的客观准入条件差异。基于上述两类变量对不同区域进行考察，能够为后续信息传递促使施肥技术升级、农业生产决策主体转变以及机械应用机制做铺垫。

第一节　研究背景

1949 年至 20 世纪 60 年代，我国化肥施用存在严重不足的现象，政策以及研究焦点都在如何提升农户化肥施用方式上。当时我国化肥产业发展落后，原料多来源于进口，导致化肥施用多以单质低浓度肥料为主且化肥施用强度较低（张卫峰等，2016）。随着粮食增产需求提升以及我国化肥产业的进步，化肥投入量不断上升，不少农学研究领域学者都观察到我国化肥存在投入过量且施肥效率不足的情况（曾希柏等，2002；张福锁，2017）。但化肥投入不仅是农学和环境问题，也涉及经济学中的生产要素投入。因此，越来越多的经济学者开始用不同方法测算研究化肥投入状况问题。从最优施肥量度量的角度，研究发现我国三大粮食作物均存在不同程度的施用过量情况，超过经济学上的最优水平（林源和马骥，2013；史常亮等，2015）。而基于化肥施用效率视角，不少学者也发现粮食作物化肥施用普遍存在效率不足的现象，大约有一半化肥未被作物吸收（Wu，2018；邹伟和张晓媛，2019）。

在化肥施用过量以及效率不足的现实下，越来越多的学者基于农户视角对化肥投入影响因素进行探究，以期寻找减量施肥的现实方式。Croppenstedt 等（2003）采用 Heckman 模型分析化肥投入水平，发现当化肥市场供需不平衡时会改变化肥价格从而影响农户施肥情况。由于我国农业兼业化程度加深致使劳动力价格不断上涨，也对化肥投入产生了影响。化肥施用属于劳动密集型生产过程，因此需要投入一定劳动力来进行化肥施用。但由于劳动力成本的上升，导致农业生产中随意撒施化肥的现象较为显著（李洁，2008）。除生产要素价格外，产品价格也会对化肥投入产生影响。这表现在农产品价格较高时，农户往往会出现非理性生产行为，从而增加化肥施用量（Paudel et al.，2000）。研究发现，信息传递能够减少农户化肥投入。当农户能够更有效获取化肥施用的技术信息时则能够减少其化肥投入（常倩等，2016；吕杰等，2021）。以上的文献讨论基本上都是默认农户人工进行化肥投入。但由于农业机械化水平的提升，机械施肥成为施肥新形式。这一方式与人工减量施肥机制存在差异，人工施肥机动性较强，但由于农户具有较高风险规避意识以及技术应用约束，因此很难改变自身行为减量施肥。而机械则是通过定量、精准施用，导入化肥后直接实现化肥减量（张露和罗必良，2020）。

虽然已有研究取得了丰富进展，但并未将我国小麦种植户广泛采用农业生产性服务的现实状况考虑进来。当前，我国粮食生产形式已经发生了重大变革，专业分工的出现使得农业生产环节具有可分性（江雪萍，2014；杨万江和李琪，2017）。环节可分意味着农户能够获取更加专业的生产性服务，这也诱使农业生产性服务的出现。农业生产性服务是在保证农户经营主体承包权以及经营权的前提下，将生产环节中的部分环节以及全部环节委托给专业服务商，例如合作社、为农服务中心以及服务公司等，由其代替农户进行农业生产的形式（孙小燕和刘雍，2019；姜长云，2020）。结合我国农业生产性服务发展来看，截至 2019 年我国农业生产性服务面积超过 15 亿亩次，其中服务粮食作物面积 8.6 亿亩次，服务组织达到 44 万个，服务小农户 6000 多万户（农业农村部，2020）。服务组织由于拥有专业机械装备、技术知识以及资金优势，因此不仅能够替代农户进行农业生产，还能够为农户提供专业机械服务（张红宇，2019）。在上述农业生产性服务的发展现实以及服务功能不断拓展的背景下，农业技术、机械应用、信息传递不断转移，这些都能够对最终生产要素配置包括化肥投入产生特定影响。

通过对现有文献梳理发现，现有研究对化肥投入影响因素的分析已取得丰富的进展，但有关生产性服务对农户化肥投入的影响因素较少，且仍集中于农户视角。正如第二章理论分析由于已有研究对农业生产性服务界定不清、机制考虑不完备，研究结论整体适用性仍不足。因此对农业生产性服务对化肥投入具有怎样影响这一问题需要进一步采用微观数据进行分析，本部分则使用微观数据从总体上验证农业生产性服务是否会对化肥投入产生影响。

第二节　变量选取与模型构建

本书理论上对影响化肥投入的因素进行了分析，并解释了农业生产性服务对化肥投入的作用渠道。进一步需要证明的则是，农业生产性服务是否会对化肥投入产生影响。因此，本节将构建计量模型，对农业生产性服务对化肥投入影响的存在性进行实证检验。

一　变量选取

已有研究表示，在中国资源环境趋紧的现实条件下，化肥减量已经成为我国农业发展的重要问题。然而化肥投入具有多种影响因素，既有内部因素，包括农业生产决策者特征、经营特征等；也有外部因素，如化肥价格、农产品投入价格以及区域农业自然资源禀赋等。第三章已经对本章数据来源进行了介绍，并对核心变量进行了描述性统计分析。除此之外，根据理论部分的分析，本节还会引入农业生产决策者特征、家庭特征、经营特征、要素价格及农产品价格、村级特征、区域特征等变量进行控制。具体如下。

（一）农业生产决策者特征

性别（*gender*），该变量以虚拟变量衡量，其中 0 代表女性，1 则代表男性。年龄（*age*），以家庭中农业生产决策者年龄来衡量。受教育年限（*edu*），受教育水平作为家庭人力资本积累的重要手段，会对农业生产决策产生重要影响，因此本研究对受教育类型按照最高教育年限进行换算[①]。健康状况（*health*），这一变量衡量的是农业生产决策者的健康程度，由于生产决策者的健康状况与农业生产劳动力质量息息相关，对最终要素投入会产生影响，因此将该变量引入回归模型中，并以离散连续变量衡量。具体来说，将问卷设置变量反向变化，1—4 分别表示无劳动能力至健康状况很好。

（二）家庭特征

家庭劳动力外出务工比例（*outlabrate*），以家庭外出务工人数除以家庭劳动力占比来衡量。农业生产经营培训（*techtrain*），作为提升家庭人力资本的重要手段，与家庭生产经营水平息息相关，同时能够提升农户技术水平（李谷成等，2009）。农业生产组织参与状况（*org*），家庭中有人参与合作社或者农业企业的定义为参与农业生产组织，如参与则为 1，否则为 0。是否为干部户（*cardre*），以家庭中是否有人担任过干部来衡量，其中家庭有人担任过村干部、乡镇干部

① 具体而言，文盲以及半文盲以 0 来衡量；小学以 6 年衡量；初中或中职以 9 年衡量；高中及中专以 12 年衡量；大专及高职以 15 年衡量；本科及以上以 16 年衡量。

以及县级及以上干部的定义为干部户，取值为1，否则为0。干部身份是获取信息的重要渠道，多数时候干部户身份被认为是反映家庭社会资本的重要变量。由于化肥投入减量是技术改进措施，干部户的身份则能通过信息获取改进施肥技术从而减少化肥投入。家庭收入（*income*），为避免测量误差，家庭收入以家庭总收入的对数来衡量。生产经营培训为虚拟变量，如果家庭中有人接受过该培训的为1，否则为0。

（三）经营特征

经营规模（*scale*），以小麦种植规模来衡量，单位为亩。地块数量（*landpiece*），以家庭经营地块数来衡量。由于农业生产性服务中大型机械的引入会受到土地规模以及细碎化程度的约束，因而较小规模以及细分地块都可能成为限制农业生产性服务以及化肥投入的影响因素。

（四）要素价格及农产品价格

根据理论分析，要素价格以及农产品价格是影响农户化肥投入的重要因素。由于调研过程中农户对化肥价格（*pfert*）的估计较为粗略，而各品种以及化肥质量差异较大。因此，为控制要素价格，本研究使用2017年、2018年《全国农产品成本收益资料汇编》中省级化肥价格，并以2017年为基期使用《中国农村统计年鉴（2018）》中的化学肥料价格指数对2018年化肥价格进行平减得到2018年化肥实际价格，以控制通货膨胀带来的影响。小麦价格（*pwheat*），以小麦销售价格除以小麦销售量来衡量，单位为元/斤。

（五）村级特征

由于机械服务是农业生产性服务中的重要服务方式，因此地形状况（*landform*）也是制约农业生产性服务使用的重要原因。相较于山地以及丘陵地区，平原地区机械覆盖范围会更大（Lu et al.，2016）。互联网使用占比（*intrate*），以村开通互联网户数占村总体户数百分比衡量。村级互联网使用占比代表着当地网络基础设施建设情况，区域内网络基础设施条件越好，农户使用互联网比例越高。而互联网使用能够帮助农户获取农业生产知识，从而影响农户化肥投入情况。

（六）区域特征

一般来说，区域内经济发展水平以及客观地理环境具有较大区别，因此将已有省份区分为东（*east*）、中（*mid*）、西部（*west*）以控制各地自然以及经济客观条件差异。

二　农业生产性服务对化肥投入影响存在性验证

本章重点关注整体上农业生产性服务对化肥投入是否具有影响。因此，首先构建基准回归模型进行实证检验。整体农业生产性服务对化肥投入影响的基准模型具体为

$$fert_i = \beta_0 + \beta_1 Service_i + \sum_{k=1} \beta_{2k} C_i + D_i + \mu_i \qquad (4-1)$$

式中：$fert_i$ 为第 i 个农户的化肥投入，以亩均化肥投入金额（元/亩）来衡量。正如第一章所述，考虑到实际中：一是复合肥使用品牌区域差距较大；二是农户可能在购买生产性服务后无法确定化肥投入量，只能观测到投入金额；三是化肥中含有多种微量元素如折纯会高估氮磷钾含量；四是小麦生产中补喷叶面肥无法衡量使用数量；五是农户在现实中基本都是在当地合作社、供销社以及农资店购买化肥，由于购买渠道较为一致，因此较少存在由于大量购置化肥带来的规模效应。鉴于上述原因，本研究采用亩均化肥投入金额来衡量化肥投入。$Service_i$ 为二分类变量，表示第 i 个农户农业生产性服务外包行为，如果农户使用了农业生产性服务则定义为 1，未使用定义为 0；C_i 为其他控制变量，包括第 i 个农户农业生产决策者特征（性别、年龄、受教育年限、健康状况）、家庭特征（外出务工劳动力占比、家庭是否有人担任村干部、是否参与合作社、家庭是否有人获取农业技术培训）、经营特征（经营规模、土地细碎化程度、小麦销售价格、化肥价格）、村级变量（地形状况、网络通信状况）；D_i 为农户所在区域，为虚拟变量，主要为了控制各地气候、降水以及病虫害等区域固定效应；μ_i 为随机扰动项；β_0 为截距项，β_1、β_2 为待估参数。

此外，本章还重点关注了农业生产性服务不同环节与最终化肥投入之间的关系，因此进一步构建了具有不同环节虚拟变量项的模型表达式：

$$fert_i = \alpha_0 + \alpha_{1i} ser_{im} + \sum_{k=1} \alpha_{2k} C_i + D_i + \varepsilon_i \tag{4-2}$$

式中：Ser_{im} 为二分类变量，表示第 i 个农户使用的农业生产性服务环节，包括播种（*sow*）以及植保（*plantpro*）环节，如果农户使用上述环节定义为1，未使用定义则为0；C_i 为其他控制变量；D_i 为农户所在区域，具体选择均与式（4-1）保持一致；ε_i 为随机扰动项；α_0 为截距项；α_1、α_2 为待估参数。

三　农业生产性服务对化肥投入的效应分析

在研究农业生产性服务对化肥投入的影响时需要进一步注意以下两个问题带来的内生性问题：一是农户使用农业生产性服务可能存在“自选择”行为，而样本“自选择”则会导致估计结果偏误；二是现实中只能关注到农户使用农业生产性服务后的化肥投入，而无法观测到那些未使用农业生产性服务的农户一旦使用化肥投入会发生何种变化，这意味着实际中存在着“数据缺失”问题。这时已有样本则会成为非随机样本，出现估计误差。

根据理论分析，农户使用农业生产性服务的决策并不是外生变量，而是基于自身禀赋以及对使用农业生产性服务的成本收益进行权衡的自选择，存在不可观测因素，同时影响农户使用农业生产性服务的决策以及化肥投入决策。针对农户选择农业生产性服务对化肥投入的影响，已有文献多采用倾向性得分匹配（PSM）、处理效应模型以及 Heckman 选择模型等回归方法。但是 PSM 难以解决不可观测因素所造成的遗漏变量问题，处理效应等回归模型则无法解决“数据缺失”带来的样本自选择问题，而 Heckman 选择模型无法实现反事实估计。内生转换模型（ESR）一是可以将不可观测因素纳入方程中从而校正样本选择偏差并通过极大似然估计方法解决信息遗漏的问题；二是可以分别考察使用和未使用农业生产性服务对农户化肥投入的影响，分析不同因素的影响差异；三是可以实现反事实估计。基于此，本研究参照 Lokshin 和 Sajaia（2011）的设定，采用 ESR 方法估计农业生产性服务对化肥投入的影响。

ESR 具体估计思路为：第一步使用 Logit 模型或 Probit 模型估计选

择方程，识别农户使用农业生产性服务的影响因素；第二步分析农户使用与未使用农业生产性服务化肥投入的差异。因此，农户是否使用农业生产性服务的选择方程为

$$D^{*}=Z_{i}'\beta+\mu_{i}D=\begin{cases}1 & (D^{*}>0)\\0 & (D^{*}\leqslant 0)\end{cases} \tag{4-3}$$

农户使用及未使用农业生产性服务的结果方程为

$$Y_{Mi}=X_{Mi}'\alpha_{M}+\varepsilon_{Mi}\ (D=1) \tag{4-4}$$

$$Y_{Ni}=X_{Ni}'\alpha_{N}+\varepsilon_{Ni}\ (D=0) \tag{4-5}$$

式（4-3）中，D^{*} 为二元变量 D 的潜变量；Z_{i} 为一系列影响农户使用农业生产性服务的解释变量，需要注意的是，农户是否使用农业生产性服务可能会受到不可观测因素的影响（如农户的认知能力、信贷状况等），这一系列因素可能与最终化肥投入相关。式（4-4）和式（4-5）中 Y_{Mi} 和 Y_{Ni} 分别为使用与未使用农业生产性服务农户的化肥投入状况；X_{Mi} 和 X_{Ni} 分别为影响使用农业生产性服务农户化肥投入与未使用农业生产性服务农户化肥投入的一系列解释变量（如年龄、受教育状况、家庭人数和非农务工比例等）。需要注意的是，为识别 ESR 方法要求结果方程中至少有一个变量不在选择方程中。

当不可观测因素同时影响选择变量农业生产性服务与化肥投入时，选择方程和结果方程误差项的相关系数不为零。如果直接使用最小二乘法对式（4-4）、式（4-5）进行估计则会得到有偏估计量，因此基于式（4-3）计算逆米尔斯比例 λ 引入化肥投入结果方程解决有偏问题，结果方程转化为

$$Y_{Mi}=X_{Mi}'\alpha_{M}+\sigma_{M\mu}\lambda_{Mi}+\varepsilon_{Mi}\ (D=1) \tag{4-6}$$

$$Y_{Ni}=X_{Ni}'\alpha_{U}+\sigma_{N\mu}\lambda_{Ni}+\varepsilon_{Ni}\ (D=0) \tag{4-7}$$

式中：λ_{Mi} 和 λ_{Ni} 为无法观测的能力和偏好带来的影响；$\sigma_{M\mu}$ 和 $\sigma_{N\mu}$ 为选择方程和结果方程误差项的协方差，若两者在统计意义上显著，则表明需要纠正“同时决策”和“自选择”问题。

基于式（4-6）和式（4-7），可以将使用农业生产性服务与未使用农业生产性服务农户的化肥投入表示为

$$E(Y_{Mi}\mid D=1)=X_{Mi}'\alpha_{M}+\sigma_{M\mu}\lambda_{Mi} \tag{4-8}$$

$$E(Y_{Ni} \mid D=0) = X'_{Ni}\alpha_N + \sigma_{N\mu}\lambda_{Ni} \tag{4-9}$$

它们的反事实分别是

$$E(Y_{Ni} \mid D=1) = X'_{Mi}\alpha_N + \sigma_{N\mu}\lambda_{Mi} \tag{4-10}$$

$$E(Y_{Mi} \mid D=0) = X'_{Ni}\alpha_M + \sigma_{M\mu}\lambda_{Ni} \tag{4-11}$$

基于式（4-8）和式（4-10），可以得到使用农业生产性服务农户化肥投入的平均处理效应（Average Treatment Effect on the Treated, *ATT*），具体表现为式（4-8）和式（4-10）的差：

$$ATT = E(Y_{Mi} \mid D=1) - E(Y_{Ni} \mid D=1) = X'_{Mi}(\alpha_M - \alpha_N) + \lambda_{Mi}(\sigma_{M\mu} - \sigma_{N\mu}) \tag{4-12}$$

基于式（4-9）和式（4-11），可以得到未被处理组即未使用农业生产性服务农户化肥投入的平均处理效应（Average Treatment Effect on the Untreated, *ATU*），具体表现为式（4-9）和式（4-11）的差：

$$ATU = E(Y_{Mi} \mid D=0) - E(Y_{Ni} \mid D=0) = X'_{Ni}(\alpha_M - \alpha_N) + \lambda_{Ni}(\sigma_{M\mu} - \sigma_{N\mu}) \tag{4-13}$$

不过由于选择方程中必须至少有一个变量不在结果方程中，因此需要考虑工具变量的使用。一般来说，村级农业生产经营组织数量意味着农业生产性服务提供者。村级农业生产组织数量越大意味着农业生产性服务供应越充分。当地农业生产组织发展状况能够影响农业生产性服务的供给，从而影响农户对于农业生产性服务的使用状况，却不影响最终化肥投入。据此，本章选择村级农业生产组织数量（*orgnum*）作为 ESR 的识别变量，后续也会对这一变量的有效性进行检验。

第三节　样本农户特征比较分析

表 4-1 为农户基本特征描述性统计。样本农户化肥亩均投入金额为 147.04 元，与《全国农产品成本收益资料汇编（2018）》中的每亩化肥投入金额 148.56 元较为接近，表明样本具有较好代表性。而整体样本中使用新型施肥技术的农户占 26%，表明大部分农户仍以应

用传统施肥技术为主。可以看出，样本中农业生产决策者多数为男性，占整体样本的75%，女性只占25%。农业决策者的平均年龄在53.43岁，说明我国农业生产呈老龄化的特征。而受教育年限平均为8.15年，学历主要集中于初中阶段，表明小麦种植户大部分受教育水平仍较低，而多数农业生产决策者身体状况较为良好。样本家庭劳动力外出务工占比为26.82%，表明基本上家庭都有劳动力从事非农就业。

表4-1　　　　变量定义及相关描述性统计

变量名称	简写	定义	均值	标准差
化肥投入	*fert*	小麦亩均施肥金额（元/亩）	147.04	48.03
新型施肥技术	*ferttech*	使用=1；未使用=0	0.26	0.44
性别	*gender*	女=0；男=1	0.75	0.43
年龄	*age*	单位：岁	53.43	10.95
受教育年限	*edu*	受教育类型最高年限（年）	8.15	3.27
健康状况	*health*	1=无劳动能力；2=差；3=一般；4=好	3.64	0.58
家庭劳动力外出务工比例	*outlabrate*	外出务工劳动力占家庭劳动人数比例（%）	26.82	22.87
家庭收入	*income*	家庭总收入取对数	10.71	1.11
经营规模	*scale*	小麦种植规模（亩）	13.98	49.11
地块数量	*landpiece*	单位：块	4.45	12.55
农业组织参与状况	*org*	有参与=1；未参与=0	0.11	0.32
农业生产培训状况	*techtrain*	家中有人接受过农业生产培训=1；家中无人接受过农业生产培训=0	0.19	0.39
是否为干部户	*cardre*	是=1；否=0	0.13	0.34
化肥价格	*pfert*	每斤化肥价格（元/斤）	2.77	0.23
小麦价格	*pwheat*	小麦销售价格（元/斤）	1.13	0.73
地形状况	*landform*	平原=1；山地及丘陵=0	0.75	0.43
互联网使用比例	*intrate*	村开通互联网户数占总户数百分比（%）	43.84	32.13

资料来源：笔者根据2018年、2019年返乡调研数据整理而成。

从家庭以及经营特征来看，小麦经营规模为 13.98 亩，仍以小规模为主。而家庭经营地块数量较多，细碎化程度较高。样本农户中，只有 11%的家庭参与了农业生产组织，参与过农业生产经营培训的家庭也只有 19.0%，相对来说仍有待提高。有村干部的家庭占总样本的 13.0%，这一比例较低。小麦价格平均为 1.13 元/斤，与《全国农产品成本收益资料汇编（2018）》中小麦销售价格 1.12 元/斤较为一致，说明样本具有较好代表性。此外，样本中大部分村落都为平原地区，平原地区占总样本的 75.0%，山地以及丘陵地区只有 25.0%。不过村级互联网使用比例仍只有 43.84%，仍需要在村级层面普及互联网使用。

此处直接分析使用与未使用农业生产性服务被解释变量及控制变量描述性统计差异结果，具体结果如表 4-2 所示。结果发现，使用农业生产性服务的农户相比未使用的农户化肥投入会更少。而关于影响农户使用农业生产性服务的控制变量，农业生产决策者特征、家庭特征、经营特征等均表现出显著差异。具体而言，使用农业生产性服务的农户男性的概率更大，健康程度较低，农业生产地块数量较少，更可能是村干部。

表 4-2　　　　使用与未使用农业生产性服务农户差异

变量名称	使用农业生产性服务		未使用农业生产性服务		均值差（*t* 检验）
	均值	标准差	均值	标准差	
fert	143.99	38.08	151.91	60.32	-7.92***
gender	0.74	0.44	0.78	0.41	-0.05*
age	53.31	11.10	53.64	10.71	-0.33
edu	8.11	3.32	8.22	3.19	-0.10
health	3.60	0.61	3.70	0.54	-0.11***
outlabrate	26.59	22.84	27.19	22.92	-0.60
income	10.71	1.21	10.73	0.94	-0.02
scale	14.29	44.60	13.50	55.57	0.79

续表

变量名称	使用农业生产性服务		未使用农业生产性服务		均值差（t 检验）
	均值	标准差	均值	标准差	
landpiece	3.96	10.23	5.22	15.52	-1.26*
org	0.12	0.33	0.10	0.30	0.03
techtrain	0.20	0.40	0.18	0.39	0.02
cardre	0.15	0.36	0.10	0.30	0.05***
pfert	2.76	0.23	2.78	0.21	-0.02
pwheat	1.12	0.65	1.15	0.85	-0.03
landform	0.75	0.43	0.74	0.44	0.01
intrate	44.65	33.83	42.56	29.21	2.09

注：***、**、*分别表示在1%、5%以及10%的统计性水平下显著。

资料来源：笔者根据2018年、2019年返乡调研数据整理而成。

第四节　实证结果分析

一　基准模型检验

表4-3汇报了农业生产性服务对小麦化肥投入影响估计结果。第二列和第三列分别为控制了农业生产决策者特征以及控制农业生产决策者、家庭特征的结果；第四列为在第二列及第三列基础上进一步控制了经营特征、村级变量以及区域特征；第五列及第六列分别为控制所有变量后2018年、2019年的子样本回归。

第二列至第六列均显示农户使用农业生产性服务对化肥投入具有显著负向影响。其中，回归第二列至第五列皆通过了统计性水平为1%的显著性检验，而第六列也通过了统计性水平为10%的显著性水平检验。不过由于农户使用农业生产性服务还存在不可观测变量以及自选择带来的内生性问题，可能会造成估计结果偏误。因此，在下一部分继续解决研究问题中所存在的自选择问题。

表 4-3　　农业生产性服务对小麦化肥投入影响估计结果

变量名称	被解释变量：*fert*				
	(1)	(2)	(3)	(4)	(5)
service	-7.65*** (2.90)	-7.74*** (2.90)	-7.88*** (2.81)	-13.18*** (4.02)	-5.64* (2.97)
gender	3.70 (2.85)	3.68 (2.82)	3.94 (2.78)	-0.09 (4.53)	5.27 (3.27)
age	0.21* (0.13)	0.11 (0.13)	0.15 (0.13)	6.4*E*-04 (0.21)	0.17 (0.15)
edu	0.87* (0.45)	0.87* (0.47)	0.68 (0.47)	-0.17 (0.65)	1.21** (0.48)
health	-0.46 (2.47)	-0.42 (2.46)	0.29 (2.31)	-4.27 (3.50)	4.26 (2.60)
outlabrate		-0.14** (0.06)	-0.10* (0.05)	-0.15* (0.09)	-0.07 (0.06)
income		-5.80* (3.06)	-2.15* (1.28)	-0.50 (2.36)	-4.41*** (1.19)
cardre		2.23 (3.95)	1.98 (3.88)	4.17 (5.90)	-0.19 (4.22)
org		-5.80** (3.06)	-10.76*** (2.97)	-1.06 (7.28)	-13.14*** (4.19)
techtrain		-1.76 (2.68)	-1.46 (2.60)	-3.00 (5.34)	1.87 (3.76)
landpiece			-0.13 (0.09)	-0.01 (0.15)	-0.44* (0.24)
scale			0.003 (0.02)	-0.003 (0.04)	0.02 (0.04)
pfert			9.61 (6.41)	25.54** (11.62)	38.87*** (9.36)
pwheat			2.82 (2.34)	5.90* (3.10)	3.39 (2.74)
landform			20.49*** (2.83)	36.28*** (4.81)	9.10*** (3.47)
intrate			0.09** (0.04)	-0.01 (0.07)	0.13*** (0.05)
area			已控制	已控制	已控制
观测值	1439	1439	1439	884	884

注：***、**、*分别表示在1%、5%以及10%的统计性水平下显著；括号内为稳健标准误。

二　内生转换模型（ESR）检验

由于农户使用农业生产性服务会受到不可观测因素影响，同时与化肥投入存在“自选择”等内生性问题，因而使用普通最小二乘估计（OLS）回归模型所得系数是有偏差的。鉴于此，本部分在基准回归的基础上进一步采用内生转换模型（ESR）解决存在的内生性问题。

农户农业生产性服务使用以及小麦化肥投入模型联立估计结果如表 4-4 所示。其中，第二列表示农户选择农业生产性服务的影响因素估计，而第三列和第四列则为使用了农业生产性服务以及未使用农业生产性服务农户化肥投入影响因素估计结果。结果表明使用与未使用农业生产性服务的农户化肥投入决策具有显著差异。

表 4-4　农业生产性服务选择与化肥投入决策影响因素联合检验

变量	选择方程	*fert*	
		使用农业生产性服务	未使用农业生产性服务
gender	-0.15 (0.10)	-4.05 (2.86)	20.34 (5.93)
age	-0.01** (0.004)	0.50*** (0.13)	-0.43* (0.26)
edu	0.01 (0.01)	1.27 (0.42)	-0.86 (0.85)
health	-0.23*** (0.08)	5.15** (2.30)	-7.34 (4.68)
outlabrate	-0.001 (0.002)	-0.08 (0.06)	-0.15 (0.11)
income	-0.004 (0.04)	-2.50** (1.13)	-0.82 (2.87)
cardre	0.33*** (0.13)	-1.85 (3.59)	10.80 (8.46)
org	0.34** (0.13)	-6.75* (3.91)	-10.55 (8.19)
techtrain	0.22** (0.11)	2.04 (3.27)	-7.40 (6.69)
landpiece	-0.011*** (0.004)	-0.33 (0.22)	0.12 (0.19)

续表

变量	选择方程	fert	
		使用农业生产性服务	未使用农业生产性服务
scale	0. 001 (0. 001)	0. 05 (0. 03)	-0. 09 (0. 05)
pfert	0. 161 (0. 18)	2. 659 (5. 50)	-22. 92** (11. 98)
pwheat	0. 13** (0. 05)	0. 61 (3. 33)	7. 41** (2. 78)
landform	-0. 07 (0. 09)	16. 35*** (3. 00)	28. 07*** (5. 79)
intrate	-0. 001 (0. 002)	-2. 15 (3. 64)	-1. 26 (1. 54)
cult	2. 04*** (0. 10)		
area	已控制	已控制	已控制
常数项	-0. 32 (0. 84)		
ρ_1		0. 247** (0. 10)	
ρ_0			-0. 06 (0. 08)
样本量	1439	884	555
沃尔德检验（$\rho_1=\rho_0$）*Chi2*（14）= 66. 24，*Prob>chi2* = 0. 000			

注：***、**、*分别表示在1%、5%以及10%的统计性水平下显著。

（一）农户农业生产性服务选择模型估计结果

表4-4第二列为农户选择农业生产性服务的影响因素。其中，户主年龄、户主健康状况、是否为干部户、农业组织参与状况、农业生产培训状况、地块数量以及小麦价格均是农户选择农业生产性服务的重要原因。一般来说，现实中大部分农户由于一直以来进行传统家庭经营，对于委托服务商生产接受度较低，而年龄较低的农户较易接受农业生产性服务这一新型农业生产经营模式。健康状况较差意味着农户受到劳动力约束，农业生产劳动力投入有限，因此需要购买服务维持正常的农业生产。如是干部户、参与了农业生产组织以及接受过农

业生产培训的农户也更有可能选择农业生产性服务。这是因为上述三条路径都是农户接收信息的重要渠道，当家庭是干部户、参与农业生产组织或者接受过农业生产培训时，由于在村里能够更有效整合信息资源，或者通过组织以及技术培训机构传递生产知识帮助农户获取生产信息，因此能够知晓农业生产性服务的具体使用状况从而增强农户使用的动力。

实际上，内生转换模型（ESR）选择方程设置的主要目的是解决无法观测变量对结果方程的估计偏差。借鉴 Lokshin 和 Sajaia（2011）的方法，选择方程中需要至少包括一个工具变量，排除在化肥投入方程之外以避免选择方程缺少工具变量导致 ESR 模型被非线性识别。因此，本研究将村级变量“农业生产组织经营规模”作为工具变量。由于服务来源大多是区域内的服务组织，因此村级服务组织经营规模代表着农业生产性服务的供给，经营规模越大意味着农户使用农业生产性服务的可能性则越高。因此，该变量将影响农户对农业生产性服务使用的决策。为了验证工具变量的有效性，本研究首先进行了解释变量内生性检验。这是因为当所有解释变量都是外生时，OLS 回归模型估计有效且一致。只有当解释变量存在内生性时才需要使用工具变量。本研究采用了“杜宾—吴—豪斯曼”（DWH）对解释变量的内生性进行检验，检验变量为“农业生产组织经营规模”，结果拒绝了农业生产性服务是外生解释变量的原假设。p 值为 0.045，通过了 5%的统计性水平检验，这意味着需要使用工具变量解决内生性问题。之后，本研究进一步检验了工具变量的有效性，结果显示 F 统计值明显高于 10%统计性偏误下的临界值 16.38，这意味着使用“农业生产组织经营规模”作为工具变量有效。

（二）农业生产性服务使用对化肥投入模型估计

表 4-4 第三列和第四列结果显示的分别是使用与未使用农业生产性服务的农户化肥投入的影响因素。可以看出，户主年龄、户主健康状况、家庭收入状况、农业组织参与状况以及村级地形状况都能够影响使用农业生产性服务农户的化肥投入状况。户主年龄以及健康情况意味着家庭人力资本状况，在使用了农业生产性服务的农户中，年龄

越小以及越不健康的农户越能够有效降低化肥投入。而家庭收入是解释使用农业生产性服务农户化肥投入决策的重要因素。这是因为收入水平较高的农户倾向于采纳传统化肥施用方式，通过增施化肥来提升产量进一步提升收入，因而并不具备化肥施用技术提升的意愿（Adnan et al.，2017）。而在其使用农业生产性服务后，服务商能够突破农户的信息约束，让高收入农户也能够获取有效生产的信息从而减少化肥投入。能够发现使用了农业生产性服务的农户中，如果参与了农业生产组织也能够有效降低化肥投入。这是因为农业生产组织作为技术转移的重要渠道，通过标准化生产能够影响农户的生产行为，促使农户进行技术升级降低化肥投入。

此外，表4-4的倒数第三行和第四行显示了选择方程式（4-3）中的误差项与结果方程式（4-6）和式（4-7）误差项协方差的相关系数。ρ_1 在1%的统计性水平下显著，这表明农户是否选择农业生产性服务会受到不可观测因素的影响，如不对样本进行纠正可能在化肥投入估计时出现偏误。ρ_1 衡量的是农户农业生产性服务选择方程与化肥投入结果方程之间的相关系数。此外，结果显示沃尔德（Wald）联合检验相关系数显著不为零，拒绝了原假设。这意味着农户生产性服务使用选择方程与化肥投入方程之间没有相关性，也证明了ESR模型优于普通的OLS模型以及PSM模型。

（三）处理效应分析及稳健性检验

在运用ESR模型之后，需要结合估计系数以及式（4-12）、式（4-13）计算出农业生产性服务对化肥投入的平均处理效应（*ATT* 以及 *ATU*）。此外，为了保证结果的稳健性同时辅以倾向性得分匹配模型（*PSM*）对结果进行再次验证①。具体而言，除ESR模型之外，本研究使用五种匹配方法，包括最近邻匹配（$k=1$）、最近邻匹配

① 查阅数据表发现，使用农业生产性服务农户的倾向性得分区间为［0.1075，0.9253］，未使用农业生产性服务农户的倾向性得分区间则为［0.1312，0.8670］，共同支撑域为［0.1312，0.8670］。由于越大的共同支撑区域意味着样本匹配损失越小。五种匹配方法下，样本损失个数为3—9个，损失量较小，具有较好的共同支撑区域。

($k=4$)、卡尺匹配（卡尺范围为0.01)、核匹配以及局部线性回归匹配[①]。所得结果具体如表4-5所示。

表4-5中的*ATT*表示农户实际使用了农业生产性服务与其如未使用农业生产性服务化肥投入的差值；*ATU*则表示现在未使用农业生产性服务的农户如使用了农业生产性服务化肥投入的变化。结果显示，*ESR*以及五种匹配方法下*ATT*以及*ATU*均通过了统计性水平为1%的显著性水平检验。就*ATT*而言，使用农业生产性服务的农户相比未使用生产性服务的农户，化肥投入会显著降低3.02—10.98元。*ATU*则表示未使用农业生产性服务的农户如果使用服务，每亩化肥投入能够显著降低5.77—15.53元。上述结果也意味着农业生产性服务能够降低化肥投入。此外，需要说明的是ESR以及PSM估计结果的显著性以及方向均保持一致，证明结果具有稳健性。

表4-5　　　　农业生产性服务对化肥投入总体效果

匹配方法	*ATT*	标准误	*ATU*	标准误
内生转换模型（ESR）	-3.02***	0.74	-15.53***	0.95
最近邻匹配（$k=1$）	-10.15**	4.20	-5.77*	3.44
最近邻匹配（$k=4$）	-10.41***	3.90	-5.77*	3.27
卡尺匹配	-10.20***	3.40	-6.21**	3.17
核匹配	-10.98***	2.93	-8.30***	3.03
局部线性回归匹配	-10.94***	2.96	-9.39***	3.30

注：***、**、*分别表示在1%、5%以及10%的统计性水平下显著；此外，PSM标准误为通过自助法得到的稳健标准误，重复抽样200次。

① 五种匹配方法中，最近邻匹配以及半径匹配均属于近邻匹配法，以上两种方法原理均是由实验组样本找出与其倾向性得分相近的个体，之后再对这部分个体进行算术平均得到相应的对照组样本。需要说明的是，在进行最近邻匹配时分别令$k=1$以及$k=4$。卡尺匹配则是利用倾向性得分标准差计算得出绝对距离（$0.10\times0.25\approx0.03$），将卡尺范围限定在0.02内进行匹配。而核匹配以及局部线性回归匹配则使用的是整体匹配的方法。基本原理是根据与实验组样本的距离给予不同权重，不同方法则有不同权重。例如，核匹配默认带宽为0.06，局部线性回归默认带宽则为0.8。

第五节　不同环节对化肥投入的影响分析

前述部分已经证明了总体上农业生产性服务能够降低化肥投入。而农业生产性服务能够细分到不同环节，与化肥使用相关环节对最终化肥投入的影响也具有差异。为识别不同环节对化肥投入的影响，本节按照前文农业生产性服务与化肥投入相关环节的分析，选择了播种环节以及植保环节进行检验。由于植保环节农户使用比例占总样本的比例不足 20%，因此为保证结果可信度选择运用倾向性得分匹配解决样本“自选择”带来的内生性问题。

由于 OLS 回归模型只能观测到农业生产性服务不同环节对化肥投入影响的趋势，无法获取最终处理效应。此外，模型设定时容易出现不可观测变量所引起的函数形式设定偏误所引起的内生性问题。例如，实际上在模型设置中并不能保证播种环节与化肥投入的线性关系，因此可能导致模型设定偏误归入误差项中，使得解释变量与误差项相关，从而导致有偏估计。因此，引入倾向性得分匹配解决函数设定引起的内生性问题。为保证结果的有效性，本研究拟采用以下方法：一是尽可能将影响农户播种、植保环节使用以及化肥投入的因素纳入控制变量范畴，以减少存在的误差；二是剔除不在倾向得分共同取值范围内的样本，保证匹配有效性；三是分别采用五种方式进行匹配以增强结果的稳健性。

结果表明，农户使用播种以及植保环节可能与农业生产决策者特征、家庭特征以及村级特征相关。其中，年龄越小、健康状况越差的女性越有可能选择播种以及植保环节。出现上述结果的原因在于，播种以及植保环节为劳动密集型环节，与家庭人力资本息息相关。健康状况较差以及女性意味着家庭劳动能力较弱，劳动力约束较强，因此越愿意将播种以及植保环节交由服务商来操作。而年龄较小的农户获取信息的能力较强，并且更加愿意接受农业生产性服务，因此更有可能交由服务商生产。干部户的身份是社交网络的重要形式，如果是干部户则意味着能够获取更多有关服务信息从而减少信息不对称，因此更愿意使用播种以及植保环节服务（孙小燕和刘雍，2019）。此外，村级互联网使用占比越高，农户越有可能使用植保环节，这是因为相比播种环节，植保环节更主要的是技术引入，不仅属于劳动密集型环节，还属于技术密集型环节，通过互联网能够进一步了解技术从而增加使用该环节的可能性。具体结果见附表3。

一　共同支撑区域与平衡性检验

表4-6为样本共同支撑区域区间范围。根据样本数据计算发现，使用播种环节农户倾向性得分区间为［0.0096，0.6258］，未使用播种环节农户倾向性得分区间为［0.0083，0.6258］，共同支撑区域为［0.0096，0.6258］。而使用植保环节农户倾向性得分区间为［0.0528，0.6258］，未使用植保环节农户倾向性得分区间为［0.0083，0.6082］，共同支撑区域为［0.0528，0.6082］。上述结果显示本研究样本共同支撑区域范围较大，因此匹配中损失的样本较小。本研究使用了最近邻匹配（$k=1$）、最近邻匹配（$k=4$）、卡尺匹配（卡尺范围0.02）、核匹配（带宽0.06）以及局部线性回归（带宽0.8）[①] 五种方法，五种匹配结果均表明使用播种环节服务的样本量为5—9个，损失量较小，具有较好的共同支撑区域。

表4-6　　　　样本共同支撑区域区间范围

变量名称	*pscore*	
	使用	未使用
播种环节	［0.0096，0.6258］	［0.0083，0.6258］
植保环节	［0.0528，0.6258］	［0.0083，0.6082］

资料来源：笔者根据调研数据匹配后结果所得。

图4-1为播种环节匹配前后核密度图，可以发现匹配后倾向性得分的核密度相比匹配前更接近，这进一步显示了匹配后样本具有较好

① 上述五种匹配方法均在前文脚注进行了说明，此处不再赘述。卡尺范围为倾向得分标准误0.092×0.25≈0.02，因此将卡尺范围定为0.02，这意味着对倾向得分相差2%的观测值进行一对四匹配。核匹配以及局部线性回归匹配均使用默认带宽。

的共同支撑区域。植保环节匹配前后核密度图也与此类似，匹配后核密度共同区域相比匹配前范围更大，因此说明播种环节以及植保环节匹配都具有良好的共同支撑区域。

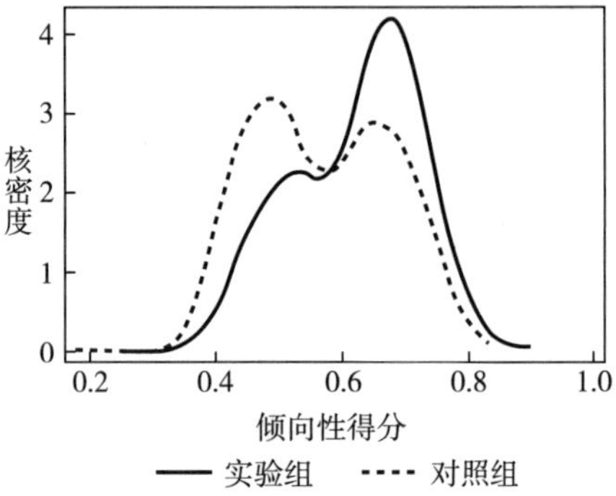

（a）匹配前核密度图

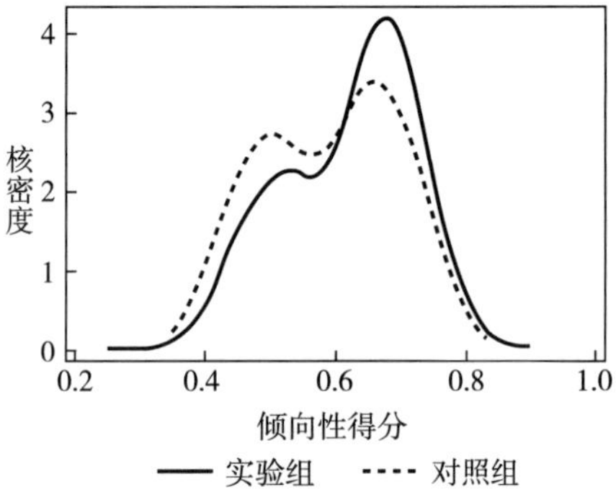

（b）匹配后核密度图

图 4-1　播种环节匹配前后核密度图

除共同支撑区域外，还需要进一步关注匹配前后控制变量的平衡性。播种以及植保环节匹配前后控制变量平衡性检验结果如表 4-7 所示。结果显示，播种环节 *Pseudo* R^2 值由匹配前 0.04 显著下降到 0.004—0.01；*LR* 统计量则由匹配前 69.96 下降为 8.53—21.03；而控制变量联合显著性检验由匹配前总在 1%的统计性水平下显著变为匹配后在 10%的统计性水平下被拒绝，这意味着匹配后的变量无法决定农户是否使用播种环节。控制变量的均值偏差则由匹配前的10.10%下降为匹配后的2.20%—3.50%；中位数偏差则由匹配前的6.00%下降为匹配后的1.90%—2.40%。

植保环节也与播种环节类似，匹配后的 *Pseudo* R^2 值以及 *LR* 统计量均显著下降；而控制变量联合显著性检验也由匹配前的高度显著下降为匹配后的不显著。均值偏差以及中位数偏差也均由匹配前大于10%的偏差下降为匹配后小于10%的偏差。因此，上述检验结果均表明匹配较为成功。

表 4-7　　播种以及植保环节匹配前后控制变量平衡性检验结果

环节	匹配方法	*Pseudo* R^2	*LR* 统计量	*p* 值	均值偏差	中位数偏差
播种	匹配前	0.04	69.96	0.000	10.10	6.00
	最近邻匹配（$k=1$）	0.01	21.03	0.23	3.50	1.90
	最近邻匹配（$k=4$）	0.004	8.53	0.95	3.00	2.40
	卡尺匹配	0.01	13.03	0.73	2.20	1.00
	核匹配	0.01	13.67	0.69	2.50	2.10
	局部线性回归匹配	0.01	21.03	0.23	3.50	1.90
植保	匹配前	0.06	74.75	0.000	13.90	15.00
	最近邻匹配（$k=1$）	0.03	20.32	0.26	7.90	6.70
	最近邻匹配（$k=4$）	0.01	7.06	0.98	4.40	4.70
	卡尺匹配	0.002	1.51	1.00	2.20	2.30
	核匹配	0.004	2.84	1.00	2.50	2.90
	局部线性回归匹配	0.03	20.32	0.26	7.90	6.70

资料来源：笔者根据2018年、2019年返乡调研数据计算而成。

二　农业生产性服务不同环节对化肥投入的效果分析

表4-8为不同环节对化肥投入总体效果估计。其中分别汇报了利用五种匹配方法所得 *ATT* 值以及 *ATU* 值。*ATT* 表示处理组的平均处理效应，即使用播种或者植保环节的农户如未使用时化肥投入的影响差异。而 *ATU* 则表示对照组的平均处理效应，即未使用播种以及植保环节的农户如使用时化肥投入的差异。结果显示：五种匹配方法下，播

种环节对化肥投入效果的 *ATT* 以及 *ATU* 值均基本通过了统计性水平为5%的显著性检验。从 *ATT* 结果来看，农户使用了播种环节服务相比其未使用该环节，每亩能够显著降低 11.21—12.84 元化肥投入。*ATU* 结果则显示，未使用播种环节的农户如使用该环节则每亩能够显著降低 6.66—7.28 元化肥投入。此外，植保环节对化肥投入的效果均未通过显著性检验。不过，从结果可以看出 *ATT* 以及 *ATU* 基本都为负，只是由于标准误的增加，最终结果不显著，这表明了植保环节的使用起码能够在引入新技术的同时维持化肥投入不变。上述结果也说明了植保环节对于化肥投入仍存在负向效应，结果具有一定意义。

表 4-8　　不同环节对化肥投入总体效果估计

环节	匹配方法	*ATT*	标准误	*ATU*	标准误
播种	最近邻匹配（$k=1$）	-11.21**	3.14	-5.70	4.78
	最近邻匹配（$k=4$）	-11.50***	3.78	-7.21***	2.56
	卡尺匹配	-11.98***	2.28	-7.09**	3.19
	核匹配	-11.78***	3.11	-6.66**	2.99
	局部线性回归匹配	-12.84***	3.17	-7.28***	2.53
植保	最近邻匹配（$k=1$）	-1.32	5.92	-3.18	3.34
	最近邻匹配（$k=4$）	-1.59	4.09	-5.77	3.61
	卡尺匹配	-2.58	2.48	-5.19**	2.12
	核匹配	-2.60	3.20	-4.64	3.47
	局部线性回归匹配	-2.84	2.66	-3.99	3.71

注：***、**、*分别表示在 1%、5%以及 10%的统计性水平下显著；此外，括号内为通过自助法得到的稳健标准误，重复抽样 200 次，下同。

第六节　异质性分析

前述部分已经证明了总体上农业生产性服务能够降低化肥投入，而将总体服务细分至与化肥投入相关的播种与植保环节也会发现播种环节能够有效降低化肥投入，而植保环节对化肥投入的影响则不显著。正如理论框架所阐述，农业生产性服务对化肥投入的影响涉及信息传递促使施肥技术升级、农业生产决策主体转变以及机械应用。而施肥技术以及机械应用受地形因素影响，平原地区地势平坦且土地细碎化程度较低，因此客观上更有利于技术改进以及机械准入（高晶晶等，2019；梁志会等，2020）。基于上述原因，本节首先阐述农业生产性服务对平原以及丘陵地区差异。此外，村级农业生产组织为潜在农业生产性服务提供主体，这一比例越高意味着当地农业生产性服务供给越充分，农业生产决策主体则越有可能转移为服务商。因此，本部分进一步说明农业生产性服务对不同农业生产组织占比地区化肥投入的差异，村级农业生产组织占比则使用村级农业合作社、农业企业占总体经营主体比例衡量，为后续章节农业生产决策主体转移机制检验做铺垫。

需要说明的是本节也试图使用ESR模型解决不可观测变量对农户农业生产性服务选择以及“自选择”问题，但区分地形后，发现山地及丘陵地区的样本不足20%且其中使用农业生产性服务农户占比较低。因而，为保证结果可靠及连贯性仍与前述部分保持一致，采用倾向性得分匹配（PSM）模型进行分析。

一　农业生产性服务对不同地形地区化肥投入影响

农业生产性服务暗含着技术升级以及机械应用（Lu et al.，2016；孙小燕和刘雍，2019）。前述分析中也阐述了农业生产性服务通过信息传递促使施肥技术升级以及通过机械应用改变化肥投入。因此，进一步从技术、机械准入客观条件入手，分析农业生产性服务对不同地形地区化肥投入的影响，具体结果如表4-9所示。结果表明，农业生产性服务对平原地区化肥投入减量效果更明显。从*ATT*结果来看，农业生产性服务对平原地区化肥投入的影响均通过显著性检验，且都在10%的统计性水平下显著。具体而言，在平原地区使用农业生产性服务的农户相比其未使用时，能够每亩降低9.40—12.09元化肥投入金额。而*ATU*结果也表明，总体样本中平原地区使用农业生产性服务相比未使用农业生产性服务的农户能够显著降低化肥投入。不过，山地及丘陵地区农业生产性服务对化肥投入的*ATT*及*ATU*均未通过显著性检验。出现上述结果的原因可能在于平原地区一般是连片及大规模农田，具有施肥技术及机械应用的客观环境。而山地及丘陵意味着农业生产性服务中技术及机械应用的客观地形条件约束性较强，且现阶段机械以及技术的发展还较难匹配山地以及丘陵地形，因此较难通过农业生产性服务实现种肥同播以及施肥技术升级等操作。

表 4-9　　农业生产性服务对不同地形地区化肥投入的影响

类型	匹配方法	*ATT*	标准误	*ATU*	标准误
平原地区	最近邻匹配（$k=1$）	-9.40*	5.17	-9.52**	3.73
	最近邻匹配（$k=4$）	-11.98***	4.68	-6.72**	3.81
	卡尺匹配	-11.97***	3.86	-9.80***	3.66
	核匹配	-12.09***	4.50	-10.35***	3.50
	局部线性回归匹配	-11.29***	4.71	-8.42**	4.13
山地及丘陵地区	最近邻匹配（$k=1$）	6.59	10.81	-0.423	8.78
	最近邻匹配（$k=4$）	4.83	7.87	5.00	5.25
	卡尺匹配	5.62	7.89	4.71	6.54
	核匹配	4.56	9.86	3.33	6.62
	局部线性回归匹配	3.66	4.79	3.39	5.35

二　农业生产性服务对不同农业生产组织占比地区化肥投入影响

表 4-10 为农业生产性服务对不同农业生产组织占比地区化肥投入的估计结果。村级农业生产组织一般都是农业生产性服务的提供者，当这一比例较高时意味着当地有较多服务商能够为农户提供农业生产性服务。相应地，农业生产性服务供给也会提升，同时农业生产决策主体也可能发生转变。基于此，以村级农业合作社以及农业企业占当地组织的比例来衡量农业生产组织占比。分析过程中，对村级农业生产组织占比取均值，大于均值的定义为农业生产性服务供给较高。小于及等于均值则定义为农业生产性服务供给较低。

就农业生产组织占比高的地区而言，*ATT* 均通过了 5%的显著性水平检验，*ATU* 也基本通过了 10%统计性水平的显著性检验。结果表明农业生产组织占比高的地区，使用了农业生产性服务的农户相比其未使用能够每亩降低 24.07—27.58 元化肥投入。*ATU* 则表明对农业生产组织占比高的地区而言，未使用农业生产性服务的农户如使用能够显著降低 7.60—13.35 元化肥投入。而农业生产组织占比低地区的 *ATT* 只在卡尺匹配才显著，且系数小于农业生产组织占比高的地区。可能的原因在于：除地形状况外，各地农业生产性服务主体数量以及供给也有差异。这时，高农业生产组织占比意味着当地有更多服务商能够为农户提供农业生产性服务，而农业生产决策主体转变的概率也较大。因此，通过服务供应商进行农业生产决策能够更有效地转变施肥方式以及施肥量，从而减少化肥投入。

表 4-10　　农业生产性服务对不同农业生产组织占比地区化肥投入的估计结果

类型	匹配方法	*ATT*	标准误	*ATU*	标准误
农业生产组织占比高	最近邻匹配（$k=1$）	-25.34**	11.27	-13.35*	7.25
	最近邻匹配（$k=4$）	-27.58***	7.95	-7.60*	7.75
	卡尺匹配	-25.68***	9.91	-9.36*	6.50
	核匹配	-24.80***	6.37	-8.41*	5.34
	局部线性回归匹配	-24.07**	11.29	-9.55	9.31
农业生产组织占比低	最近邻匹配（$k=1$）	-7.41	4.92	-8.46	5.87
	最近邻匹配（$k=4$）	-3.81	4.47	-12.94**	6.44
	卡尺匹配	-6.24**	2.91	-10.54**	4.81
	核匹配	-5.79	3.91	-10.15***	3.86
	局部线性回归匹配	-5.26	3.68	-13.11***	3.68

第七节　本章小结

本章以中国农业大学国家农业农村发展研究院 2018 年、2019 年返乡调研数据为例，使用 OLS、ESR 以及 PSM 模型检验了整体上农业生产性服务是否对化肥投入具有影响，并分环节探讨了与化肥使用有关的播种、植保环节对化肥投入的影响。此外，为铺垫后文信息传递促使施肥技术应用、生产决策主体转变以及机械应用机制分析，对地区间地形以及农业生产组织占比进行区分，进一步阐述农业生产性服务对不同地区化肥投入的影响。研究总体结果如下。

第一，农户家庭禀赋差异会影响其使用农业生产性服务的决策。其中，户主年龄、健康状况、是否为干部户、农业组织参与状况、农业生产培训状况、地块数量以及小麦价格均是农户选择农业生产性服务的重要原因。现实中年龄较低的农户较易接受农业生产性服务这一新型农业生产经营模式。健康状况较差的农户更有可能选择将生产性服务外包以弥补劳动力约束。如农户家庭是干部户、参与了农业生产组织或者接受过农业生产经营培训时，由于在村里能够更有效整合信息资源，或者通过组织以及技术培训机构能够知晓农业生产性服务相关信息，从而增强使用农业生产性服务的动力。

第二，农业生产性服务整体上能够降低化肥投入，且不同环节对化肥投入的影响具有差异。具体而言，如果使用农业生产性服务的农户未使用农业生产性服务，则其化肥投入会显著降低 3.02—10.98 元。而未使用农业生产性服务的农户如使用农业生产性服务，则每亩化肥投入能够显著降低 5.77—15.53 元。分环节来看，播种环节能够显著降低化肥投入，而植保环节对化肥投入的影响则不显著。这表现在使用了播种环节的农户相比未使用播种环节的农户能够每亩降低 11.21—12.84 元化肥投入，而植保环节对化肥投入的影响系数虽为负但并未通过显著性检验。

第三，农业生产性服务对不同地区化肥投入影响具有差异。首先，由于不同地形施肥技术以及机械使用客观环境差异，农业生产性服务对平原地区化肥投入的影响较为显著。具体而言，平原地区农户使用农业生产性服务相比未使用生产性服务时能够降低每亩 9.40—12.09 元化肥投入，而这一结论对丘陵及山地地区则并不适用。其次，各地区农业生产组织占比具有差异，农业生产组织占比高的地区服务商数量以及农业生产性服务供给程度则更高。结果表明，农业生产性服务对农业生产组织占比高地区化肥减量效果更明显。具体来看，农业生产组织占比高的地区农户使用农业生产性服务，相比未使用农业生产性服务的每亩能够降低 24.07—27.58 元化肥投入。

第五章

机制分析一：信息传递与施肥技术采纳

第四章证实了农业生产性服务总体上能够降低化肥投入，且于化肥使用相关环节中发现播种环节能够降低最终化肥投入。当农户对农业生产性服务单项或多项环节组合使用时，按照第二章概念界定则为农户使用了部分托管。这时，农业生产决策主体仍为农户。需要注意到，化肥投入改变本质上是施肥技术变化，而农业生产性服务能够实现技术转移。已有研究表明信息传递是促进技术采纳的重要渠道，那么当农户使用部分托管时服务商是否能够通过信息传递促使农户改进施肥技术，从而影响化肥投入？为验证这一机制，本章在第四节验证播种以及植保环节对化肥投入影响的基础上，引入了农资供应环节以探讨信息传递对化肥投入影响的具体作用，并且从信息传递差异角度出发，区分了不同环节来源对化肥投入的影响。此外，由于信息传递最终是作用于技术改变从而影响最终化肥投入，因此本章进一步验证了不同环节对新型施肥技术采纳的影响。具体研究内容包括：第一，信息传递是影响技术应用的重要渠道，农资环节则涉及服务商科学施肥以及肥料信息传递。因此，为识别信息传递的作用，在第四章不同环节对化肥投入影响验证的基础上引入农资供应环节，研究同时使用农资供应、播种以及农资供应、植保环节对化肥投入的影响。第二，考虑到不同服务商人力资本具有区别，因此科学施肥信息掌握与传递具有质量差异，因而验证不同环节来源对化肥投入的影响。第三，考虑到信息传递是通过施肥技术升级进而影响最终化肥投入，因此进一步识别各环节及组合环节对农户新型施肥技术应用的影响。第四，考虑到农户初始信息获取所致使的技术采纳能力区别，分析各环节对不同规模农户化肥投入影响的差异。

第一节　理论机制分析

农户由于劳动力、资本以及信息等要素禀赋约束会选择使用农业生产性服务。我国城镇化进程的加速促进了非农就业的增加，具有非农就业比较优势的农户会选择外出务工获取更高收益。由于非农就业对于年龄、教育以及健康状况都具有较高要求，因此外出务工的农户多为青壮年劳动力（万晶晶和钟涨宝，2020），此时农业生产便面临着劳动力约束，特别是耕地、播种以及收获这些劳动密集型环节，而机械使用则成为解决劳动力约束的重要形式。不过机械作为不可分割技术具有前期投资大、回报率低的特点（Lu et al.，2016），农户受限于有限资金无法自己购置机械装备，因此会通过购买农业生产性服务来弥补资金约束以获取机械服务。此外，服务商能够大规模购买农资以及作业装备，因此具有规模效应，农业生产成本能够小于农户，部分农户为降低农业生产成本也会选择购买农业生产性服务。

农户现实中更多是对生产环节单项或组合使用，并支付相应费用（李显戈和姜长云，2015）。总体上，农业生产性服务虽然呈现快速发展的态势，然而仍主要集中于机械服务。不过，近年来农户对于植保、灌溉等技术密集型环节的需求也在逐步增加。从小麦施肥流程来看，主要涉及肥料购买、播种时种肥一体施用、拔节期追肥以及孕穗期补肥。其中，追肥环节属于技术密集型环节，农户在单环节或者组合购买农业生产性服务时较少涉及，因此农户使用部分托管时基本只有播种以及植保环节会涉及化肥投入。

农业生产种植过程与科学技术密不可分（舒尔茨，2009），由此可知上述环节都涉及技术应用。当农户购买部分托管时，农业生产决策主体仍为农户。这时农业生产性服务能够通过突破农户资金、人力资本障碍从而促进农户技术进步（Igata et al.，2008）。服务商在为农户提供部分环节服务时，会按照农户需求进行生产，同时也会从自身农业生产知识出发为农户提供生产技术信息。信息传递一定程度上决定着技术应用，这意味着服务商通过向农户传递信息能够影响其施肥技术应用，从而改变化肥投入。

农资供应环节作为产前环节，本不属于农业生产性服务，但当农资环节与产中环节“成套”供给时，也应纳入农业生产性服务讨论范畴（冀名峰，2018；姜长云，2020）。现实中当农户向服务商购买化肥时，服务商会向农户推荐优质化肥并且告知其具体施用方式以及用量，这有助于农户运用新型肥料并在后续施肥过程实现技术升级。而播种环节时服务商一般直接使用机械按照农户要求进行种肥同播，此时服务商会根据农户现实生产条件甄别化肥用量并告知农户，农户能够从服务商处获取施肥技术信息从而改变化肥投入。而植保环节服务商会使用无人机对作物喷洒叶面肥，这一环节涉及补充作物所需微量元素。农户自身补肥时一般较少使用叶面肥补喷。当农户购买植保环节后，服务商能够判断叶面肥以及微量元素用量，并告知农户具体应用信息，从而促使农户改进施肥技术以降低化肥投入。

此外，还需要关注到农业生产性服务对不同经营规模农户化肥投入影响具有差异。在农业生产性服务中，与农户化肥投入相关的农资、播种以及植保环节都涉及技术应用。不过不同规模农户由于自身禀赋差异，其技术应用能力也具有区别。一方面，技术更新需要较高的人力资本以及信息获取能力。规模扩大意味着横向分工深化，能够提升农户人力资本（张露和罗必良，2020；梁志会等，2021）。因此，经营规模较大的农户具备较好的技术应用条件，具备施肥技术升级的能力。另一方面，技术应用需要承担较高的前期投入成本。大规模农户由于具备规模效应能够降低技术应用的边际成本，因而施肥技术升级的可能性较高。因此，相对小规模农户而言，大规模农户本身就具备应用施肥技术的能力，在使用农业生产性服务后，化肥投入降低的边际效应较低。具体作用机制如图 5-1 所示。

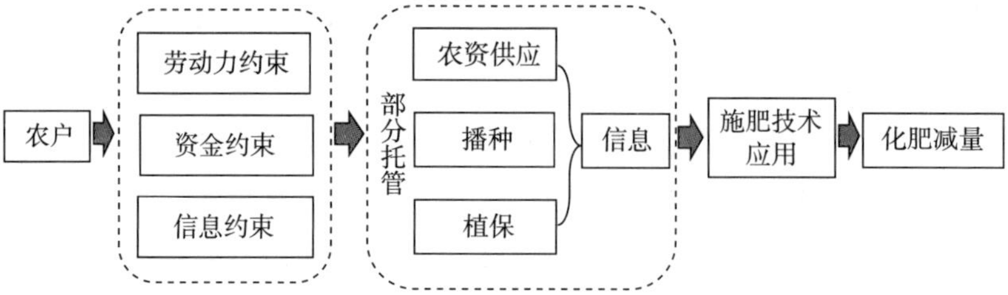

图 5-1 农业生产性服务不同环节对化肥投入影响的作用机制

第二节 模型构建

本章第一节在理论机制层面分析了农业生产性服务通过信息传递促使农户施肥技术升级从而实现化肥减量这一作用路径，那么现实中是否确实存在上述影响？前述章节已经验证了播种以及植保环节对化肥投入的影响，而理论部分也探讨到当农户使用部分托管时服务商是在各环节通过信息传递影响了农户最终化肥投入。因而，需要进一步验证的则是农业生产性服务是否通过信息传递改变了农户施肥技术从而影响了最终化肥投入。第四章虽然证明了播种环节能够降低化肥投入的影响，但无法完全剥离出其中信息的作用。本节将构建实证模型对信息传递促使农户改进施肥技术从而影响化肥投入这一机理进行验证，具体来说：首先，对基准模型进行构建；其次，针对不同环节存在的自选择问题引入倾向性得分匹配（PSM）模型来解决。

一 基准模型构建

一般来说，农户如果只购买农资则不属于农业生产性服务范畴。但如果农资供应与生产环节“成套供应”则延展了生产环节，因此应该纳入农业生产性服务讨论框架内（姜长云，2020）。根据理论机制阐述，当农户既获取农资供应又获取播种或者植保环节服务时，农户能够接收到施肥技术信息。但由于播种以及植保环节的作用还有部分可能来自机械应用，而只有农资环节只涉及信息传递。正如第三章案例所描述，当农户购买播种以及植保环节时，部分服务商会为农户识别具体化肥用量。而在农户既使用农资供应也使用后续播种及植保服务时，服务商则不仅在产中环节帮助农户识别化肥用量，在农资购买环节也会为农户提供优质农资信息以便其后续科学施肥。因此，为识别信息传递在农业生产性服务中的作用，引入农资供应，分析当农户既获取农资供应又获取播种或者植保服务时对化肥投入的影响。相关回归方程设定为

$$fert_i = \gamma_0 + \gamma_{1i} agrser_{im} + \sum_{k=1} \gamma_{2k} C_i + D_i + \mu_i \tag{5-1}$$

式中：$agrser_{im}$ 为同时使用农资供应环节与生产环节，分别为同时使用农资供应以及播种服务、同时购买农资供应与植保服务。其余变量与第四章中式（4-1）以及式（4-2）基本保持一致。

在验证了组合环节对化肥投入的影响后，为了验证不同环节是否通过施肥技术应用对最终化肥投入产生影响，进一步构建以新型施肥技术为因变量的回归方程：

$$ferttech_i = \rho_0 + \rho_{1i} ser + \sum_{k=1} \rho_{2k} C_i + D_i + \mu_i \tag{5-2}$$

式中：$ferttech_i$ 为新型施肥技术，当农户使用时为 1，否则为 0。需要说明的是，由于 2018 年、2019 年的问卷中关于施肥技术的问题并不统一，但新型施肥技术能够涵盖多种技术，包括优质肥料、测土配方施肥技术以及调整施肥量等。因此本研究定义 2018 年农户使用了新型肥药技术以及 2019 年使用了测土配方施肥技术即使用了新型施肥技术。ser 为购买不同环节以及组合环节的向量，分别为播种、植保、同时购买农资、播种以及同时购买农资供应与植保。其余变量与式（5-2）基本保持一致，此处不再说明。

二　自选择处理

在研究引入农资供应与后续产中环节搭配使用对化肥投入以及农业生产性服务不同环节对新型施肥技术的影响时应该关注到存在的内生性问题。在本章中，内生性主要来源于以下两个方面：一是农户在选择不同环节时可能存在“自选择”行为，而样本“自选择”则会导致估计结果偏误；二是现实中只能关注到农户使用农业生产性服务

不同环节后的化肥投入以及施肥技术应用，而无法观测到那些未使用不同服务环节的农户一旦使用化肥投入会发生何种变化，这意味着实际中存在着“数据缺失”问题。这时已有样本则会成为非随机样本，出现估计误差。再加上，倾向性得分匹配对模型设定限制较少，因此能够减少最终模型设定偏误。基于以上原因，本章采用倾向性得分匹配（PSM）对农业生产性服务不同环节对化肥投入以及新型施肥技术应用的影响进行估计。

为有效区分出可观测变量即使用农资与播种或者农资与植保环节的农户及与其具有相似特征的未使用上述服务环节的农户，首先以农资与播种（*agrsow*）环节对化肥投入影响为例构建农户决策模型，使用 Logit 模型估计农户使用播种服务的“倾向性得分”（PS_i），即

$$PS_i = Prob(agrsow_i = 1 \mid C_i) = E(agrsow_i = 0 \mid C_i) \tag{5-3}$$

式中：$agrsow_i = 1$ 为同时使用农资供应与播种服务的农户；$agrsow_i = 0$ 为未使用农资供应与播种服务的农户；C_i 为控制变量，与基准回归模型保持一致，包括农业生产决策者特征、家庭特征、经营特征以及村级变量等；E 为未使用播种服务不同特征期望值。农资与植保环节使用的倾向性得分计算也与上述类似。

之后，需要将使用农资供应与播种服务的农户与未使用农资供应与播种服务的农户按照匹配估计量进行匹配。如具有范围较大的共同支撑区域且匹配后偏差明显减小说明匹配效果较好。因此，为证明匹配的有效性需对使用与未使用农资以及播种服务农户的倾向性得分共同支撑区域及平衡性进行分析。在具体分析时，为平衡不同匹配方法对偏差和效应之间的差异并保证结果稳健性，本章采用最近邻匹配（$k=1$）、最近邻匹配（$k=4$）、核匹配、卡尺匹配以及局部线性回归匹配五种方法来估计同时使用农资以及播种服务对化肥投入的影响。

之后，将同时使用农资以及播种服务的农户设定为实验组，未使用的农户作为对照组，对农户同时使用农资以及播种服务前后化肥投入的影响根据实验组平均处理效应（*ATT*）进行估计，即

$$\begin{aligned} ATT &= E(y_{1i} \mid agrsow_i = 1) - E(y_{0i} \mid agrsow_i = 1) \\ &= E(y_{1i} - y_{0i} \mid agrsow_i = 1) \end{aligned} \tag{5-4}$$

类似地，也可以计算出未使用农资以及播种服务农户如使用时化肥投入的差异（*ATU*），即

$$\begin{aligned} ATE &= E(y_{1i} \mid agrsow_i = 0) - E(y_{0i} \mid agrsow_i = 0) \\ &= E(y_{1i} - y_{0i} \mid agrsow_i = 0) \end{aligned} \tag{5-5}$$

式（5-4）以及式（5-5）中，y_{1i} 为化肥投入状况；y_{0i} 为匹配后农户如同时使用农资以及播种服务化肥投入状况。由于式（5-4）以及式（5-5）中 $E(y_{1i} \mid agrsow_i = 1)$、$E(y_{0i} \mid agrsow_i = 0)$ 可直接观测到，而 $E(y_{0i} \mid agrsow_i = 1)$ 以及 $E(y_{1i} \mid agrsow_i = 0)$ 无法直接观测到，因此需要采用倾向性得分匹配构造替代变量。

第三节　数据描述

在对实证模型构建的基础上，需要使用数据进行实证检验。因此，本节首先对实证所需变量进行选择，之后对所选变量进行描述性统计。

现实中存在着农户从服务商处购买农资后，再使用播种以及植保环节服务的情况。农资供应环节引入意味着施肥信息由服务商传递给农户。在甄别出播种以及植保环节对化肥投入的影响之后，进一步识别农户同时使用农资供应、播种（*agrsow*）以及农资供应、植保（*agrplantpro*）环节对最终化肥投入的影响，以明确信息在农业生产性服务中的作用。其中，农资供应（*agr*）以农户是否购买农资环节服务来衡量。

被解释变量仍为化肥投入（*fert*），以亩均化肥投入金额来衡量。本章控制变量与第四章保持一致，具体细节可见第四章。此外，为进一步解释不同环节服务是通过施肥技术升级从而对化肥投入产生影响，本章也将农户是否使用新型施肥技术（*ferttech*）这一变量作为施肥技术升级的替代指标，以衡量不同环节以及组合环节对新型施肥技术应用的影响。由于 2018 年、2019 年对施肥技术采纳的问题有差异，且新型施肥技术不只包括测土配方施肥技术还包括肥料新品种的使

用。因此本章是否使用新型施肥技术这一变量以“2018 年农户是否使用新型肥药技术”以及“2019 年农户是否使用测土配方施肥技术”来综合衡量。其中只要有一项为“是”，则定义农户使用了新型施肥技术。由于第三章已经对相关环节使用状况以及与化肥投入之间的交叉关系进行了说明，此处不再赘述。

第四节　农资环节引入对化肥投入的影响

虽然前述部分已经证实了播种环节能够降低最终化肥投入，但播种环节除信息传递促使农户改变施肥技术之外还涉及机械应用，因此无法单独剥离信息渠道的作用。现实中，农户在合作社、供销社等地购买化肥时，服务商会给予农户所买肥料具体使用信息，包括施肥时间、施肥量等，这说明信息在农户购买化肥的过程中得到了传递。因此，除了产中环节服务商能够为农户传递信息促使其进行及时采纳外，从化肥购买起始就涉及服务商对化肥施用技术信息的传递。为有效识别信息是否在农业生产性服务中对化肥减量发挥了重要作用，本部分引入农资供应环节，探讨当农户组合使用农资供应与播种以及植保环节时对最终化肥投入的影响。

一　不同环节组合使用对化肥投入的影响

表 5-1 为引入农资供应环节后，农户组合使用农资供应、播种环节以及农资供应、植保环节对最终化肥投入的影响。结果显示，同时使用农资供应、播种环节对最终化肥投入有显著负向影响，除最近邻匹配外，其余四种匹配方法的 *ATT* 均通过统计性水平为 10%的显著性检验，具体为农户使用农资以及植保环节相比未使用能够每亩显著降低 1.96—8.62 元化肥投入。不过能够发现，*ATU* 几乎不通过显著性检验。此外，农资以及播种环节对化肥投入的影响，相比上一章中单项播种环节对化肥投入的影响处理效应以及显著性均有所下降。

结果还显示在农户共同使用农资供应及植保环节服务后，*ATT* 以及 *ATU* 基本在 10%的统计性水平下显著，其中 *ATT* 显示当农户同时使用农资供应以及植保环节，相比其如果未使用这两项环节能够每亩显著降低 3.82—8.42 元化肥投入。而 *ATU* 则显示当农户未使用上述两环节服务，如使用时每亩能够显著降低 4.54—6.81 元化肥投入。应该注意到，农户同时使用农资供应以及植保环节时，相比单独使用植保环节的农户，处理效应 *ATT*、*ATU* 的显著性以及系数绝对值均有明显增加。这意味着，信息传递对于降低化肥投入具有显著影响。

表 5-1　　引入农资后不同环节对化肥投入的效果估计①

环节	匹配方法	*ATT*	标准误	*ATU*	标准误
农资以及播种	最近邻匹配（$k=1$）	-1.96	4.63	-4.40	3.75
	最近邻匹配（$k=4$）	-8.62**	3.98	-4.17*	2.46
	卡尺匹配	-6.73*	3.98	-3.37	2.78
	核匹配	-5.92*	3.19	-3.23	2.49
	局部线性回归匹配	-5.82*	3.35	-5.11	3.57
农资以及植保	最近邻匹配（$k=1$）	-3.82	8.05	-4.54	3.51
	最近邻匹配（$k=4$）	-10.21	5.62	-5.14*	3.10
	卡尺匹配	-8.42**	3.82	-5.86*	3.41
	核匹配	-8.22**	3.42	-5.82*	3.54
	局部线性回归匹配	-7.59**	3.66	-6.81***	2.40

二　组合环节来源差异对化肥投入影响的区别

虽然农资供应以及播种环节同时使用对化肥减量部分处理效应显著，但农户同时使用两种组合服务相比第四章所验证的单独使用播种环节对化肥投入减量的效果以及显著性均有所下降。一个可能的原因在于：农户农资供应与播种环节服务虽都从服务商获取，但可能分属不同服务商。如农户在一处购买农资后，转向另一服务商购买播种服务，意味着服务商在农户购买农资时不需要考虑农户具体生产特征，只需按照自身经验以及肥料特征向购买农资的农户提供同一信息。而

① 需要说明的是，为有效传达本书重要研究信息以及避免冗余，倾向性得分匹配（PSM）中有关农户使用农资与播种以及农资与植保环节的决策 Logit 方程结果并未进行列示。具体结果与第四章表 4-7 类似，此处不再赘述。

如果农资供应以及后续播种服务均由同一服务商供应，那么服务商则能够实地观察到农户具体耕地质量、自然条件等生产状况，则能够依据上述特征提供相匹配的肥料品牌以及用量信息，从而更有效改善农户施肥技术。

基于上述分析，本部分进一步区分了农户农资供应以及播种服务获取是否来源于同一服务商。如果来源于同一服务商则定义为组合服务具有同一来源，否则为不同来源。根据样本计算，上述两个环节来源于同一服务商的有 208 个样本，占同时使用农资供应以及播种环节样本的 73%，其余 27%则来源于不同服务商。这表明，农户使用农资以及播种来源具有差异，从而获取的信息具有异质性。

组合环节来源差异对化肥投入的具体影响如表 5-2 所示。结果表明，当农资供应与播种环节服务来源不同时，对最终化肥投入影响不显著。而当农资供应与播种环节服务来源相同时，最终对化肥投入的效应负向显著且系数绝对值大于单独使用播种环节以及同时使用农资供应、播种环节总体样本对最终化肥投入的影响。*ATT* 表示当农户组合环节使用来源相同时，相比其未使用同一来源，每亩能够显著降低 8.75—11.13 元化肥投入。*ATU* 则表示，农户未使用同一来源的组合环节相比其如果使用每亩能够显著降低 6.37—8.40 元化肥投入。

表 5-2　　农资与播种环节来源差异对化肥投入的效果估计

服务来源	匹配方法	*ATT*	标准误	*ATU*	标准误
不同来源	最近邻匹配（$k=1$）	3.55	8.21	−2.34	7.58
	最近邻匹配（$k=4$）	1.69	8.61	0.33	4.98
	卡尺匹配	4.61	4.98	1.21	5.28
	核匹配	4.63	5.09	1.65	5.94
	局部线性回归匹配	5.19	4.09	2.13	4.35
同一来源	最近邻匹配（$k=1$）	−11.13**	5.79	−6.37*	3.66
	最近邻匹配（$k=4$）	−10.07**	4.24	−7.01*	4.10
	卡尺匹配	−10.38***	2.35	−7.21*	4.11
	核匹配	−9.70***	3.11	−7.48*	4.17
	局部线性回归匹配	−8.75***	3.36	−8.40***	3.27

上述结果也说明了一体化的服务对于农户化肥减量效果更显著。一方面，服务商由于在产中过程会为农户提供服务，因此能够根据农户生产经营实际状况提供个性化施肥信息；另一方面，由于服务环节来源一致，能够降低服务过程中的监督成本，减少信息不对称问题，也更有利于农户对服务质量进行监督。

不同于农资与播种环节具有大量不同来源样本，核查数据发现同时使用农资供应以及植保环节的农户有 193 个，其中上述两个服务来源于同一服务商的样本有 183 个，占同时使用农资以及植保环节农户的 95%左右，这意味着基本上农资以及植保环节组合使用都来源于同一服务商。正是由于相同的服务来源，服务商才能够根据农户植保环节实际情况为农户提供化肥投入建议，因此能够有效降低化肥投入。这也表明，本研究中同时使用农资以及植保环节对最终化肥投入的影响是个性化信息造成的。以往研究中较少意识到植保环节会通过机械进行补肥，更未关注到农资环节起到了信息传递的作用。上述结果意味着即使植保环节存在施肥技术使用障碍的情况下，通过信息传递仍能够实现化肥减量。

第五节　不同环节来源差异对化肥投入的影响

虽然第四章已经验证了不同环节对化肥投入的影响，但播种以及植保环节来源于不同服务商意味着农户所获施肥信息具有差异，能够影响其施肥技术应用从而改变化肥投入。播种环节涉及种肥同播，而植保环节则涉及使用无人机、喷杆或者喷雾器补喷肥料。这些施肥技术的使用都需要服务商具有较高的人力资本以及技术信息储备，从而才能有效传递施肥信息促使农户实现化肥减量。现实中农户一般存在两种服务来源：第一种是农户直接向当地家庭农场以及专业大户购买播种或者植保服务。这时，由于上述服务商资金以及技术掌握能力有限，多只是按照农户决策来施肥，此时便较少涉及施肥技术信息传递。此外，由于植保飞机价格较高，因此这类服务商在植保环节多只是涉及简单的劳动力替代，并不会通过信息传递促使农户更新施肥技术。第二种是农户向当地合作社、农业企业、村集体等农业生产组织购买播种或者植保服务。这类服务商由于信贷约束相比家庭农场以及专业大户较低，同时具备较好的人力资本能够掌握新型施肥技术。因此，在提供服务过程中能够向农户提供科学施肥信息，从而促使农户进行技术采纳。此外，两类服务商施肥技术掌握能力具有差异，致使播种环节以及植保环节所提供的服务质量也有区别，最终致使化肥投入存在差异。

基于服务来源差异可能致使信息传递区别，本部分检验了服务不同来源对化肥投入的影响，具体估计结果如表 5-3 所示。结果表明，播种环节服务来源不同对最终化肥投入影响具有显著差异。当服务来源于家庭农场及专业大户时，播种环节对化肥投入效果 *ATT* 以及 *ATU* 均未通过显著性水平检验。而当服务来源于农业生产组织时，*ATT* 以及 *ATU* 均通过了统计性水平为 5%的显著性水平检验。*ATT* 结果表明，农户使用来源于农业生产组织的播种环节服务时相比其如果未使用时，每亩能够降低 11. 52—12. 11 元化肥投入。而 *ATU* 结果则表明，未使用农业生产组织所提供播种环节服务的农户如使用该服务，能够每亩降低 7. 46—10. 32 元化肥投入。

从植保环节来看，不管该项服务来源于家庭农场及专业大户还是农业生产组织，对最终化肥投入的影响都不显著。但是，植保服务来源于家庭农场以及专业大户对化肥投入的效应在五种匹配方法下基本为正，而来源于农业生产组织的效应则都为负。此外，最近邻匹配以及卡尺匹配方法下的 *ATU* 均通过了统计性水平为 5%的显著性检验，且 *ATT* 以及 *ATU* 系数绝对值有所上升。这意味着，植保环节对最终化肥投入的总效应由于服务来源差异而被抵消了，不过如果服务来源于农业生产组织对最终化肥投入仍有一定影响。出现上述结果的可能性在于：一是由于植保环节作业质量难以观察，因此服务商在该环节可能由于与农户存在信息不对称的问题（孙顶强等，2019），也存在随意施肥的风险；二是由于叶面肥补喷投入以及用量较少，在整体化肥投入中占比较低，因此对最终化肥投入影响不明显。

表 5-3　　　　不同环节来源差异对化肥投入的效果估计

环节	服务来源	匹配方法	*ATT*	标准误	*ATU*	标准误
播种	家庭农场及专业大户	最近邻匹配（$k=1$）	5.41	7.03	4.10	3.62
		最近邻匹配（$k=4$）	4.61	4.55	0.41	3.56
		卡尺匹配	4.45	3.78	-1.34	3.32
		核匹配	3.46	3.97	-2.07	3.68
		局部线性回归匹配	3.74	2.90	-1.02	1.93
	农业生产组织	最近邻匹配（$k=1$）	-11.69***	3.33	-10.32**	4.53
		最近邻匹配（$k=4$）	-11.65***	3.26	-8.15**	3.59
		卡尺匹配	-11.52***	2.28	-7.66***	2.54
		核匹配	-12.10***	3.21	-7.46***	2.42
		局部线性回归匹配	-12.11***	2.55	-7.71***	2.43
植保	家庭农场及专业大户	最近邻匹配（$k=1$）	4.47	12.63	2.72	9.72
		最近邻匹配（$k=4$）	5.90	9.99	0.90	7.52
		卡尺匹配	5.77	6.74	-0.05	5.66
		核匹配	4.59	8.86	0.57	5.75
		局部线性回归匹配	5.89	4.74	-0.89	4.57
	农业生产组织	最近邻匹配（$k=1$）	0.76	6.32	-9.36***	3.56
		最近邻匹配（$k=4$）	-3.65	5.37	-7.02**	3.60
		卡尺匹配	-3.32	3.51	-6.76**	3.42
		核匹配	-4.04	4.10	-5.87	3.87
		局部线性回归匹配	-4.111	5.30	-5.42	3.50

第六节　不同环节及组合环节对新型施肥技术应用的影响

第四章以及本章前述部分验证了不同环节以及引入农资供应后组合环节对化肥投入的影响，结果显示单独使用播种环节、组合使用农资与播种环节以及农资与植保环节均能够显著降低最终化肥投入。此外，单独使用植保环节并不显著。按照本章理论分析，在农户使用部分托管时，生产决策者仍为农户，此时服务商通过单项环节以及组合环节向农户传递施肥信息促使农户进行施肥技术升级，从而降低了最终化肥投入。因此，为检验新型施肥技术应用是否是不同环节对化肥投入影响的作用机制，本部分也对不同环节以及引入农资后组合环节对新型施肥技术采纳的影响进行了验证。

表 5-4 为单项环节以及组合环节对农户新型施肥技术采纳的效果估计。结果显示单独使用播种、植保，组合使用农资与播种以及农资与植保环节均能够显著提升农户新型施肥技术采纳的可能性。其中，农户使用播种环节后相比这部分农户如未使用，新型施肥技术采纳的可能性能够提升 11.7%—12.5%。而未使用播种环节的农户，如使用则能够显著提升 5.9%—7.4%新型施肥技术采纳的可能性。植保环节对新型施肥技术影响的处理效应显著性及系数相比播种环节均有所提升，这是因为相比播种这类劳动密集型环节，植保环节对技术引入的需求以及实现程度更高。不过，虽然植保环节也能够提升农户新型施肥技术采纳的可能性，但结合前述部分所验证植保环节对化肥投入影响不显著，说明植保环节虽然能够促使农户采纳新型施肥技术，但一方面由于叶面肥在小麦生长周期中占总体施肥比例较低，因此就算采纳了新型施肥技术对最终化肥减量的效果也并不明显。另一方面，由于植保环节在我国发展起步时间较晚，因此技术装备以及最终技术应用的适配性仍需要提升，因此可能存在使用了新型施肥技术但未达到预期效果的问题。

表 5-4　单项环节以及组合环节对农户新型施肥技术采纳的效果估计

环节	匹配方法	*ATT*	标准误	*ATU*	标准误
播种	最近邻匹配（$k=1$）	0.12***	0.03	0.07**	0.04
	最近邻匹配（$k=4$）	0.12***	0.03	0.06*	0.03
	卡尺匹配	0.12***	0.03	0.06**	0.03
	核匹配	0.12***	0.02	0.06***	0.02
	局部线性回归匹配	0.13***	0.02	0.07***	0.02

续表

环节	匹配方法	*ATT*	标准误	*ATU*	标准误
植保	最近邻匹配（$k=1$）	0.23***	0.05	0.08**	0.04
	最近邻匹配（$k=4$）	0.21***	0.03	0.05*	0.03
	卡尺匹配	0.19***	0.03	0.05*	0.03
	核匹配	0.19***	0.03	0.06**	0.02
	局部线性回归匹配	0.19***	0.03	0.06**	0.03
农资以及播种	最近邻匹配（$k=1$）	0.34***	0.06	0.18***	0.06
	最近邻匹配（$k=4$）	0.32***	0.05	0.17***	0.06
	卡尺匹配	0.32***	0.04	0.17***	0.04
	核匹配	0.33***	0.03	0.17***	0.06
	局部线性回归匹配	0.32***	0.03	0.15***	0.04
农资以及植保	最近邻匹配（$k=1$）	0.25***	0.06	0.17***	0.04
	最近邻匹配（$k=4$）	0.26***	0.06	0.15***	0.03
	卡尺匹配	0.24***	0.03	0.14***	0.04
	核匹配	0.24***	0.05	0.14***	0.04
	局部线性回归匹配	0.24***	0.04	0.13***	0.04

进一步来看引入农资供应后农资供应与播种环节以及农资供应与植保环节对农户新型施肥技术采纳的影响。引入农资环节后，农户在购买肥料环节就能够获取施肥技术信息，因此不论是农资与播种环节还是农资与植保环节均能够显著提升农户新型施肥技术采纳水平，且引入农资供应环节后处理效应均高于单项环节对农户新型施肥技术采纳影响的处理效应。这意味着农资供应环节信息的传递能够有效提升农户施肥技术采纳水平，这也与现实状况有所对应。一般来说，农户在服务商处购买化肥等农资时，服务商会向农户提供相关肥料以及后续施肥用量的信息，农户在接收到相关信息之后能够运用到后续生产过程中以实现施肥技术升级。

第七节 异质性分析

不同规模意味着农户获取信息的能力差异，因而技术应用初始条件不同。经营规模较大的农户由于横向分工加深，农业生产的专业化程度也会提升。同时，由于规模效应存在，其本身就具备新型施肥技术应用的能力。此外，相较于小农户自给自足的“生存”目标，经营规模较大的农户会进一步追求生产高附加值农产品，因而会自发减少化肥投入（魏后凯，2017；张露和罗必良，2020）。然而小规模农户不仅存在资金约束无法付出技术升级所需成本，还存在人力资本以及信息约束无法获取新型施肥技术有效信息。此外，由于生产能力有限，小规模农户倾向于选择精耕细作例如增加要素投入来提高土地生产率以满足家庭需求（罗必良，2017）。因而，大规模农户相较小规模农户更加具备化肥减量的动力与能力。因此，本部分进一步对经营规模进行区分，识别各环节对不同经营规模农户化肥投入的影响差异。本书基于第三次农业普查以及已有研究中对农业经营规模的划分标准（张云华等，2019；孙小燕和刘雍，2019），以 10 亩为划分界线，小于 10 亩的定义为小规模农户，大于或等于 10 亩的则定义为大规模农户。具体估计结果如表 5-5 所示。

结果显示，播种环节使用对小规模农户化肥投入减量效果更明显，而植保环节无论是对小规模农户还是大规模农户均不显著。从播种环节来看，小规模农户样本组除一对一最近邻匹配之外，其余匹配方法均通过了统计性水平为 10%的显著性水平检验。而大规模农户样本组五种匹配方法均未通过显著性检验。对于小规模农户而言，*ATT* 估计结果表明使用播种环节的农户与其不使用时相比，能够每亩降低 7.22—9.72 元化肥投入。而 *ATU* 结果则表明未使用播种环节的小规模农户如使用播种环节服务，能够每亩显著降低 16.45—21.77 元化肥投入。出现上述结果的原因可能是大规模农户资源禀赋约束相比小规模农户较低，能够有效获取施肥技术信息，因此本身具有减量施肥的能力。当其购买播种环节后，相对小规模农户而言边际化肥投入下降较少，因此对化肥投入的效果并不明显。从植保环节来看，不同规模农户化肥投入的影响均不显著，但两组效应系数具有差异。这表明植保环节对化肥投入影响不显著的主要原因并不是经营规模，而更可能是前述提到的植保环节技术发展较慢以及服务商与农户之间信息不对称。

表 5-5　　不同环节对不同规模农户化肥投入的效果估计

环节	经营规模	匹配方法	*ATT*	标准误	*ATU*	标准误
播种	小规模	最近邻匹配（$k=1$）	-8.18**	4.11	-4.26	3.89
		最近邻匹配（$k=4$）	-9.72**	4.67	-16.45***	5.38
		卡尺匹配	-8.39**	3.46	-16.84***	3.64
		核匹配	-8.09**	3.67	-21.77***	4.65
		局部线性回归匹配	-7.22***	2.72	-17.44***	4.72
	大规模	最近邻匹配（$k=1$）	-7.27	6.95	6.85	6.45
		最近邻匹配（$k=4$）	-0.22	0.05	7.21	5.35
		卡尺匹配	-3.55	3.30	5.14	5.43
		核匹配	-2.73	4.20	2.50	4.15
		局部线性回归匹配	-3.27	2.50	7.08	4.75
植保	小规模	最近邻匹配（$k=1$）	-4.16	6.34	7.41	4.35
		最近邻匹配（$k=4$）	-0.51	4.70	3.25	4.09
		卡尺匹配	-0.90	4.27	2.25	4.33
		核匹配	-0.03	3.51	1.20	3.70
		局部线性回归匹配	0.26	4.42	2.22	4.80
	大规模	最近邻匹配（$k=1$）	-1.20	7.64	0.62	5.63
		最近邻匹配（$k=4$）	-1.94	7.28	-6.15	6.48
		卡尺匹配	-0.91	4.11	-5.55	5.72
		核匹配	-1.06	5.14	-5.45	5.23
		局部线性回归匹配	-0.70	5.69	-4.17	4.21

第八节　本章小结

第四章证实了总体上农业生产性服务能够降低化肥投入，且将环节细分后发现与化肥使用相关的播种环节能够降低化肥投入。当农户使用部分托管时，农业生产性服务多是通过传统信息传递渠道促使农户进行施肥技术升级。为进一步验证信息传递在农业生产性服务对化肥投入中的作用，本章通过借助中国农业大学国家农业农村发展研究院2018年、2019年的返乡调研数据，引入农资供应环节探讨其与后续播种以及植保环节结合对化肥投入的影响，同时还分析了不同环节来源差异对化肥投入的影响，并探讨了新型施肥技术在其中的作用机制，从而解释当农业生产决策主体仍为农户时，信息渠道如何影响农户的最终化肥投入。具体实证结果如下。

第一，农资环节引入后，通过同时使用农资以及其他与化肥投入生产相关环节能够降低化肥投入。第四章所讨论的播种以及植保环节对化肥投入的影响一方面由于信息传递促使农户施肥技术升级，另一方面由于机械应用对化肥投入产生影响，因而无法完全剥离出信息传递的作用。将农资供应与后续播种以及植保环节搭配使用，意味着农业生产性服务中施肥信息的传递更加丰富，且能明确信息传递的作用。结果显示，农户使用农资供应与播种、农资供应与植保均能显著降低最终化肥投入，但使用农资与播种服务的效果相比之前未引入农资时有所下降。考虑到农资与后续环节来源不同，服务商难以根据农户具体生产状况提供个性化信息。因此，区分出农资与后续生产环节是否来源于同一服务商对化肥投入的影响。结果显示，来源于同一服务商的组合服务相比来源于不同服务商的组合服务能够更有效降低化肥投入。

第二，环节来源不同意味着施肥信息传递质量差异，也会影响最终化肥投入。服务商的信息获取能力能够影响技术应用状况，作用于最终施肥效果。相比家庭农场以及专业大户，农业生产组织具备更高人力资本，从而能够获取有效技术信息。因此，将服务商区分为家庭农场及专业大户、农业生产组织检验播种及植保环节供应服务商差异对化肥投入的影响。结果显示，相比服务来源于家庭农场以及专业大户，播种环节来源于农业生产组织对化肥投入的负向影响更为明显。而植保环节不论服务来源于家庭农场以及专业大户还是农业生产组织对化肥投入的影响均不显著。

第三，新型施肥技术应用是各环节对化肥投入影响的重要原因。结果表明与化肥投入相关的农业生产性服务环节包括播种以及植保环节均能够显著提升农户新型施肥技术采纳水平。此外，引入农资供应后，农资供应与播种以及农资供应与植保环节均能显著提升农户新型施肥技术采纳水平，且相比单项环节对技术采纳的影响处理效应均有提升。这也证明了当农户使用部分托管时，服务商通过在化肥投入相关环节为农户传递有效信息提升了农户新型施肥技术采纳水平，最终降低了化肥投入。不过，植保环节由于现实中技术发展起步较晚且补喷叶面肥在整体肥料中占比较小，因此相关环节虽然能够促使农户使用新型施肥技术但对最终的施肥效果并不明显。

第四，播种环节对小规模农户降低化肥投入效果更明显，而植保环节无论是对小规模农户还是对大规模农户化肥减量效果均不明显。这是因为经营规模较小的农户意味着信息技术、资金获取以及人力资本约束较强，因此技术采纳能力较低。而大规模农户资源禀赋约束相比小规模农户较低，能够有效获取施肥技术信息，因此本身具有减量施肥的能力。当其购买播种环节后，大规模农户边际化肥投入下降较少，因此相对小规模农户对化肥投入的效果并不明显。

第六章

机制分析二：农业生产决策主体转变

第二章阐述了农业生产性服务对化肥投入影响的理论对应，包括信息传递、农业生产决策主体转变以及生产主体机械应用。第四章证明了总体上农业生产性服务能够降低化肥投入，且与化肥使用相关的播种环节能够有效降低化肥投入。在总体验证的基础上，第五章说明了当农户使用部分托管时通过信息传递能够促使农户进行施肥技术升级从而影响化肥投入。然而，需要注意到除部分托管之外，农户还能够将农业生产全过程委托给服务商进行生产。此时，农业生产决策主体则理所当然转为服务商，服务商与农户由于具有不同生产决策动力，最终化肥投入可能具有差异。那么，需要进一步论证的是农户与服务商的生产决策动力差异，是否会对最终化肥投入造成影响？农业生产决策主体完全转变为服务商与未完全转变时是否有区别？基于上述问题，本章以全托管作为农业生产决策主体转变为服务商的替代指标，重点对农户使用农业生产性服务后农业生产决策主体转变这一机制路径进行实证，并对其可能的原因进行解释。本章内容如下：第一，识别全托管对化肥投入的影响；第二，聚焦于使用农业生产性服务的农户，实证全托管与部分托管对化肥投入的差异；第三，进一步区分全托管对不同农户的影响差异；第四，在识别出全托管对化肥投入影响的基础上，通过现有文献比较分析服务商与农户的生产禀赋差异，讨论农业生产决策主体对化肥投入影响的潜在原因。

第一节　研究背景

关于农业生产性服务对化肥投入的影响研究仍有争论。从农户角度看，降低化肥投入具有正外部性，这是因为降低化肥投入需要农户付出成本更新技术，而成果却由全社会共享，因而其化肥减量动力不强（Arriagada et al.，2010；谢琳等，2020）。此外，降低化肥投入涉及减量技术的应用，而这类技术应用具有前期投资大、回报期长的特点。农户由于具有风险规避意识，因此就算理性的农户也会通过增加施肥来避免减产的可能性（仇焕广等，2014）。部分研究已经关注到农业生产性服务能够降低化肥投入，认为服务商能够带动无绿色生产意愿的农户在生产中降低化肥投入，这是因为农业生产性服务能够有效促使农户采纳绿色生产技术（孙小燕和刘雍，2018）。此外，服务商相比农户能够更精确甄别化肥质量从而明确施肥信息带动农户精准施肥（杨高第等，2020）。然而，也有部分学者认为服务商容易存在机会主义（于鸷隆和刘玉铭，2011）。这表现在服务商引入后，由于农资销售商与服务商“合谋”给农户传递不实信息，容易造成最后化肥投入增加（陈义媛，2018）。

出现上述争论的原因在于大部分研究未对农户使用农业生产性服务的生产决策主体进行区分。需要关注到，农户使用农业生产性服务后可能会出现不同农业生产决策者。例如，全托管时意味着农户将所有生产环节委托给服务商来完成，农业生产决策主体则转为服务商，其会为农户提供农资供应、耕地、种肥同播、植保、灌溉、追肥以及收获等一系列服务，这时理所当然农业生产决策者为服务商。而农户使用部分托管时，农业生产决策者仍可能为农户，化肥投入也仍由农户决定。如第二章理论分析所述，服务商只需在既定产量的约束条件下实现成本最小化，而农户则仍是以利润最大化作为决策基础。由此可知，农户使用农业生产性服务可能会存在不同农业生产决策者，而二者生产决策动力具有差异。如将两类形式混为一谈可能会误判农业生产性服务与化肥投入之间的关系。

鉴于现实以及研究缺失，为有效区分农业生产决策主体差异这一作用机制，本章将首先直接关注农户使用全托管，即农业生产决策者完全转变为服务商时对化肥投入的影响。前文已经界定了全托管是服务商将所有产中环节组合起来向农户提供服务的农业生产性服务形式（姜长云，2020），此外也分析了农业生产性服务对化肥投入影响的作用机制。在此基础上，进一步证明了总体上农业生产性服务是能够减少化肥投入的。本章想要说明的是，当农业生产决策主体发生转变后，由于服务商与农户决策动力以及基础条件具有差异，因而会造成化肥投入不同。本章主要对全托管对化肥投入的影响进行识别，并分析其中原因。

第二节　理论机制分析

现实中，农户使用全托管并不是为了降低化肥投入。亚当·斯密（1776）在《国民财富的性质和原因的研究》（以下简称《国富论》）中提出分工是提升生产效率的关键所在。农户购买全托管的本质是基于比较优势所产生的专业分工，通过不同劳动单位在特定的生产流程中实现自身的比较优势，能够充分实现各环节的规模效应。由于小麦种植收益较低，一方面，大部分农户会选择外出务工以实现收入最大化，但此时小麦经营规模可能超出家庭经营能力，也就形成了家庭劳动力刚性约束（王建英等，2015）。另一方面，提升小麦生产效率需要技术以及机械的引入，但农户资金有限无法购置机械装备。此外，农户由于信息缺失难以获取专业技术知识。在劳动力以及资金要素受到限制的情况下，农户则会将生产各环节外包给拥有机械设备、劳动力以及技术的专业服务商，这一形式有助于改善农业生产要素配置并提升农业生产效率（Miyata et al.，2009）。

相较于农户，服务商具有降低化肥投入的动力。农户将农业生产环节全托管后，服务商将代替农户进行全部生产活动。从决策动力来看，服务商化肥投入是基于利润最大化所作出的决策：一是服务商与农户的合同签订，其必须保证产量不小于农户自己生产时的产量。全托管时，由于服务商与农户具有合同约束，其会合理投入要素实现产量约束，保证所生产农产品不小于农户生产时的产量。二是服务商在不影响产量的情况下为实现利润最大化会降低农业生产成本。近年来，化肥价格上涨迅速，服务商为获取最大利润会甄别技术以及化肥投入，从而降低生产成本。上述两方面的实现在早期需要生产主体通过大量田间试验平衡要素投入与产量，从而实现利润最大化。显然实际中农户由于资金以及技术缺失，自身很难进行对照试验以获取合理化肥投入。而服务商由于与科研院校具有合作关系并具有资金优势，会不断进行技术更新以实现产量最优。

在上述决策动力差异基础上，服务商也具备降低化肥投入的能力，这表现在其能通过施肥技术升级以及机械施肥影响最终化肥投入。一方面，化肥投入与技术应用息息相关。从化肥投入技术流程来看，具体操作中主要涉及化肥购买、施肥两部分。小麦种植全托管涵盖了农资供应、耕地、种肥同播、追肥、灌溉、植保、补肥以及收割全部环节，其间服务商将根据自身生产知识以及所得肥料来施肥。首先，服务商与要素市场紧密连接获取优质农资。这是因为其能通过大规模采购以及较强的市场议价能力与大型农资企业达成合作，获取较为优质低价肥料（穆娜娜等，2019），同时降低了生产要素获取成本。相比较而言，农户购买化肥的渠道多为当地农资店，但由于在政策层面国家并未对化肥这类生产资料经营设定“技术门槛”，只需经过工商部门认可即可获得经营许可证（孙明扬，2021）。由于基层农资经销商准入门槛较低，因此农户较难获取高质量化肥并且缺乏甄别化肥质量的信息。而在全托管时，化肥使用过程遵循“化肥企业—服务商—替代农户应用”的路径。其次，服务主体具有专业的知识水平以及甄别化肥用量的能力。这是因为化肥施用属于技术应用范畴，有效施肥需要识别用量、施用时间以及类型，这需要以较高的学习成本获取专业知识，而服务商能够在要素及产品市场上甄别信息（杨子等，2019），同时具备专业的技术人员对肥料配施用量进行判断，并对用量进行定量化以及标准化控制。另一方面，除人工撒施外，机械施肥也是降低化肥投入的有效手段。在传统模式下，农户一般租用当地农机户以及自购机械在播种时进行种肥同播，但相对来说机械质量较低。而服务供应商由于资金优势能够自购优质机械且具备资产专用性，通过高质量机械施肥不仅能够调节施肥均匀度，并且能够实现肥料深施提升肥料利用率。

具体机制如图 6-1 所示。

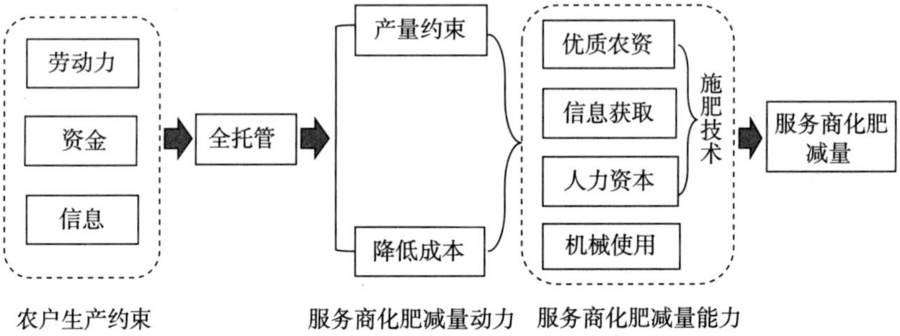

图 6-1　全托管对化肥投入影响机制

第三节　实证模型构建

一　全托管对化肥投入影响实证模型构建

本章重点关注全托管与化肥投入之间的关系，以及在购买农业生产性服务的农户中，全托管与部分服务使用对最终化肥投入有什么差异。因此，本章首先构建了具有全托管虚拟变量项的模型表达式：

$$fert_i = \alpha_0 + \alpha_1 full_i + \sum_{k=1} \alpha_{2k} C_i + D_i + \mu_i \tag{6-1}$$

式中：$fert_i$ 为第 i 个农户的化肥投入，以亩均化肥投入金额（元/亩）来衡量；$full_i$ 为二分类变量，表示第 i 个农户全托管使用行为，如果农户使用全托管则定义为 1，未使用定义为 0；C_i 为其他控制变量，具体选择与第四章一致；D_i 为农户所在区域，为虚拟变量，主要为了控制各地气候、降水以及病虫害等区域固定效应；μ_i 为随机扰动项；β_0 为截距项；β_1、β_2 为待估。

二 全托管与部分农业生产性服务对化肥投入影响实证模型构建

农户在使用部分托管时仍为自己进行农业生产决策，与服务商决策具有区别。此时，在使用了农业生产性服务的农户内部进行区分也能够识别农业生产决策主体转变对最终化肥投入产生的影响。因此，进一步区分全托管与部分托管对化肥投入影响，只关注购买了农业生产性服务的农户，具体表达式如下：

$$fert_i = \beta_0 + \beta_1 full_i + \sum_{k=1} \beta_{2k} C_i + D_i + \mu_i \tag{6-2}$$

式（6-2）中样本只包含使用了农业生产性服务的农户，该式主要是为了比较全托管以及部分托管对化肥投入影响的差异，所有变量含义均与式（6-1）保持一致。

三 内生性解决

内生性问题是研究农户决策及其行为的重要挑战（Khonje et al.，2018；梁志会等，2021）。现实中可能出现的内生性问题：一是反向因果，一般研究中将此当作特殊的遗漏变量问题。这表现在，农户可能为了降低化肥投入而选择购买全托管服务，因而致使化肥投入下降。农户可能正是为了降低化肥投入才选择将生产环节委托服务商生产，因此如不对其中的内生性进行讨论也可能误判全托管对化肥投入的影响。二是自选择偏误，这是因为农户购买全托管服务的决策不仅受到可观测变量的影响（如农业生产决策者特征、年龄、受教育水平等），而且受到不可观测因素的影响。例如，农业生产知识越丰富的农户越倾向于适量施肥以实现产量最大化，越有可能降低化肥投入，因此如果忽略相关内生性存在可能会高估 OLS 的影响。

实验方法是解决模型中内生性问题的最好方法，然而构建完美的实验场景难度较大且成本较高，此时工具变量为解决模型内生性的良好方式。在现有研究中，学者多针对农业生产性服务寻找合适的工具变量，例如杨志海（2019）认为农业生产性服务多为机械服务供应，村庄内大型农机数量越多越容易满足农户农业生产性服务购买的需求。然而，由于本部分主要探讨全托管对化肥投入的影响，与以机械服务为主的农业生产性服务定义具有差异。全托管意味着服务商为农户提供生产全过程服务，这意味着服务商会替代农户经营耕地。当地农业生产组织经营规模代表了全托管潜在发展程度。一般来说，村级农业生产经营组织包含全托管提供者，当地农业生产组织发展状况能够影响全托管的供给，从而影响农户对于全托管的使用状况。而村级农业生产组织经营耕种规模越大意味着覆盖农户服务范围越广，当地农户全托管的可能性越大。据此，本章选择村级农业生产组织经营规模占比（*orgcul*）作为农户使用全托管的工具变量。

第四节　数据描述

一　变量选择

本研究在第四章农业生产性服务对化肥投入影响总体验证中，已经对变量选择进行了详细介绍。本章控制变量与第四章保持一致，此处不再赘述。不过为更好理解本章所讨论的关于农业生产决策主体转变对化肥投入影响这一作用机制，简单对本部分的核心变量进行说明。

首先，被解释变量与前述章节一样仍为化肥投入（*fert*），以亩均化肥投入金额来衡量。核心解释变量为全托管（*full*），以虚拟变量形式引入。当农户将生产环节全托管以及农户不仅购买农资供应、耕地、播种、灌溉、植保以及收获全部生产环节且各环节均由单一服务商供应时定义为农户使用了全托管。

其次，由于前述模型构建部分讨论到研究中需要解决农户使用全托管存在的内生性问题，因此选择村级农业生产组织经营规模占比（*orgcul*）作为农户使用全托管的工具变量。具体而言，农业生产组织经营规模占比（*orgcul*）以村级集体组织、合作社以及农业企业经营耕地面积占全村耕地面积比例来衡量。

二　描述性统计

为更好理解使用与未使用全托管的农户特征，首先对两类统计数据进行描述性统计。样本中有 96 户家庭选择了全托管，占总样本的 6.79%。表 6-1 表明，使用与未使用全托管的样本特征具有显著差异。相较于未使用全托管的家庭，使用全托管的家庭化肥投入显著较低；农业生产决策者受教育程度较低、家庭经营规模更大、生产组织参与可能性更高、家庭中具有干部身份的可能性更大、获取化肥的价格较低。此外，使用全托管样本多分布于平原地区，且互联网使用占比较高。

表 6-1　　使用与未使用全托管的样本特征差异

变量名称	使用全托管		未使用全托管		均值差（*t* 检验）
	均值	标准差	均值	标准差	
fert	136.91	32.88	147.63	47.53	-10.72***
gender	0.69	0.47	0.76	0.43	-0.07
age	52.07	13.53	53.48	10.67	-0.41
edu	7.35	3.45	8.21	3.26	-0.86***
health	3.58	0.69	3.64	0.58	-0.06
outlabrate	23.42	23.71	27.09	22.92	-3.67
income	10.81	1.04	10.72	1.08	0.10
scale	26.93	78.29	13.21	46.65	13.72***
landpiece	3.81	6.46	4.51	12.96	-0.70
org	0.19	0.39	0.11	0.31	0.08**
techtrain	0.25	0.44	0.18	0.39	0.07
cardre	0.19	0.39	0.13	0.33	0.06*
pfert	2.62	0.17	2.78	0.23	-0.16***
pwheat	1.10	0.11	1.14	0.76	-0.03
landform	0.90	0.31	0.72	0.45	0.18***
intrate	50.79	30.33	43.84	33.15	6.95**

资料来源：笔者根据 2018 年、2019 年返乡调研数据整理而成。

第五节　实证结果

依照前述理论以及实证模型设定，本部分首先采用 OLS 进行基准回归识别全托管与化肥投入之间的关系。之后，由于农户全托管选择存在内生性问题，因此采用两阶段最小二乘法（2SLS）、广义矩估计（GMM）以及迭代 GMM 三种工具变量法再次验证所得结果。由于农户在使用部分托管时仍有可能为自己决策，因此在使用农业生产性服务的农户中也会有决策动力区别。基于此，本章进一步聚焦于已使用农业生产性服务的农户，检验农户使用全托管以及部分托管对最终化肥投入的差异。

一　基准模型

表 6-2 汇报了全托管对小麦化肥投入影响估计结果。第二列及第三列分别为未控制家庭特征、经营特征以及仅未控制经营特征情况下，全托管对化肥投入的影响。上述两个回归结果均表明全托管能够减少最终化肥投入。当第三列控制所有其他变量之后，全托管对化肥投入仍具有显著负向影响，且通过了统计性为 1%的显著性水平检验。因此，最终结果表明使用全托管后化肥投入每亩能够显著降低 14. 34 元。

表 6-2　　全托管对小麦化肥投入影响估计结果

变量名称	被解释变量：*fert*		
full	-9. 80*** (3. 53)	-9. 62*** (3. 50)	-12. 695*** (3. 44)
gender	3. 93 (2. 85)	3. 916 (2. 81)	3. 37 (2. 76)
age	0. 21* (0. 12)	0. 12 (0. 13)	0. 20 (0. 13)

续表

变量名称	被解释变量：*fert*		
edu	0.81 (0.46)	0.82 (0.48)	0.58 (0.47)
health	0.12 (2.45)	0.17 (2.44)	1.77 (2.29)
outlabrate		-0.14** (0.06)	-0.12** (0.06)
income		-2.41** (1.23)	-1.85 (1.26)
cardre		1.66 (2.67)	1.93 (3.80)
org		-5.80** (3.04)	-10.51*** (3.11)
techtrain		-1.66 (2.67)	0.62 (2.75)
landpiece			-0.11 (0.10)
scale			-0.002 (0.02)
pfert			16.68** (6.56)
pwheat			3.08 (2.50)
landform			12.73*** (2.76)
intrate			0.10*** (0.04)
区域特征			已控制
观测值	1439	1439	1439

注：***、**、*分别表示在1%、5%以及10%的统计性水平下显著。

二　内生性解决

内生性是验证全托管对化肥投入实证中面临的主要问题。上一部分实证模型构建时已经说明了农户选择全托管存在内生性问题，这意味着如果不对内生性问题进行处理则会导致估计量不一致，降低估计结果的有效性。由于农户购买全托管的决策会受到不可观测因素的影响，因此随机误差项可能与全托管相关，这意味着使用 OLS 估计全托管对化肥投入的影响可能无法完全识别出两者之间“干净”的效果。例如，农业生产知识越丰富的农户越倾向于施用适量化肥实现产量最大化，因而越有可能降低化肥投入。因此，需要寻找一个“过滤器”，把全托管与随机误差项之间的相关部分过滤掉，只剩下正交部分，这样才能完全识别到全托管对化肥投入的影响。

工具变量法是解决内生性的常用方法。一个好的工具变量需要达到以下目的：一是需要与有效替代解释变量具有强相关性；二是要保证与误差项无关。基于上述两点，在使用工具变量法前，首先需要验证解释变量的内生性，以说明模型确实存在内生性问题需解决。之后，还需要进一步检验工具变量是否有效。针对式（6-1）以及式（6-2）中存在的自选择问题，本章选择村级农业生产组织经营规模占比（*orgcul*）作为农户使用全托管的工具变量。选择该变量的原因是：根据前述模型构建部分说明，村级农业生产组织经营规模占比能够影响全托管供应状况。然而村级变量并不会直接影响农户家庭最终化肥投入，因此理论上认为该工具变量有效，选择上述变量作为工具变量进行估计。

1. 解释变量内生性检验

在使用工具变量之前需要验证实证模型是否存在内生性问题。解释变量内生性检验的思路为：由于模型中存在内生解释变量，使用工具变量法将比普通 OLS 估计更有效。因此，实际操作中需要分别使用 OLS 及工具变量法进行估计，并比较最终估计结果。如所有解释变量都是外生的，那么 OLS 估计结果就是有效且一致的。反之，OLS 估计则会失去一致性，需要使用工具变量来矫正。

鉴于上述检验思路，本章采用了“杜宾—吴—豪斯曼”（DWH）

对化肥投入的内生性进行了检验。该方法应用范围较广，在异方差存在的情况下也更为稳健。其中，检验的工具变量为村级农业生产组织经营规模占比（*orgcul*），DWH 内生性检验结果表明显著拒绝全托管是外生解释变量的原假设。*p* 值为 0.04，表明通过了 5%的统计性水平检验。上述结果表明模型存在内生性，需要使用工具变量对内生性问题进行处理。具体检验结果如表 6-3 所示。

2. 工具变量有效性检验

在证明全托管是内生解释变量的基础上，需要使用工具变量法对内生性进行处理。此时，需要判断工具变量是否有效。如村级农业生产组织经营规模占比（*orgcul*）不是有效的工具变量，则会导致估计结果不一致。弱工具变量法是检验工具变量是否有效的方法，该方法主要思路是检验弱工具变量对工具变量的解释程度。如果工具变量的解释程度很弱，则表明使用该工具变量进行回归不准确。

根据上述思路，本研究对村级农业生产组织经营规模占比（*orgcul*）进行弱工具变量检验。结果表明，Cragg-Donald Wald F 统计量结果为 38.94，远大于 10%统计性偏误下的临界值 16.38，拒绝了村级农业生产组织经营规模占比（*orgcul*）为弱工具变量的原假设。此外，Kleibergen-Paap Wald F 统计量为 39.03，也远大于 15%统计性偏误下的临界值 8.96，同样也拒绝了弱工具变量的原假设。因此，村级农业生产组织经营规模占比（*orgcul*）能有效替代全托管，说明本研究能够使用这一工具变量进行内生性处理。

3. 内生性处理回归结果

在通过了工具变量有效性检验的基础上，本部分进一步采用 2SLS、广义矩估计（GMM）以及迭代 GMM 三种工具变量法进行估计并对比估计结果。相比 2SLS，GMM 能够在存在异方差的情况下得到有效估计，因此本章在 2SLS 基础上使用了 GMM 以及迭代 GMM 对结果进行验证。具体估计结果如表 6-3 所示，其中第二列、第四列、第六列表示三种工具变量法第一阶段估计结果，而第三列、第五列、第七列表示加入工具变量后第二阶段回归结果。

工具变量法第一阶段结果表明村级农业生产组织经营规模对于农

户使用全托管具有显著正向影响，表明样本区域农业生产经营组织规模越大，当地全托管覆盖程度会越高，农户则更愿意使用全托管服务。第二阶段中，三种工具变量回归结果均显示全托管对化肥投入的负向影响，且在10%的统计性水平下是显著的。结果说明，在处理了OLS实证模型存在的内生性之后，农户使用全托管仍能够显著降低最终化肥投入。通过表6-3工具变量法与表6-2中的OLS回归比较可发现，采用工具变量法进行回归之后估计系数的绝对值有所提升。结合OLS回归结果能够发现，相比未使用全托管的农户，全托管每亩能够降低14.34—54.74元化肥投入。这表明：一方面，农户使用全托管对降低化肥投入这一结论是可靠的；另一方面，这种关系在普通OLS模型中被低估了。此外，GMM以及迭代GMM与2SLS估计结果基本一致，说明全托管能够降低化肥投入这一结论较为稳健。

表6-3　　　　内生性处理回归估计结果

变量名称	2SLS		GMM		迭代 GMM	
full		-54.87** (27.90)		-54.87** (27.90)		-54.87** (27.90)
gender	-0.001 (0.02)	8.50** (3.78)	-0.001 (0.02)	8.39** (3.77)	-0.001 (0.02)	8.36** (3.77)
age	0.003*** (0.001)	-0.05 (0.19)	0.003*** (0.001)	-0.05 (0.19)	0.003*** (0.001)	-0.05 (0.19)
edu	4.9E-04 (0.004)	0.19 (0.56)	5.0E-04 (0.004)	0.16 (0.56)	5.0E-04 (0.004)	0.15 (0.56)
health	0.06*** (0.02)	6.96** (3.47)	0.06*** (0.02)	6.05* (3.46)	0.06*** (0.02)	5.98* (3.46)
outlabrate	-1.7E-04 (3.0E-04)	-0.12 (0.08)	-1.7E-04 (3.5E-04)	-0.12 (0.08)	-1.7E-04 (3.4E-04)	-0.12 (0.08)
income	-0.01 (0.01)	-6.64*** (1.53)	-0.01 (0.01)	-6.31*** (1.51)	-0.01 (0.01)	-6.28*** (1.50)
cardre	-0.02 (0.03)	1.92 (4.56)	-0.02 (0.03)	1.50 (4.53)	-0.02 (0.034)	1.48 (4.53)
org	0.06 (0.04)	-17.54*** (3.56)	0.06 (0.04)	-17.80*** (3.53)	0.06 (0.04)	-17.78*** (3.53)

续表

变量名称	2SLS		GMM		迭代 GMM	
techtrain	0.05 (0.03)	1.80 (3.84)	0.05 (0.03)	1.71 (3.83)	0.05 (0.03)	1.68 (3.83)
landpiece	-0.001 (0.001)	-0.32** (0.16)	-0.002 (0.001)	-0.33** (0.16)	-0.002 (0.001)	-0.33** (0.16)
scale	4.0E-04 (5.8E-04)	0.01 (0.03)	4.0E-04 (5.8E-04)	0.004 (0.03)	4.0E-04 (5.7E-04)	0.004 (0.03)
pfert	-0.32*** (0.06)	16.88 (16.72)	-0.32*** (0.06)	20.04 (16.65)	-0.320*** (0.06)	20.31 (16.65)
pwheat	8.2E-04 (0.01)	1.57 (1.56)	8.3E-04 (0.01)	1.67 (1.55)	8.3E-04 (0.01)	1.67 (1.55)
landform	0.02 (0.02)	15.54*** (4.57)	0.02 (0.02)	16.67*** (4.50)	0.02 (0.02)	16.70*** (4.50)
intrate	-1.2E-04 (3.0E-04)	0.24 (0.04)	-1.0E-04 (3.0E-04)	0.23*** (0.04)	-1.0E-04 (3.3E-04)	0.23*** (0.04)
区域特征	已控制	已控制	已控制	已控制	已控制	已控制
orgcul	2E-04*** (4.0E-05)		2E-04*** (4.0E-05)		2E-04*** (4.0E-05)	
观测值	1439		1439		1439	
R^2	0.22		0.22		0.22	

注：***、**、*分别表示在1%、5%以及10%的统计性水平下显著。其中，括号内为稳健标准误。

三　全托管与部分托管对化肥投入影响差异

前述部分得出了总体上全托管能够降低化肥投入这一结论，这意味着农业生产决策主体转变为服务商时能够降低化肥投入。不过，上述结论只验证了农业生产决策主体完全转变能够降低化肥投入，无法识别在已购买农业生产性服务的农户中，农业生产决策主体为服务商以及农户时的差异。为识别二者差异，本部分基于式（6-2）进一步只关注使用了农业生产性服务的农户，对比农户使用全托管以及部分托管对化肥投入的影响区别。

结果表明，相比使用部分托管，农户使用全托管更能显著降低最终化肥投入。其中 OLS 回归通过统计性水平为 1%的显著性检验，而三种工具变量法也均通过了统计性水平为 5%的显著性检验，且最终估计结果显著性以及符号保持一致，进一步证明了结果的稳健性。与 OLS 结果相比，使用工具变量法后估计系数绝对值有所增加，这意味着 OLS 低估了全托管对化肥投入的影响。具体来看，相比部分托管，全托管每亩能够显著降低 10.41—34.24 元化肥投入。

上述结果表现出：农业生产性服务对化肥投入整体上具有影响，其中一部分来源于农业生产决策主体转移为服务商后能够降低化肥投入。由于服务商具有较强的资金、信息以及人力资本优势，因此能够配备获取优质肥料、获取信息以及甄别用量，从而实现施肥技术升级而减少化肥投入。此外，农户只使用部分托管时，农业生产决策主体仍可能为农户，而农户并不具备减量施肥的动力以及能力，此时施肥技术升级的程度相比服务商决策要低。因此，全托管相比部分托管更能够降低化肥投入。具体结果如表 6-4 所示。

表 6-4　　全托管与部分托管对化肥投入影响差异估计结果

变量名称	OLS	2SLS		GMM		迭代 GMM	
full	-10.41*** (3.18)		-34.24** (14.21)		-34.24** (14.21)		-34.24** (14.21)
gender	-3.37 (2.93)	0.001 (0.03)	-3.28 (3.06)	0.001 (0.03)	-3.28 (3.06)	0.001 (0.03)	-3.28 (3.06)
age	0.52*** (0.13)	-0.002 (0.001)	0.46*** (0.14)	-0.002 (0.001)	0.46*** (0.14)	-0.002 (0.001)	0.46*** (0.14)
edu	1.04** (0.41)	-0.01*** (0.004)	0.65 (0.47)	-0.010*** (0.004)	0.65 (0.47)	-0.01*** (0.004)	0.65 (0.47)
health	6.74*** (2.35)	0.003 (0.02)	5.16** (2.56)	0.003 (0.022)	5.16** (2.56)	0.003 (0.02)	5.16** (2.56)
outlabrate	-0.08 (0.058)	-6.0E-04 (4.7E-04)	-0.13** (0.06)	-6.0E-04 (4.7E-04)	-0.13** (0.06)	-6.0E-04 (4.6E-04)	-0.13** (0.06)
income	-2.45* (1.36)	-0.004 (0.01)	-3.22** (1.38)	-0.004 (0.01)	-3.22** (1.38)	-0.004 (0.01)	-3.22** (1.38)

续表

变量名称	OLS	2SLS		GMM		迭代 GMM	
cardre	−3.31 (3.55)	0.04 (0.03)	−3.62 (3.83)	0.04 (0.03)	−3.62 (3.83)	0.04 (0.03)	−3.62 (3.83)
org	−10.17*** (3.37)	0.003 (0.04)	−8.36** (3.66)	0.003 (0.04)	−8.36** (3.66)	0.003 (0.04)	−8.36** (3.66)
techtrain	0.51 (2.77)	0.02 (0.03)	0.03 (3.00)	0.02 (0.03)	0.03 (3.00)	0.02 (0.03)	0.03 (3.00)
landpiece	−0.23 (0.19)	−3.1E−04 (0.002)	−0.08 (0.17)	−3.1E−04 (0.002)	−0.08 (0.17)	−3.1E−04 (0.002)	−0.08 (0.17)
scale	0.05* (0.03)	6.8E−04* (3.9E−04)	0.08** (0.04)	6.8E−04* (3.9E−04)	0.08** (0.04)	6.8E−04* (3.9E−04)	0.08** (0.04)
pfert	−3.03 (8.14)	−0.15*** (0.05)	−9.75 (9.27)	−0.15*** (0.05)	−9.75 (9.27)	−0.15*** (0.05)	−9.75 (9.27)
pwheat	0.08 (2.63)	−0.02 (0.02)	−2.72 (2.52)	−0.02 (0.02)	−2.72 (2.52)	−0.02 (0.02)	−2.72 (2.52)
landform	12.38*** (3.12)	0.06** (0.02)	19.91*** (3.83)	0.06** (0.02)	19.91*** (3.83)	0.06** (0.02)	19.91*** (3.83)
intrate	0.20*** (0.04)	1.8E−04 (3.6E−04)	0.19*** (0.04)	1.8E−04 (3.6E−04)	0.19*** (0.04)	1.8E−04 (3.6E−04)	0.19*** (0.04)
area	已控制	已控制	已控制	已控制	已控制	已控制	已控制
orgcul		2.9E−04*** (3.8E−05)		2.9E−04*** (3.8E−05)		2.9E−04*** (3.8E−05)	
观测值	884	884		884		884	
R^2	0.12	0.14		0.14		0.14	

注：***、**、*分别表示在1%、5%以及10%的统计性水平下显著。

第六节　异质性分析

一　全托管对不同化肥投入农户影响差异

前文证实了全托管能够降低化肥投入，但是全托管的系数估计只代表对化肥投入平均数的影响，并未关注到对不同化肥投入水平农户的影响差异。对最终平均结果的影响，可能是全托管带动了一部分农户进行化肥减量，但对另一部分农户则没有影响。基于此，本部分采用分位数回归方式，借鉴 Arouna 等（2020）的研究对化肥投入采用分位数回归进行分析。分别估计对化肥投入三个分位数的影响：分别是下分位数（0.25 分位点）、中分位数（0.5 分位点）以及上分位数（0.75 分位点）。结果发现分位数回归之间存在显著差异，具体结果如表 6-5 所示。

结果表明，全托管能够使化肥投入 0.25 分位点的农户每亩降低 13.25 元，而化肥投入在 0.75 分位点的农户每亩则能够降低 18.59 元，但对化肥投入中分位数农户的影响则不显著。这说明农户将生产环节全托管给低化肥投入者以及高化肥投入者最终影响都较大，但对化肥投入位于中间部分的农户影响则较小。此外，*F* 联合检验为 2.36，在 10%的统计性水平下显著，这说明三个分位数回归上全托管的回归系数不完全相等。相比 OLS 对化肥投入平均数的影响，0.25 以及 0.5 分位点上的估计系数有所下降，且显著性发生了改变，而 0.75 分位点上的估计系数却发生了增长。以上结果说明了全托管对化肥投入的平均影响中更多的是来源于全托管对化肥投入上分位数农户的影响。

表 6-5　　基于不同化肥投入水平的分位数回归结果

变量名称	Q=0.25	Q=0.5	Q=0.75
full	−13.25*** (4.17)	−6.56 (4.75)	−18.59*** (5.69)
gender	−2.26 (2.33)	−0.50 (2.55)	4.99 (4.05)
age	0.28** (0.11)	0.51*** (0.16)	0.40* (5.69)
edu	0.34 (0.32)	1.72*** (0.44)	1.70** (0.72)
health	4.08* (2.15)	0.68 (3.09)	0.19 (3.31)

续表

变量名称	Q=0.25	Q=0.5	Q=0.75
outlabrate	-0.05 (0.05)	-0.004 (0.05)	-0.02 (0.08)
income	-1.45 (1.35)	-2.60 (1.85)	-2.33* (1.25)
cardre	-2.46 (3.52)	1.69 (4.36)	1.46 (4.72)
org	-3.85 (3.28)	-6.40 (4.32)	-12.62** (5.61)
techtrain	4.64* (2.73)	-1.78 (3.16)	-1.28 (4.34)
landpiece	-0.22 (0.19)	-0.11 (0.22)	0.02 (0.74)
scale	0.05* (0.03)	0.03 (0.03)	-0.02 (0.04)
pfert	5.79 (6.32)	23.28*** (6.95)	32.79*** (12.70)
pwheat	0.64 (3.44)	6.76* (4.07)	3.93 (4.63)
landform	14.50*** (2.41)	14.90*** (3.84)	25.08*** (4.60)
intrate	0.15*** (0.04)	0.10 (0.06)	0.03 (0.08)
area	已控制	已控制	已控制
观测值	1439		
F 联合检验	2.36		

注：***、**、* 分别表示在1%、5%以及10%的统计性水平下显著。

二 全托管对不同规模农户化肥投入的影响

分位数回归结果表明全托管对化肥投入0.75以及0.25分位点农户降低化肥投入的影响最为显著，其中对上分位点农户降低化肥投入的影响最明显。通过数据核查发现下分位点以及上分位点的农户有将近80%规模都在10亩以内。因此，进一步分析全托管对不同农户化肥投入实质上是否因为农户经营规模差异。具体估计结果如表 6-6 所示。

表 6-6　　全托管对不同规模农户化肥投入影响估计结果

小规模农户							
变量名	OLS	2SLS		GMM		迭代 GMM	
orgcul		1.0E-04*** (1.8E-05)		1.0E-04*** (1.8E-05)		1.0E-04*** (1.8E-05)	
full	-20.63*** (6.03)		-53.30* (21.09)		-53.30* (21.09)		-53.30* (21.09)
other variable	已控制	已控制	已控制	已控制	已控制	已控制	已控制
area	已控制	已控制	已控制	已控制	已控制	已控制	已控制
观测值	1102	1102		1102		1102	
R^2	0.09	0.09		0.09		0.09	
大规模农户							
变量名	OLS	2SLS		GMM		迭代 GMM	
orgcul		1.3E-04* (7.1E-05)		1.3E-04* (7.1E-05)		1.3E-04* (7.1E-05)	
full	-3.60 (7.57)		20.24 (40.43)		20.35 (40.43)		20.35 (40.43)
other variable	已控制	已控制	已控制	已控制	已控制	已控制	已控制
area	已控制	已控制	已控制	已控制	已控制	已控制	已控制
观测值	337	337		337		337	
R^2	0.18	0.13		0.13		0.13	

注：***、**、*分别表示在 1%、5%以及 10%的统计性水平下显著。

与第五章保持一致，本章继续根据第三次农业普查以及已有研究中对农业经营耕地的划分标准，以 10 亩为划分界线（张云华等，2019；孙小燕和刘雍，2019），小于 10 亩的定义为小规模农户，大于或等于 10 亩的则定义为大规模农户。结果表明，全托管对小规模农户降低化肥投入的影响更明显。在使用 OLS 进行估计时，使用全托管的农户相比未使用全托管的农户能够降低小规模农户 20.63 元/亩的化肥投入。在引入村级农业生产组织规模占比解决内生性问题之后，全托管对化肥投入影响系数符号与显著性仍与 OLS 回归保持一致。在使用工具变量法后发现，全托管对小规模农户能够降低 53. 30 元/亩化肥投入。上述结果说明全托管能够更显著降低小规模农户化肥投入这一结果是可靠的。此外，无论是 OLS 回归还是三种工具变量法均表明全托管对大规模农户化肥投入影响不显著。这可能是因为大规模农户意味着横向分工加深，人力及物质资本积累程度提升，并且农业机械化使用水平相较于小农户较高（梁志会等，2021；张露和罗必良，2020），因此具有化肥投入减量的能力。相较于小农户，其使用全托管后化肥投入下降的边际效应较低。而小规模农户在使用全托管之后，通过服务商进行知识、劳动力替代，并使用专业机械进行农业生产，有效解决小规模农户要素禀赋缺失等问题，直接跨越农户技术采纳这一过程，实现施肥技术升级。

第七节　进一步讨论

本章的根本目的是证明当农业生产决策主体转变为服务商时能够降低最终化肥投入。由于全托管是农户使用农业生产性服务后，完全由服务商进行农业生产决策的现实模式。因此，本部分以其作为农业生产决策主体转变的替代指标进行分析。最终发现，全托管能够降低化肥投入。即使是在使用了农业生产性服务的农户群体中，农户在使用全托管后也比使用部分托管对降低化肥投入的效果要好。那么，需要进一步讨论的则是相比农户，服务商进行决策为什么会降低最终化肥投入。

已有文献以及统计数据支撑了对这一结果的讨论。首先，服务商相比农户具有更高的人力资本与社会资本。现实中，服务组织多由规模户领办，相比小农户具有较高的受教育水平。根据《第三次全国农业普查公报》，2016 年农业生产经营人员的平均受教育年限大部分分布在小学以及初中水平，在高中及以上的只有 8. 3%，受教育水平仍较低，规模户中受教育水平为高中及以上的占 10.4%。而农业生产经营单位，例如合作社、农业企业以及村集体这类组织，受教育水平为高中及以上的则达到了 27.6%。像合作社这类服务商，大部分都是村里大户领办或者村干部担任法人代表，由小农户自发组建的农民合作社数量非常有限（孟飞，2016）。而农业企业这种服务商的农业生产经营人员受教育水平也较高，具备良好的农业生产知识储备，能够具有专业的技术人员甄别化肥用量并通过合理施肥降低最终化肥投入，从而实现产量最优。

此外，降低化肥投入实际上就是施肥技术升级，已有研究证明了全托管能够更好带动农户采用绿色生产技术（孙小燕和刘雍，2019）。这是因为服务商相比农户也能更好获取施肥技术信息，并具备技术升级的资金。像合作社这类服务商多为村干部领办，干部身份是社会资本的重要指标，这意味着服务商能够更好地掌握当地农业生产信息（冯晓龙和霍学喜，2016）。而专业的服务公司则大部分是由地方农资经销商发展起来，也具有较好农资以及技术信息来源。因此，农业生产决策主体为服务商时能够实现施肥技术升级。但是，需要注意到这只是使用了农户数据进行研究，而全托管是由服务商进行农业生产决策，这意味着农户无法在全托管的情况下判断自己是否改善了施肥技术。此外，不同绿色生产技术的应用程序以及特点都具有差异，特别是施肥技术涉及农资以及后期多次施肥环节，如不将施肥过程进行剥离并与全托管服务过程进行对应就无法理解最终施肥技术是如何改善的。

第三章在农业生产性服务与化肥投入的案例观察中也印证了服务商化肥投入的决策动力以及如何应用减量施肥技术以实现化肥减量。与第二章理论分析相对应，现实中相比农户决策，服务商会在保证一定产量的情况下实现成本最小化。这是因为全托管模式下服务商需要与农户签订服务合同，并且保证由服务商所生产出的小麦产量必须不小于农户自己种植时的产量。因此，其在进行生产决策时必须通过农业生产要素合理配置以实现产量最优，以防违约风险。而在这一既定产量的约束下，服务商会尽量减少化肥施用量以降低生产成本。而实现这一过程必须有施肥技术的支撑。这是因为对化肥施用量的调整实质上就是施肥技术改进，相比农户，服务商更具改进的动力及能力。一方面，服务商具有资金优势以及信息来源更新技术。显然实际中如想明确获取更高粮食产量所需化肥用量需要大量田间试验。由于资金以及技术缺失，农户自身很难进行对照试验以获取合理化肥施用量。另一方面，服务商能够获取低价优质肥料。当农户在当地农资店购买化肥时，其较难甄别化肥质量并获取有效施肥技术细节信息。而服务商则会通过与大型农资企业达成合作获取优质低价化肥，并且专业技术人员能够甄别化肥质量以及具体使用标准，从而达到化肥减量的目的。

第八节　本章小结

第四章证实了农业生产性服务整体上能够降低化肥投入，第五章证明了当农户使用部分托管时服务商如何通过信息传递促使农户改进施肥技术从而降低化肥投入。本章则通过 2018 年、2019 年中国农业大学国家农业农村发展研究院返乡调研数据，采用 OLS、2SLS、GMM、迭代 GMM 以及分位数回归进一步关注到农业生产决策主体转变为服务商时，即农户使用全托管时对化肥投入的影响。而由于使用部分托管时，农业生产决策主体可能仍为农户，因此还针对使用了农业生产性服务的农户分析了全托管与部分托管之间的差异。由于之前所关注的多为全托管对化肥投入的平均影响，为进一步了解全托管对农户的差异化影响，本章也探讨了全托管对不同化肥投入农户化肥减量的区别。具体实证结果如下。

第一，全托管能够降低最终化肥投入，验证了当农户使用农业生产性服务时通过农业生产决策主体转变能够降低农户化肥投入这一路径的存在。本章采用 OLS 得出全托管与化肥投入之间的负向关系，且采用工具变量法进行回归后，仍得出一致结果。区域内农业生产组织经营规模越大，农户使用全托管的概率越大，通过提升全托管供给满足农户需求越能够降低最终化肥投入。而使用全托管的农户相比未使用的农户每亩能够降低 14.34—54.74 元化肥投入。只关注使用了农业生产性服务的农户，发现相比部分托管的农户，全托管对化肥投入降低的影响更为明显。相比部分托管，全托管能够每亩降低 10.41—34.24 元化肥投入。因此，相比农业生产决策主体未完全转变，只有当生产全过程完全由服务商决定时才能降低最终化肥投入。

第二，全托管对不同化肥投入农户最终减量影响具有差异。基于 OLS 以及工具变量法获得了全托管对农户化肥投入均值的影响，然而并未识别到全托管对不同分布化肥投入影响的差异。因此，使用分位数回归对化肥投入不同分布的农户进行了分析，结果显示全托管对化肥投入 0.25 下分位点以及 0.75 上分位点农户减量效果更明显，其中对上分位点农户影响最明显。这表明当农业生产决策主体转移后通过对农户进行生产替代能够直接改变高化肥投入者化肥使用状况。而核查数据发现化肥投入在 0.25 分位点、0.75 分位点上的农户大部分为小规模农户，因此进一步通过区分农户经营规模差异发现上述结果本质上是全托管对小规模农户降低化肥投入的影响更显著。

但是上述结论只验证了农业生产决策主体转变为服务商能够降低最终化肥投入，还需要进一步对服务商进行考量，分析其降低化肥投入的路径，但这一检验结果无法从农户数据获取。通过第三章的案例观察以及已有文献可以证明服务商是基于既定产量约束实现成本最小决策动力来实现减量施肥的，而这一过程是通过应用新型施肥技术来支撑的。由于服务商相较于农户具备更优人力资本以及信息获取能力，因而能够有效更新施肥技术。

第七章

机制分析三：机械应用与均匀施肥

第五章证明了当生产决策主体仍为农户时，与化肥投入相关环节能够通过信息传递促进农户采纳新型施肥技术从而降低化肥投入。而第六章结果则表明了农业生产决策主体为服务商时能够降低最终化肥投入。需要注意到，当农户使用农业生产性服务后不论生产决策主体是服务商抑或是农户，都涉及机械的使用。而相比人工施肥，机械施肥更加均匀以及精准定量。此外，第五章中所探讨的不同环节对化肥投入的影响中，除新型施肥技术应用这一渠道之外，还存在机械应用的影响。基于此，需要说明的则是机械使用是否会对化肥投入产生影响。而农户机械使用主要来源于自购或者通过农业生产性服务获取，那么当机械来源于农业生产性服务时是否与农户自己购买机械对化肥投入影响具有差异。基于前述结果以及进一步所提出的研究问题，本章将对机械应用在农业生产性服务中对化肥投入的影响进行机制检验。具体内容为：一是基于宏观视角，从宏观统计数据说明农业机械使用与化肥投入在统计层面的关系；二是验证总体机械应用对化肥投入的影响，包括化肥施用量以及施肥均匀度；三是区分机械使用来源，验证农业生产性服务提供的机械与农户自购机械对化肥投入的差异；四是验证机械服务不同来源对化肥投入的影响，并分别比较自购机械、机械服务与未用机械农户对化肥投入的边际影响。

第一节 研究背景

机械应用对我国农业生产效率提升以及可持续发展具有重要意义（Zhou et al.，2020；Takeshima et al.，2020）。由于我国城镇化进程加快，农村劳动力大量往城市转移，在这一背景下我国劳动力成本大幅上升（蔡昉，2010）。从农户角度来看，作为理性“经济人”，通过机械替代劳动，其能外出务工获取更高非农收入。因此，农业机械化是促进农业发展，降低农业生产成本以及促进农户增收的重要推动力（唐林等，2021）。此外，我国政策也不断推动农业机械化的发展，通过财政支持等一系列手段鼓励农户购置农业机械。从 2004 年起，我国颁布《中华人民共和国农业机械化促进法》并先后出台农机购置补贴、作业环节补贴等促进农户进行机械使用。为解决农业机械化发展的需求与农机装备市场供给不充分的矛盾，2018 年国务院出台了《关于加快推进农业机械化和农机装备产业转型升级的指导意见》，提出要通过发展新型经营主体以及多种形式农业生产方式增加农机市场供应。这一意见的出台标志着我国农业机械的市场正在逐步完善，除农户之外的农业机械供应主体也在不断涌现。

总体而言，机械是我国农业转型过程中重要的投入要素。已有研究证实了农业机械使用能够降低农业生产成本、促进农户增收以及提升农业生产效率（Takeshima，2018；Lu et al.，2016；李谷成等，2018）。虽然相关文献发现了机械使用能够通过标准化的定量操作增加粮食生产均匀度并且减少农户间粮食产量不均等的问题（Ma et al.，2019；Zhou et al.，2020），然而大部分研究都忽视了农业机械使用对化肥这一重要农业生产要素投入的影响。现实中，农户在播种环节会通过种肥同播将化肥直接用农业机械导入。此外，植保环节也会通过无人机向作物喷洒叶面肥进行补肥。由于机械使用具有精准、定量的特点（张露和罗必良，2020），与人工施肥分属不同模式，那么机械使用是否能够降低化肥施用量以及施肥均匀度？进一步地，由于农户不仅可以通过自购获取农业机械，还能够通过农业生产性服务获取农业机械。因此，农户通过农业生产性服务获取机械与自购机械对最终化肥投入是否具有差异？不同机械使用来源相比未使用农业机械的农户对最终化肥投入有何区别？

前述章节已经证明了无论生产决策主体是农户抑或是服务商都能够降低最终化肥投入，而不论决策主体是谁，农业生产性服务均涉及机械的引入。因此，本章将进一步解释机械应用在农业生产性服务中对化肥投入的作用。具体而言：首先，从理论上推导出机械应用对最终化肥投入的影响；其次，总体验证机械应用对化肥投入的影响，并对环节进行区分以说明不同环节对化肥投入的影响；再次，引入农业生产性服务，验证通过服务购买机械对化肥投入的影响差异；最后，再聚焦于机械来源，关注不同机械使用来源对化肥投入的影响，并且区分出机械不同来源与未使用机械的农户最终化肥投入的差异。

第二节　理论框架及模型设定

本节首先从农户利润最大化入手设定理论框架，推导有关农业机械应用与化肥投入之间的关系，并解释农户自购机械以及使用机械服务对化肥投入的影响。然后对应设置计量模型以便后续对理论进行实证检验。

一　理论框架

已有研究证明了农业机械应用能够增加农产品产出（Benin，2015；Zhou et al.，2020）。本章结合农业机械化与产出的关系，在农户利润最大化的决策基础上分析机械使用对化肥投入的影响。首先，借鉴 Zhou 等（2020）的框架构建出农户利润最大化的决策函数：

$$\text{Max}\ \pi_i = P_Q Q(p_f,\ p_o,\ L_i,\ \theta) - p_f fert - p_o O \quad (7-1)$$

式中：i 为第 i 个农户；P_Q 为小麦市场价格；Q 为小麦产出水平；p_f 为化肥价格；$fert$ 为化肥使用量；p_o 为一系列其他要素价格向量；O 为其他要素使用量；L_i 为农户家庭劳动力投入；θ 为农户特征。由于

机械使用能够影响最终小麦产量，因此进一步将机械使用引入利润最大化方程并表示为

$$\pi_i=\pi_i(p_f,\ p_o,\ L_i,\ M,\ \theta) \tag{7-2}$$

将式（7-2）代入式（7-1）并使用霍特林引理，即在给定利润函数的情况下，对投入要素价格求偏导加负号能够得到要素的投入需求函数。因此，对化肥价格求偏导能够得到化肥投入的需求函数：

$$\frac{d\pi_i}{dp_f}=-L_f=-L_f(p_f,\ p_o,\ L_i,\ M,\ \theta) \tag{7-3}$$

式（7-3）表明了农户的化肥投入需求与机械投入、化肥价格、农产品价格、其他要素应用以及农户特征相关。之后，将会进一步采用实证模型验证农业机械对化肥投入的影响。需要注意的是，农户农业机械应用不完全来自自购，还可能是通过农业生产性服务来获取。这是因为我国仍以小规模农户为主，而这部分农户由于资金以及客观准入规模约束，因此并不具备能力以及意愿自购机械进行生产。例如，播种环节的种肥同播一体机以及植保环节的植保飞机等机械都需要相应经营规模以及大地块的匹配。这是因为地块面积越大越容易发挥机械作业的优势（邸帅等，2020），越容易实现规模经营。此外，大规模地块能够运用与施肥更加匹配的机械，从而降低化肥投入的损耗，且深施以及喷洒的均匀程度更高（何亚凯等，2021）。特别是相比耕种以及收割环节已经研制出与小规模相匹配的机械，播种以及植保环节机械发展起步较晚，因此现阶段仍具有较强的规模准入约束（纪月清等，2016）。在推导出机械对化肥投入具有影响之后，需要进一步区分农户机械使用来源，从而验证机械不同来源对化肥投入的影响差异。

二　计量模型设定

1. 基准模型设置

本章重点关注机械使用对化肥投入的影响，以及机械来源差异对化肥投入影响的异质性。因此，本研究分别构建了农户使用与未使用农业机械、农业机械服务使用以及未使用农业机械的方程来进行实证检验。首先，包含农业机械使用虚拟变量的模型表达式如下：

$$y_i = \beta_0 + \beta_1 mech_i + \beta_2 p_f + \sum_{k=1} \beta_{3k} C_i + D_i + \sigma_i \tag{7-4}$$

式中：y_i 为第 i 个农户小麦的化肥投入，以亩均化肥施用量以及施肥均匀度来衡量，具体处理过程将在第三节中变量选择部分阐述；$mech_i$ 为二元虚拟变量，表示农户是否在农业生产中使用机械，如使用则为1，否则为0，具体变量含义之后将会介绍；p_f 为化肥价格；C_i 为控制变量，包括第 i 个农户的个体特征（年龄、受教育程度、健康状况等）、家庭特征（家庭收入、家庭劳动力占比、家庭是否有人担任过村干部等）、家庭农业经营特征（耕地质量、与农业组织是否有合作社、小麦种植面积、是否接受农业技术指导等）；D_i 为地区虚拟变量，主要用来控制地区之间差异，包括气候特征、外部经济因素等；σ_i 为随机扰动项；β_1、β_2、β_{3k} 为待估参数；β_0 为截距项。

进一步在式（7-4）的基础上考虑机械应用的来源。由于农业机械来源除农户自购外还包括通过农业生产性服务获取，因此为区分出农业生产性服务带来的机械使用，将机械服务引入具体模型，表达式为：

$$y_i = \beta_0 + \beta_1 mechservice_i + \beta_2 p_f + \sum_{k=1} \beta_{3k} C_i + D_i + \mu_i \tag{7-5}$$

式中：$mechservice_i$ 为通过农业生产性服务获得的机械服务，为二元虚拟变量，如是为1，否则为0。其余变量与式（7-4）中所设定变量保持一致。还需要注意到，β_1 为农业生产性服务带来的机械应用对化肥投入的影响，是本书关注的重点。根据 β_1 的系数能够得出机械应用中，农业生产性服务所提供的机械服务对化肥投入的最终影响。

在上述两个实证基准模型的基础上，本章还会进一步考虑农业机械自购以及通过农业生产性服务获取对化肥投入的影响差异。此外，也会将自购机械以及通过农业生产性服务使用机械的农户分别与未使用机械的农户进行对比，以说明不同机械来源对化肥投入的边际效果。

2. 内生性处理

在基准模型设定的基础上需要进一步解决机械使用以及机械服务使用的内生性问题。这表现在：一是本书核心解释变量机械应用以及机械服务应用存在自选择问题；二是仍存在不可观测变量对机械以及机械服务应用的影响。基于此，本部分进一步采用处理效应模型（Treatment Effect Model，TEM）来解决机械应用以及机械服务应用对化肥投入影响的内生性问题。

TEM 应用包含两个阶段。第一个阶段是分析农户使用机械以及机械服务的影响因素，即

$$mech_i = \alpha_0 + \sum_{k=1}\alpha_{1k}C_i + \sum_{k=1}\alpha_{2k}Z_i + \varepsilon_i \tag{7-6}$$

$$mechservice_i = \gamma_0 + \sum_{k=1}\gamma_{1k}C_i + \sum_{k=1}\gamma_{2k}Z_i + \delta_i \tag{7-7}$$

式中：C_i 为包含在式（7-4）以及式（7-5）的控制变量，包括第 i 个农户的个体特征，如年龄、受教育程度、健康状况等；Z_i 为不包含在式（7-4）以及式（7-5）中的工具变量；k 至少为 1。所选取的工具变量会直接影响农户是否使用机械以及机械服务，但不会对最终的化肥投入产生影响，具体选取变量将在下一部分变量中选择讨论。

第二个阶段则是对化肥投入的回归。这一步主要是为了解决式（7-6）以及式（7-7）的随机误差项 ε_i、δ_i 与式（7-4）以及式（7-5）μ_i、σ_i 出现相关而导致估计偏误的问题，因此构造出逆米尔斯比例（λ）控制偏差。最后得到是否使用机械以及机械服务农户的化肥投入差异，以使用机械为例，最终的平均处理效应为

$$ATE = E(y_i \mid mech_i = 1, x_i, Z_i) - E(y_i \mid mech_i = 0, x_i, Z_i) \tag{7-8}$$

式中：x_i 为除工具变量外的其他控制变量；Z_i 为工具变量。有关是否使用机械服务的平均处理效应与式（7-8）类似，此处不再赘述。

第三节 数据来源、变量选择与描述性统计

根据理论框架以及计量模型的设定，需要运用现实数据进行验证。鉴于数据可获得性，以及根据问题导向对变量的选取，本书使用了浙江大学中国家庭大数据库（Chinese Family Data Base，CFD）2017

年中国农村家庭追踪调查数据进行实证检验。本节将对数据来源、变量选择以及样本状况进行描述以明确整体数据分布状况。

一　数据来源

本章为进一步检验农业机械在农业生产性服务中对化肥投入的影响，首先从宏观数据出发说明农业机械服务主体以及农业机械化率与化肥投入的关系。所使用的宏观数据分别来源于《中国农业机械工业年鉴（2019）》以及《农产品成本收益资料汇编（2019）》。

所使用的微观数据来源于浙江大学中国家庭大数据库（CFD）2017 年中国农村家庭追踪调查（China Rural Household Panel Survey, CRHPS）数据。数据调研分为三个层次，采用分层抽样、三阶段以及人口规模比例抽样方式（郑淋议等，2021），涉及全国 29 个省份（西藏以及新疆除外）。调研涵盖农户家庭多方面内容，包括家庭人口特征、农业生产状况、家庭消费、收入与支出等。数据清理过程中，本章首先采用家庭编号作为基准变量，与农户家庭变量合并。之后，再用村级编号作为基准变量，将家庭样本与村级样本进行合并。为聚焦于本研究问题，本书剔除了不种植小麦的农户，保留了农户机械使用状况、化肥施用、户主个体特征、家庭特征以及家庭经营特征等关键变量。删除数据缺失以及异常值后，对化肥施用量、化肥价格、家庭收入进行了 5%的缩尾处理，最终得到 23 个省份 1088 个样本。

二　变量选择

根据本章研究问题以及数据可得性，对实证中涉及指标进行说明：

被解释变量为化肥投入，以化肥施用量（*fert*）以及施肥均匀度（*evenfert*）来衡量。需要说明的是，由于 CRHPS 数据库中未区分出单种作物的化肥施用量，本章假设各省份农户作物之间化肥施用比例与宏观统计数据各省化肥施用比例保持一致，因此使用 2016 年农产品成本与收益汇编中各省份小麦与其他作物化肥施用量比值折算小麦化肥施用量，再除以小麦种植面积得到亩均化肥施用量。而施肥均匀度则是衡量区域内化肥施用的差异状况，本章借鉴 Firpo 等（2018）的研究，将农户小麦化肥施用量与村级化肥施用量偏离度的绝对值来衡

量。具体计算公式为

$$evenfert = \left| \frac{fert_i - \overline{fert_u}}{\overline{fert_u}} \right| \tag{7-9}$$

式中：$fert_i$ 为第 i 个家庭的小麦化肥施用量；$\overline{fert_u}$ 为村级化肥施用量均值，具体为村级每户家庭化肥使用量加总再除以村级家庭数量。此外，为验证结果稳健性还采用了每亩化肥投入金额（*cfert*）作为替代指标回归。

解释变量为机械使用状况（*mech*），以农户是否使用机械来衡量。由于农户机械使用在现实中基本区分为机耕（*mechcul*）、机播（*mechsow*）、机械洒药（*mechpest*）以及机收环节（*mechharv*），鉴于化肥施用只与产中环节相关，因此设定只要使用机耕（*mechcul*）、机播（*mechsow*）、机械洒药（*mechpest*）任意一项就定义为农户进行了机械应用。此外，为进一步研究农业生产性服务所提供的机械服务对化肥投入的影响，引入机械服务（*mechser*）作为解释变量，该变量设定农户只要购买机耕服务（*mechculser*）、机播服务（*mechsowser*）以及机械洒药服务（*mechpestser*）就定义为使用了机械服务。

除上述核心变量之外，本节还针对理论以及研究框架的设定，引入农业生产决策者特征、家庭特征、经营特征等变量进行控制，主要包括以下几个方面。

1. 农业生产决策者特征

农业生产决策者特征主要有：性别（*gender*），以虚拟变量衡量，其中男性为 1，否则为 0。年龄（*age*），由于问卷中并未直接列出这一问题，因此将 2017 年调研年份减去户主出生年份得到户主年龄。受教育年限（*edu*），问卷中为受教育类型，按照谢宇（2014）的处理将每种教育类型按最高教育年限转换得到户主受教育程度。由于户主为家庭农业生产决策者，因此其受教育程度基本上能够反映家庭农业人力资本。健康状况（*health*），户主健康状况直接影响家庭农业劳动力投入质量，这里将问卷中的健康状况进行反向转换构建出最终指标，对应为 1=非常不好，2=不好，3=一般，4=好，5=非常好。

2. 家庭特征

家庭特征包括：家庭劳动力占比（*laborrate*），虽然根据国家统计局定义的劳动人口为男性为16—60周岁，而女性为16—55周岁。但由于农村劳动力老龄化现象严重，很多60周岁年龄以上的人口还在从事农业生产。基于农村具体现实，将家中年龄大于16周岁的人数占家庭总人数的比重定义为家庭劳动力占比。一般来说，家庭劳动力与家庭农业劳动力成正比，家庭农业劳动力投入越多则化肥随意撒施的现象越少（胡浩和杨泳冰，2015）。家庭收入（*income*），采用家庭收入对数来衡量。总收入在数据库中自动生成，为了消除家庭收入潜在异方差问题，因此采用了对数处理的方式。

3. 经营特征

耕地质量（*landquality*），采用农户对自己土地测评进行衡量，认为自己土地质量较差的定义为1，其余正常为0。经营规模（*scale*）以调研年份小麦种植规模进行衡量。与农业组织合作状况（*org*），采用是否与农业生产组织有合作来衡量。如果农户通过合作社或者公司采购农资、销售产品则定义为与农业生产组织有合作，否则没有。农业技术培训状况（*techtrain*），以虚拟变量衡量。如果家庭中有人接受过农业技术培训的则取值为1，否则为0。化肥价格（*pfert*）是影响农户化肥用量的重要因素，用每斤化肥价格来衡量。

4. 区域特征

由于区域内经济发展水平以及客观地理环境具有较大区别，因此将已有省份区分为东部（*east*）、中部（*mid*）、西部（*west*）以控制各地自然以及经济客观条件差异。

此外，在对模型内生性进行处理过程中还涉及工具变量的选取，以下分别进行介绍。

5. 工具变量1

变量村级农业机械使用比例（iv_1）。这一变量为2016年本村农业机械使用面积占村级耕地面积的比例。由于村级机械化使用比例与农户农业机械使用息息相关，但与家庭化肥投入不相关，因此选择该变量作为工具变量。

6. 工具变量 2

变量村级农业生产组织数量（iv_2）。这一变量为将 2016 年本村新型经营主体包括专业大户、家庭农场、农民专业合作社、农业企业进行加总获取。由于村级农业生产组织越多，农户具有越多非农就业机会，因此对于机械以及机械服务的需求更高，同时这一变量不会对最终化肥投入产生影响。

三 描述性统计

本章所选变量以及相关描述性统计如表 7-1 所示。结果显示，样本农户用于小麦的化肥施用量平均为 70.83 斤/亩，能看出大部分农户化肥施用量仍较高。施肥均匀度均值为 0.36，表明区域内化肥施用均匀度存在差异。小麦化肥投入金额为 138.73 元/亩，与《全国农产品成本收益资料汇编（2016）》中每亩小麦化肥投入均值 140.78 元较为接近，说明样本具有代表性。而小麦经营规模平均为 8.33 亩，与第三次农业普查数据显示的户均经营规模 7.8 亩较为接近，表明我国小麦仍以小规模种植为主。从机械使用状况来看，样本农户使用机械的占 75%，其中有 54%是通过购买服务来使用机械的。这表明样本农户自购机械能力仍较弱，多以购买机械服务为主。而从不同类型机械使用来看，使用机耕的农户最多，占总样本的 64%，其中有 48%是通过购买机耕服务获得。使用机播的农户占总样本的 53%，其中有 42%是通过购买机播服务获取。此外，使用机械洒药的农户最少，只占总样本的 23%，而其中有 16%是农户通过购买机械洒药服务获取。

表 7-1　机械、机械服务对化肥投入影响相关描述性统计

变量名称	简写	定义	均值	方差
化肥施用量	*fert*	小麦亩均施肥量（斤/亩）	70.83	36.94
施肥均匀度	*evenfert*	小麦化肥施用量与村平均化肥施用量差异绝对值再除以村平均化肥施用量	0.36	0.91
化肥投入金额	*cfert*	小麦亩均化肥投入金额（元/亩）	138.73	55.08
机械使用状况	*mech*	使用=1；未使用=0	0.75	0.43
机耕	*mechcul*	使用=1；未使用=0	0.64	0.48

续表

变量名称	简写	定义	均值	方差
机播	*mechsow*	使用=1；未使用=0	0.53	0.50
机械洒药	*mechpest*	使用=1；未使用=0	0.23	0.42
机械服务使用状况	*mechser*	使用=1；未使用=0	0.54	0.50
机耕服务	*mechculser*	使用=1；未使用=0	0.48	0.50
机播服务	*mechsowser*	使用=1；未使用=0	0.42	0.49
机械洒药服务	*mechpestser*	使用=1；未使用=0	0.16	0.36
性别	*gender*	男=1；女=0	0.91	0.29
年龄	*age*	2017 减去户主出生年（岁）	55.94	11.25
受教育年限	*edu*	受教育类型最高年限（年）	7.46	3.21
健康状况	*health*	1=非常不好；2=不好；3=一般；4=好；5=非常好	3.21	1.08
家庭劳动力占比	*laborrate*	家庭 16 岁以上人口占家庭总人口比例	0.88	0.16
家庭收入	*income*	家庭总收入取对数	42.81	65.71
耕地质量	*landquality*	差=1；正常=0	0.03	0.16
经营规模	*scale*	小麦种植规模（亩）	8.33	15.58
农业组织合作状况	*org*	有合作=1；未合作=0	0.32	0.47
农业技术培训状况	*techtrain*	家中有人接受过农业技术培训=1；家中无人接受过农业技术培训=0	0.12	0.32
化肥价格	*pfert*	每斤化肥价格（元/斤）	2.18	1.01
东部	*east*	是=1；否=0	0.29	0.45
中部	*mid*	是=1；否=0	0.37	0.48
西部	*west*	是=1；否=0	0.34	0.48
村级农业机械使用比例	*iv*_1	农业机械使用占村级耕地面积的比重（%）	68.21	42.47
村级农业生产组织数量	*iv*_2	新型经营主体数量（个）	3.68	8.62

资料来源：笔者根据 2017 年 CFD 数据库整理而成。

从户主特征来看，样本中户主几乎为男性，且年龄平均为 55.94 岁，受教育年限平均为 7.46 年，主要集中在初中阶段。户主健康状况均值为 3.21，反映户主健康状况较为良好。就家庭特征而言，家庭劳动力占比平均为 88.0%，表明家庭劳动力较为充足。而家庭收入取对数后方差仍较大，说明农村家庭之间收入差异较明显。农户认为自己耕地质量较差的只有 3%，证明大部分农户认为土地质量不存在问题。样本农户中，有 32%的农户与农业生产组织有合作，证明农业生产组织覆盖面还有待加强。此外，样本中只有 12%的家庭接受过农业技术培训，证明农业技术培训发展水平较低。化肥价格平均为 2.18 元/斤，与《全国农产品成本收益资料汇编（2016）》中 2.57 元/斤的小麦化肥价格较为接近。

除上述变量外，样本农户分布于东部地区的占 29.0%，中部为 37.0%，西部则占 34.0%。而从工具变量来看，村级农业机械使用比例平均为 68.21%，证明样本中大部分村庄都会使用机械。村级农业生产组织数量平均为 3.68 个，表明村内新型经营主体的覆盖程度并不高，农业产业化仍有待提升。

总体样本中有 817 户家庭使用了农业机械，占总样本的 75%。其中有 238 户家庭为使用自购机械，其余 579 户则是通过农业生产性服务获取机械服务。除使用机械的样本外，剩下的 271 户家庭则未使用农业机械，约占总样本的 25%。具体样本农户机械使用状况如图 7-1 所示。

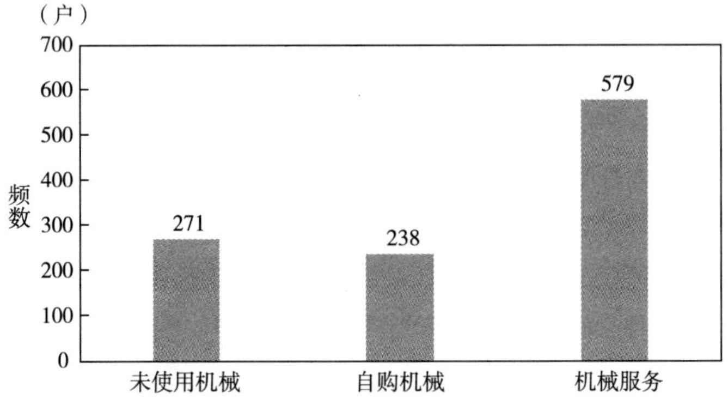

图 7-1　样本农户机械使用状况

表 7-2 汇报了机械使用状况与化肥投入相关描述性统计。从描述性统计结果来看，整体上使用机械的农户化肥投入量相较于未使用的

农户要更低。具体而言，使用机械农户的亩均化肥施用量均值为69.43斤/亩，低于未使用机械农户化肥亩均施用量。使用机械农户的施肥均匀度为0.32单位，同样小于未使用机械的农户。可以看出使用机械的农户施肥均匀度要优于未使用机械的农户。

表7-2　　机械使用状况与化肥投入相关描述性统计

变量	机械使用状况		机械服务使用状况		机械自购使用状况	
	使用	未使用	使用	未使用	使用	未使用
亩均化肥施用量（斤/亩）	69.43	75.01	68.07	74.14	72.91	75.01
施肥均匀度	0.32	0.48	0.30	0.43	0.36	0.48
亩均化肥投入金额（元/亩）	140.00	134.95	137.99	139.22	143.59	134.95
样本量（户）	817	271	588	500	238	271

资料来源：笔者根据2017年CFD数据库整理而成。

进一步对机械来源进行区分。首先，关注机械源于农户自己购置。当农户使用自购机械时，化肥投入相较于未使用自购机械的农户要低。从亩均化肥施用量看，使用自购机械的农户为72.91斤/亩，低于未使用的农户。使用自购机械农户的施肥均匀度以及亩均化肥投入额分别为0.36单位以及143.59元/亩。需要说明的是，此处农户机械自购化肥投入金额要略大于未使用机械的农户，二者之间的关系需要实证部分进一步验证。

其次，关注机械来源于农业生产性服务。使用机械服务的农户化肥投入都低于未使用机械服务的农户，且相差程度更大。使用机械农户亩均化肥施用量、施肥均匀度以及亩均化肥投入额分别为68.07斤/亩、0.30单位以及137.99元/亩，三项都低于未使用机械服务的农户。

第四节　实证结果

在明确数据分布的基础上，进一步按照前述模型构建采用数据进行实证检验。本节首先对机械使用与化肥投入的总体关系进行验证，并分析不同机械使用环节对最终化肥投入的具体影响。之后，区分出采用农业机械服务的农户，分析农业机械服务对化肥投入的影响，并分析不同环节机械服务对化肥投入影响差异。在此基础上，进一步采用子样本回归，剔除未采用农业机械的农户，比较采用农业机械服务的农户与自己购置农业机械的农户对最终化肥投入的差异。

一　整体机械使用以及机械服务对化肥投入的影响

本部分按照式（7-4）对数据进行检验。首先，对农业机械使用整体进行回归。其次，将农业机械使用细分至各环节检验各环节对化肥投入的影响，化肥投入分别为亩均化肥施用量以及施肥均匀度。结果显示，总体上机械使用对亩均施肥量以及施肥均匀度并不会造成显著影响。进一步分环节来看，其中机耕环节以及植保环节均未显著影响亩均化肥施用量以及施肥均匀度。不过机播环节对亩均化肥施用量有显著负向影响，并在1%的统计性水平下显著，具体为使用机播的农户每亩能够降低6.35斤化肥施用量。此外，机播环节对施肥不均等也有显著负向影响，这表现在农户使用了机播后，能够提升0.14单位施肥均匀度，也意味着随着播种环节机械使用，农户之间的施肥差异将会显著缩小。具体估计结果如附表4所示。

只在机播环节对化肥投入产生影响的原因可能在于：现实中，化肥投入分为底肥、追肥以及补肥，而追肥环节由于与其能够有效适配的机械仍发展不充分，因此使用机械仍较少。现实中，生产主体在播种环节会使用机械种肥同播，与人工施肥不同的是，这时化肥施用均匀度更加精准、定量，能够降低施用损耗，因此能够减少亩均化肥施用量并提升施肥均匀度。洒药的时候可能通过无人机的引入喷洒叶面肥，不过由于无人机喷肥相对来说成本较高，因此现实中使用该方式喷洒叶面肥较少，仍存在发展空间。此外，叶面肥施用在整体化肥投入中占比较小，因此最终结果可能并不明显。而在耕种环节不涉及化肥施用，最终与化肥投入不相关理由较为充分。

OLS回归模型证实了总体上机械使用对亩均化肥施用量以及施肥均匀度均没有显著影响，只有当细分到机播环节时才对亩均施肥量以及施肥均匀度具有显著影响。现实中，机械使用能够区分为农户自购以及通过农业生产性服务获取。当农户自己使用机械时，只是将肥料使用机械种肥同播，并不具备能力以及意愿改变化肥施用量。因此需进一步区分机械使用来源，关注机械服务对化肥投入的影响。总体而言，农业机械服务会对亩均化肥施用量以及施肥均匀度造成显著负向影响。其中，机械服务对亩均施肥量的影响通过了1%的统计性水平检验，表明机械服务能够每亩降低7.86斤施肥量。而机械服务对施肥均匀度的影响也通过了统计性水平为10%的显著性检验，表明使用机械服务能够提升0.11单位施肥均匀度。分环节来看，与整体农业机械一样，只有机播服务环节会对亩均施肥量以及施肥均匀度有显著负向影响。相比整体使用机械的农户，使用农业机械服务的农户总体上也能够减少化肥施用量以及施肥不均等。这可能是因为农业机械服务过程中由于服务商会提供更加大型以及高质量机械，大型机械意味着能够更加适配农业生产中的化肥施用以及提升化肥深施和均匀度，降低施肥损耗。此外，与第五章对应，农户在使用与化肥投入的相关环节时还涉及服务商通过信息促使农户进行施肥技术升级。在使用机械服务时，除机械本身提升施肥均匀度之外，还涉及技术在此中的传递，因此相比整体机械使用能够进一步降低化肥施用量。具体结果见附表5。

二　内生性处理

由于农户机械使用可能存在自选择以及不可观测变量的潜在影响，因此最终估计量会不一致。这是由于机械使用可能会降低最终化肥投入，但是也有可能化肥投入高的农户会更倾向于使用机械来降低施肥量。此外，也有可能在估计过程中由于遗漏了部分相关变量导致估计结果不一致，因此需要进一步解决内生性问题。基于上述原因，本书采用处理效应模型来解决农户使用机械和机械服务的自选择以及不可观测变量遗漏问题。不过，处理效应模型两步法易将第一步的估计误差带入第二步估计中，导致效率损失问题。为减少效率损失，本书采用最大似然估计（MLE）来使用处理效应模型，同时能够估计所有模型系数。

表 7-3 报告了机械使用、机械服务对化肥投入影响处理效应模型估计结果。第一阶段的估计结果表明，村级农业机械使用比例对农户机播、机械服务以及机播服务使用都有显著正向影响，而村级农业生产组织数量则会显著负向影响上述 3 个变量。似然比检验结果表明处理效应模型均拒绝了原假设，表示模型存在内生性问题需要解决。此外，逆米尔斯比例 Lamda（λ）也通过了显著性检验，表明工具变量有效。第二阶段为 TEM 的估计结果，估计结果显示机播、机械服务以及机播服务均会对化肥投入产生影响。具体来说，使用机播的农户相比未使用机播的农户亩均化肥施用量能够减少 11. 15 斤，施肥差异也能够降低 0. 21 单位。使用机械服务的农户相比未使用机械服务的农户则分别能降低每亩 16. 90 斤施肥量以及 1. 02 单位的施肥差异。此外，相比未使用机播服务的农户，使用机播服务的农户亩均化肥施用量能够降低 15. 63 斤，施肥差异则能够每亩降低 0. 02 单位。

表 7-3 机械使用、机械服务对化肥投入影响处理效应模型估计结果

第一阶段	*mechsow*	*mechser*	*mechsowser*	*mechsow*	*mechser*	*mechsowser*
iv_1	0. 02*** (0. 002)	0. 02*** (0. 001)	0. 02*** (0. 002)	0. 02*** (0. 002)	0. 01*** (0. 001)	0. 02*** (0. 002)
iv_2	−0. 01* (0. 01)	−0. 02** (0. 01)	−0. 02*** (0. 01)	−0. 007 (0. 151)	−0. 01** (0. 004)	−0. 02*** (0. 01)
LR test	3. 41*	5. 82**	4. 17**	2. 98*	3. 23**	3. 57*
Prob>chi2	0. 07	0. 02	0. 04	0. 08	0. 07	0. 06
第二阶段	因变量：亩均化肥施用量			因变量：亩均施肥均匀度		
mechsow	−11. 15** (4. 52)			−0. 21** (0. 10)		
mechser		−16. 90*** (5. 95)			−1. 02*** (0. 07)	
mechsowser			−15. 63*** (5. 67)			−0. 02** (0. 01)
gender	−1. 47 (4. 46)	−1. 49 (4. 46)	−1. 56 (4. 47)	0. 15 (0. 12)	0. 18* (0. 10)	0. 14 (0. 12)
age	0. 06 (0. 12)	0. 07 (0. 12)	0. 07 (0. 12)	0. 004 (0. 003)	0. 004 (0. 003)	0. 004 (0. 003)

续表

第二阶段	因变量：亩均化肥施用量			因变量：亩均施肥均匀度		
edu	-0.20 (0.44)	-0.18 (0.43)	-0.15 (0.43)	-0.004 (0.01)	-0.01 (0.01)	-0.003 (0.01)
health	0.74 (1.21)	0.72 (1.21)	0.75 (1.21)	0.02 (0.03)	0.03 (0.03)	0.02 (0.03)
laborrate	-0.80 (7.92)	-0.90 (7.91)	-1.06 (7.89)	-0.27 (0.21)	-0.16 (0.18)	-0.27 (0.21)
income	0.01 (0.02)	0.01 (0.02)	0.01 (0.02)	-1.0E-04 (5.1E-04)	-3.6E-05 (4.2E-04)	-1.2E-04 (5.0E-04)
landquality	-9.20 (8.87)	-9.72 (8.89)	-9.28 (8.89)	-8.9E-04 (0.23)	-0.05 (0.21)	0.003 (0.23)
scale	-0.04 (0.07)	-0.04 (0.07)	-0.04 (0.07)	-5.3E-04 (0.002)	2.3E-04 (0.001)	-6.9E-04 (0.17)
org	-0.23 (2.75)	-0.11 (2.76)	-0.06 (2.74)	-0.05 (0.07)	-0.03 (0.06)	-0.05 (0.07)
techtrain	-1.45 (3.95)	-1.47 (3.94)	-1.18 (3.94)	-0.08 (0.10)	-0.04 (0.09)	-0.08 (0.10)
pfert	-16.33*** (1.33)	-16.28*** (1.33)	-16.30*** (1.33)	-0.01 (0.04)	-0.02 (0.03)	0.01 (0.04)
area	已控制	已控制	已控制	已控制	已控制	已控制
_cons	115.50*** (10.90)	118.69*** (11.06)	115.77*** (10.87)	0.30 (0.29)	0.69*** (0.25)	0.31 (0.29)
Lamda (λ)	6.194** (3.25)	9.715*** (3.91)	8.89** (4.03)	0.10* (0.05)	0.12** (0.05)	0.12** (0.05)
ρ	0.22* (0.11)	0.33** (0.13)	0.31** (0.13)	0.14** (0.07)	0.16** (0.07)	0.16** (0.07)

注：***、**、*分别表示在1%、5%以及10%的统计性水平下显著。

需要说明的是，在解决内生性之后，TEM关于机播、农业机械服务以及机播服务对亩均施肥量、施肥均匀度的估计结果与基准回归保持一致。这表明，在克服内生性问题之后，前述研究结论仍成立。

三 子样本回归：农业机械服务与农机自购对化肥投入的差异

前述部分提到了虽然总体上机械使用不能够降低最终化肥投入，但农业机械服务能够更有效降低化肥施用量并提升施肥均匀度。需要注意到，之前只是将机械服务以及总体机械使用与未使用机械的农户进行比较。但由于农户机械来源差异以及机械质量具有区别，因此在使用机械的农户内部，机械服务以及自购机械对最终化肥投入的影响具有差异。一般来说，服务商由于具有资金优势，因此能够购置大型机械，而大型机械以及国外生产的机械与化肥施用技术适配程度更高。例如，德国 RAUCG 公司生产的 MDS 机械在播种过程中能够对化肥投入进行自动化操作，改善机械使用完全定量的形式，机动性更强。而植保环节中如果使用自走式喷杆或者喷雾器，会由于机械机动功能较弱，容易过量喷洒叶面肥，而植保飞机进行叶面肥补喷时则能够更加均匀。因此，在明确了总体使用机械以及使用机械服务对化肥投入的影响后，进一步对子样本回归。这是因为相比农户自购机械，其从服务商处购买机械服务所使用的机械具有更高质量，因而施肥均匀度以及精准度也较高。具体操作中，只考虑使用农业机械的农户，区分农户自购农机以及使用农机服务对最终化肥投入的差异。结果表明相比农户自购机械，机械服务对化肥投入影响更显著。在运用处理效应模型后，发现相比使用自购机械，使用机械服务每亩化肥施用量能够减少 20.06 斤，其中使用机播服务相比自购机械播种能够每亩施肥量能够降低大约 28.46 斤。这一结果也与附表 6 中的 OLS 回归结果保持一致。此外，相比自购机械，使用机械服务后施肥均匀度能够提升 1.17 单位，而机播服务相比农户自己购买机械机播能够提升 0.32 单位的施肥均匀度。具体如表 7-4 所示。

表 7-4 机械服务与自购机械对化肥投入影响处理效应模型估计结果

第一阶段	*mechser*	*mechsowser*	*mechser*	*mechsowser*
iv_1	0.01*** (0.001)	0.02*** (0.002)	0.004*** (0.001)	0.02*** (0.002)
iv_2	−0.02*** (0.01)	−0.02*** (0.01)	−0.010*** (0.004)	−0.02** (0.01)
LR test	17.45	10.90	15.53	4.37
Prob>chi2	0.00	0.00	0.00	0.04

续表

第二阶段	因变量：亩均施肥量		因变量：施肥均匀度	
mechser	-20.06*** (5.93)		-1.17*** (0.08)	
mechsowser		-28.46*** (6.52)		-0.32*** (0.13)
其他控制变量	已控制	已控制	已控制	已控制
Lamda（λ）	22.90*** (3.35)	16.73*** (4.21)	0.89*** (0.04)	0.16** (0.07)
ρ	0.75*** (0.07)	0.60*** (0.12)	0.92*** (0.0)	0.20** (0.08)

注：***、**、*分别表示在1%、5%以及10%的统计性水平下显著。

结合之前农机使用对最终亩均施肥量并不显著以及估计结果，能够发现农机使用对亩均施肥量下降的影响更多是农业机械服务带来的。这可能是由于此时机械使用的主体为服务商，结合前述理论分析以及前述章节的结果，服务商在提供机械服务时涉及技术转移，除运用机械施肥外相比农户能够进一步优化施肥技术。而农户使用自购机械施肥时仍是采用原先的施肥技术，因此施肥量并不会产生较大改变。

前述实证部分发现机械使用能够显著降低农户施肥不均等情形，这意味着只要使用机械就能够提升施肥均匀度，减小农户之间施肥差异。而相比自购机械，使用机械服务能够显著提升施肥均匀度的原因在于，机械服务比自购机械所使用的机械更加大型，且质量更好，因此通过机械精准深施能够提升施肥均匀度。

第五节　稳健性检验

计量结果是否稳定是检验实证结果是否有效的重要标准。为保证估计结果科学和有效，更换估计方法、变动指标以及数据集都能够检验估计结果稳健性。由于第三章宏观统计数据从整体层面证明了化肥施用量与化肥投入金额保持一致变化方向，且由于现实中农户对化肥施用量并不明确，能够确定的只有自身化肥投入金额。因此，本部分主要使用更换被解释变量方法，具体为引入亩均化肥投入金额作为替代指标验证上述结论的有效性。

本节将被解释变量亩均施肥量替换成亩均化肥投入金额后的估计结果。TEM 估计结果表明，机播、机械服务以及机播服务仍对亩均化肥投入金额具有显著负向影响。具体而言，当农户使用机播后，亩均化肥投入金额相比不使用机械服务的农户能够显著下降 18.93 元。当农户使用机械服务后，亩均化肥投入金额相比不使用的农户则能够下降 26.36 元。其中，农户使用机播服务每亩化肥投入金额能够显著降低 23.52 元。上述结果显示机播、机械服务以及机播服务对化肥投入的影响存在显著负相关，这与前述研究结论保持一致，说明本书的实证结果较为稳健。具体估计结果见附表 7。

第六节　不同机械来源对化肥投入影响的效果

前述部分已经分析了整体上机械应用、机械服务使用对化肥投入的影响，也关注了机械服务以及自购机械对化肥投入的影响差异。但以上结果并未关注到机械不同来源对化肥投入的边际效果。因此，需要进一步明确的是自购机械以及使用机械服务相比未使用农业机械的农户对化肥投入是否具有差异。本节进一步将使用机械的农户分为自购机械的农户以及使用机械服务的农户，并分别与未使用农业机械的农户进行比较以识别不同机械来源对化肥的投入影响。

结果显示，农户自购机械以及自购机械进行机播对亩均化肥施用量均不显著。这意味着相比未使用机械的农户，使用自购机械不能降低化肥施用量，且在机播环节使用自购机械也无法降低最终的亩均施用量。不过，相比未使用机械的农户，使用自购机械均能够显著降低

0.96 单位施肥不均等程度。分环节来看，机播环节能够显著提升 0.20 单位施肥均匀度。从机械服务使用状况来看，相比未使用机械的农户，使用机械服务的农户能够显著降低化肥施用量以及施肥不均等程度。具体而言，农户使用农业机械服务后相比未使用农业机械的农户每亩能够显著降低 16.90 斤化肥施用量。其中，使用机播服务的农户相比未使用机播服务的农户每亩能够显著降低 15.63 斤化肥施用量。而从施肥均匀度来看，相比未使用机械的农户，使用机械服务的农户能够显著提升 1.02 单位的施肥均匀度。其中机播服务能够提升 0.23 单位的施肥均匀度。

可以发现，虽然总体上机播环节机械使用能够降低最终化肥施用量，然而在区分机械来源后发现相比未使用机械的农户，自购机械不论是在总体上还是分环节机播环节使用均不会影响最终化肥施用量，但能够显著降低施肥不均等程度。而相比未使用机械的农户，机械服务既能够降低化肥施用量也能够降低施肥不均等。结合前述结果，本节结果进一步证实了不论是自购机械还是使用机械服务均能够降低施肥均匀度，但机械服务以及自购机械对施肥均匀度的影响差异并不明显。机械来源差异对化肥投入影响最明显的是亩均施肥量。自购机械不会显著影响亩均施肥量，且之前总体机播环节在区分来源之后也不显著。但机械服务能够有效降低亩均施肥量，其中机播环节对化肥减量的效果最明显。这说明在通过农业生产性服务获取机械服务后，由于服务商在此中进行了信息传递促使了施肥技术升级，在与机械施肥结合后能够有效降低化肥投入。具体结果见附表 8。

第七节　本章小结

第五章验证了当生产决策主体仍为农户时，通过服务商信息传递在与化肥投入相关环节实现技术转移能够降低化肥投入。第六章则验证了农户使用农业生产性服务后由于生产决策主体转变会最终降低化肥投入。但不论生产决策主体是农户还是服务商，农业生产性服务都涉及机械应用。为有效甄别出机械应用以及技术采纳机制差异，本章通过 2017 年浙江大学 CRHPS 数据库验证农业生产性服务中机械应用对化肥投入的影响。具体包括总体机械使用、农业机械服务分别对化肥投入的影响，并进一步只关注使用机械的农户，比较了使用农业机械服务与自购机械农户化肥投入的差异。此外，为识别出不同机械来源的作用将农户自购机械以及使用机械服务分别与未使用机械的农户进行比较。具体实证结果如下。

第一，整体上机械应用对亩均施肥量以及施肥均匀度的影响不显著，但分环节来看机播环节使用能够显著降低亩均施肥量以及施肥差异。首先，采用 OLS 估计基准模型证明机播环节使用能够降低化肥施用量以及施肥均匀度。其次，采用处理效应模型解决内生性之后能够发现相比播种环节未使用机械的农户，使用机械能够降低 11.15 斤亩均施肥量以及每亩 0.21 单位施肥差异。为了得到更有效的估计结果，引入亩均化肥投入金额作为被解释变量后发现机播环节仍对亩均化肥投入金额具有显著负向影响。

第二，整体机械服务对亩均施肥量以及施肥均匀度均有显著负向影响，其中使用机播服务的农户能够显著降低亩均施肥量以及施肥差异。基准模型证实机械服务以及机播服务能够显著降低化肥投入。运用处理效应模型解决内生性后，能够发现总体上使用机械服务每亩化肥施用量以及施肥差异能够分别降低 16.90 斤以及 1.02 单位。分环节来看，使用机播服务每亩化肥施用量能够显著降低 16.90 斤，施肥差异则能够每亩降低 0.02 单位。将化肥投入金额作为被解释变量进行稳健性估计后，发现上述结论仍成立。

第三，只关注使用机械的农户，发现相比自购机械使用，通过农业生产性服务使用机械的农户能够更有效降低亩均化肥施用量，但二者的施肥均匀度差异不显著。OLS 回归表明了机械服务相比自购机械能够更有效降低亩均化肥施用量。在使用 TEM 解决内生性问题后发现相比自购机械，使用机械服务的农户亩均施肥量能够降低 20.06 斤左右。其中，相比自购机械播种，使用机播服务的农户每亩施肥量能够降低 28.46 斤左右。

第四，区分不同机械使用来源与未使用机械农户的差异，发现自购机械总体以及分环节均不会影响亩均施肥量，且之前总体上能够显著降低亩均施肥量的机播环节在区分来源后也不显著。而相比未使用机械的农户，使用机械服务每亩能够显著降低16.90斤化肥施用量，其中机播环节服务能够每亩显著降低15.63元。此外，相比未使用机械的农户无论是自购机械还是使用机械服务均能够显著降低施肥不均等程度。这意味着，总体上机械使用能够降低施肥不均等，但由于机械服务涉及服务商通过信息传递进行施肥技术升级，因此相比农户自购机械，机械服务能够实现化肥施用量减少。

第八章

化肥投入金额与化肥施用量对结果影响讨论

前述章节得出了农业生产性服务能够降低化肥投入的结果，并对其中的作用机制进行了阐述。然而，由于数据以及现实条件限制，本书在第四章、第五章以及第六章只能采用亩均化肥投入金额作为化肥投入的替代指标。虽然在第七章采用浙江大学 CRHPS 数据库化肥施用量作为化肥投入的衡量指标进行了分析，并在第三章案例观察中也使用了化肥施用量对农业生产性服务现实模式、效果以及实证分析中未能解释的问题进行了阐述。但为了进一步说明结论的稳健性以及结果的合理性，本章将对化肥投入金额以及化肥施用量对最终结果的影响进行讨论。具体而言，本章一是对使用亩均化肥施用量作为化肥投入替代指标的原因进行说明；二是鉴于化肥价格为影响化肥亩均投入金额的重要因素，对化肥价格在现实中的影响因素进行阐述，并采用南京农业大学中国土地经济调查（CLES）数据库对影响化肥价格的潜在因素进行实证分析；三是进一步采用 CLES 数据库对农业生产性服务对化肥投入的影响采用化肥施用量这一变量再次验证，以说明结果可靠。

第一节 化肥投入金额选择原因

化肥即肥料，为作物生长所需提供一种或多种养分。其种类包括复合肥、尿素、钾肥、磷酸二铵、过磷酸钙等。首先，本研究在调研过程中尝试询问农户化肥施用过程中各元素的具体含量，然而大部分农户并不清楚所用化肥的具体含量。而知晓元素含量的农户也只能说出氮磷钾的比例，对其他元素在化肥中的占比也不明确，如进行折纯会造成计算的偏误。其次，由于部分农户在后续追肥以及补肥时使用的是稀释的叶面肥，一般来说叶面肥都是以克为单位进行稀释，因此含量较少无法采用量来度量。最后，由于农户使用农业生产性服务后，农业生产决策者可能会转变为服务商，此时施肥则完全由服务商决策，农户并不知晓具体化肥施用量，只能获取最终化肥投入金额。鉴于上述原因以及数据限制，本书在第四章至第六章均采用亩均化肥投入金额作为化肥投入的替代指标。为保证研究结论可靠，本书也在第七章尝试采用其他数据库中化肥施用量的数据进行分析，并在第三章案例观察中采用农户以及服务商化肥施用量数据来弥补上述章节中使用化肥投入金额作为化肥投入替代指标的限制。

第二节 数据对化肥价格影响及验证

虽然化肥投入金额具有作为化肥投入替代指标的可行性，但由于与亩均化肥施用量相比，还包含化肥价格这一影响因素。因此，需要对影响化肥价格的原因进行考虑。现实中化肥市场类似完全竞争市场，大部分农户都是化肥价格接受者。现实中可能影响化肥价格的因素一方面是时序变化引起的价格变化，另一方面是规模采购对成本降低的影响。本节将对上述两种影响化肥价格的原因进行分析并采用 CLES 数据库数据进行实证检验以说明价格变化是有限的。

一 时间稳定性

从化肥产业整体发展来看，20 世纪 60 年代前我国并没有自己的化肥产业，当时农业生产多使用农家肥作为作物生长肥料。从 1963 年开始，随着我国化肥产业的建立与发展，化肥施用量逐年上升。自 2000 年起我国化肥自给自足局面开始形成，肥料产业体系基本成型。

正是由于我国化肥产业飞速发展，2005 年我国已经成为全球最大氮肥生产国。需要注意到，从 2004 年开始，我国化肥产量开始超过施用量。2010—2015 年，化肥产业产能过剩问题开始凸显。2020 年，化肥产量为 5496 万吨，较 2015 年的 7432 万吨，下降 26%。截至 2019 年我国氮、磷、钾化肥产量达到 5731 万吨，较上年同比增长 6.06%，而当年化肥施用折纯量则达到了 5403.59 万吨。这意味着我国化肥产业从产能过剩逐渐转变为供需平衡的状态，因而现今整个化肥市场较少出现由供需不平衡所带来的价格高涨情况。

我国化肥行业基本类似完全竞争行业，如图 8-1 所示，农户在购买化肥时只是价格接受者。如前所述，我国已经形成了较为完备的化肥产业，任何一家化肥厂商以及农户在市场上所占比例都较小，因此化肥厂商或者农户都不具备改变市场价格的能力。而基本上当地的化肥品牌都较为类似，根据之前案例调研结果发现基本上同一地区农户获取化肥的价格都保持一致。且由于本书第四章至第六章采用截面数据进行实证检验，因而在时间上保持一致，这意味着当年同一区域的农户基本面对类似的化肥价格。此外，为剔除通货膨胀带来的价格因素影响，已经以 2018 年作为基期对 2019 年化肥价格按照《中国农村统计年鉴 2019》中化肥生产资料的价格指数进行了平减。基于时间的一致性以及化肥市场类似完全竞争性质，因而化肥价格对最终结果的影响较小。

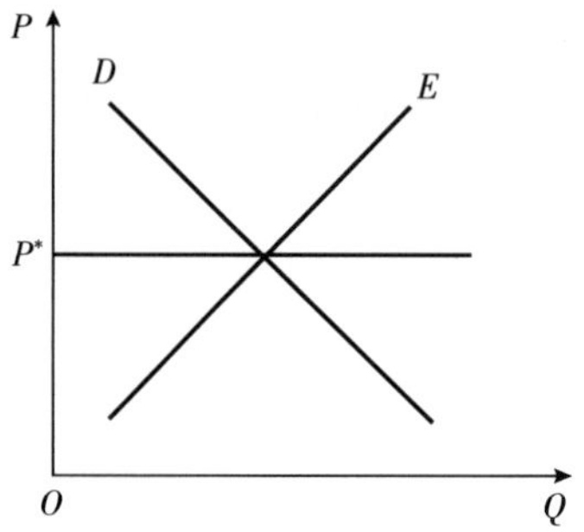

图 8-1　完全竞争市场产品价格

二　规模采购影响

1. 规模采购对化肥价格的影响分析

随着农户本身生产能力的扩大，其长期平均成本会逐渐下降。与工业中表达生产能力不同，农业中一般以农地规模或者种植面积来表示农业生产能力扩大（张露和罗必良，2020）。交易能力突出的农户能够选择通过土地流转实现规模经营，从而转变为新型经营主体（蔡颖萍和杜志雄，2016）。这部分农户由于具有较强的生产能力且能够具备农资市场信息渠道，能够更有效甄别农资信息，因此相比小规模农户能够获取更优质低价农资（褚彩虹等，2012）。因此，这类农户就算使用了与小规模农户同等化肥施用量，但最终亩均化肥投入金额也会低于小规模农户。因此，有可能以亩均化肥投入金额作为化肥投入的替代会低估部分农户的化肥施用量。不过研究样本中几乎 90%的农户都是经营规模小于 10 亩的小规模农户，因而由规模效应所带来的获取低价化肥的效果可能并不明显。此外，各区域内农资市场较为透明，农户只有与大型农资公司达成合作才能获取较低价格化肥。因此，只有超大规模农户才能够获取由于经营规模扩大所带来的规模效应。

除农户本身经营规模扩大之外，农业生产性服务也可能通过服务商的规模采购降低化肥成本。这是因为农户具有外出务工需求，由于劳动力不足、无法购置农业机械装备等原因，将农业生产环节委托给服务商生产可以降低成本并且提升收益。不过现实中农业生产性服务一般为产中环节服务，而本书为了精确衡量农业生产性服务对化肥投入的影响，只选定了农户使用播种、植保以及全托管任意一项时为采用农业生产性服务。当农户使用播种以及植保环节任意一项时可以看作使用了部分托管。农户在使用部分托管时仍是自己在农资市场购买化肥，因而价格并不会发生较大改变。而只有在农户使用全托管时，农户才能获取服务商供应的农资。不过，也只有服务规模较大的服务商能够通过与大型农资公司达成合作获取低价农资。此外，由于当地农资市场较为透明，农户一般会倾向于购买低价农资，随着市场竞争深化以及时间推移，基本上当地农资价格都会趋同。按照本书第三章的案例分析部分，农户使用部分托管时与其自己生产时获取的化肥价格并没有变化，只有农户使用全托管时化肥价格相比前两种模式才能降低 8.6%。

农业生产组织也有可能是通过规模采购获取低价化肥的原因。与农业生产性服务具有差异，农业生产组织一般会通过订单或者合同约束农户生产行为。这意味着农户加入农业生产组织会受到生产约束，需要按照组织的标准生产，不过组织会为农户提供农业生产资料并提供销售渠道。由于与产前大型农资公司相联系，农户在加入农业生产组织后能够获取低价农资，不过农户也必须保证所生产农产品的质量达到组织制定的标准并达到公司规定的最低产量限额。

2. 规模采购对化肥价格的影响检验

考虑到由于化肥价格因素可能会误判之前以亩均化肥投入金额作为被解释变量的结果。为对应本部分规模采购对化肥价格影响的分析，并排除价格因素对本研究的影响，本部分将采用南京农业大学中国土地经济调查（CLES）微观数据分析规模效应对化肥价格带来的影响，分别包括农户经营规模、组织参与状况以及农业生产性服务使用。

（1）数据来源。基于农村固定观察点的建立与调查，CLES 于 2020 年在江苏开展基线调研以全面分析江苏农村经济社会发展现状。调研内容涵盖 2019 年江苏省土地市场、农村生产、农业生产性服务、要素投入、肥料使用、生态环境等多方面内容。由于 CLES 只有水稻以及玉米种植涉及农业生产性服务以及肥料数据，但玉米样本不足总样本的 20%，代表性较差。因此本章以水稻为例，分析规模采购与化肥价格之间的相关性以进一步阐述化肥投入金额作为替代指标的合理性，并为后续验证进行铺垫。经处理，有效样本为 586 个。

（2）变量选择。根据前述分析，规模采购很有可能影响化肥价格，而农户经营规模、农业生产性服务以及农业生产组织参与都是农户获取规模效应的潜在现实原因。因此采用农户水稻经营规模、是否使用农业生产性服务以及是否加入农业生产组织作为检验规模采购对化肥价格影响的核心变量，化肥价格则为本部分被解释变量。使用农业生产性服务的农户为 238 个，占总样本的 40.61%。由于农业生产性服务除全托管外只包含产中环节，因此再将全托管①对农业生产性服务进行替换以检验具有农资供应环节的全托管对化肥价格的影响。而被解释变量则采用亩均化肥施用量（*fertquan*）衡量。此外，为与前文变量相对应，本部分选取了户主特征（年龄、性别、受教育年限、健康状况）、家庭特征（家庭收入、是否接受过农业技术培训）、经营特征（地块数量、经营规模、土壤肥力、稻谷价格、2019 年是否受灾）以及区域变量（市）作为控制变量。

（3）检验结果。表 8-1 为使用多元线性回归分析对规模采购对化肥价格影响的检验结果。结果表明，水稻经营规模以及农业生产性服务并不会对化肥价格产生显著影响。这与之前的分析保持一致，由于只有与大型农资公司达成合作时才有可能通过规模采购获取低价化肥。一方面，由于大部分农户仍为小规模经营，因此没有与产前渠道达成合作的能力。另一方面，农业生产性服务也多为产中环节服务，农户仍需要自己在农资市场购买化肥，此时农户所面对的市场价格基本保持一致。在将农业生产性服务替换为全托管之后，对化肥价格的影响仍不明显，但影响系数的绝对值有所下降。这意味着全托管相比农业生产性服务能够降低一些化肥价格，但这一影响并不明显。由于经营规模以及农业生产性服务并不会对价格产生显著影响，这一结果也支撑了本书前述章节以亩均化肥投入金额作为被解释变量的结论。不过，需要注意的是当农户加入农业生产组织后能够显著降低化肥投入金额，这有可能导致高估化肥减量的效果。但总体上规模采购对化肥价格的影响效果有限，特别是核心解释变量不论是总体农业生产性服务还是全托管均不会对化肥价格产生显著影响。

---

① 由于问卷中并未涉及农户是否使用全托管这一变量，但按照全托管的定义，只有当所有产中服务都组合起来形成成套供给时才为全托管。因此基于这一定义，本部分将问卷中农户全程使用了耕地、育秧、栽种、喷洒农药、收获以及秸秆还田定义为使用了全托管。处理后，全托管样本为 46 个，占使用农业生产性服务农户的 19.32%。

表 8-1　　规模采购对化肥价格影响检验

变量	被解释变量：*fertquan*	
	(1)	(2)
scale	-2. 6E-05 (4. 1E-04)	-2. 6E-05 (4. 2E-04)
ser	-0. 05 (0. 09)	
full		-0. 10 (0. 14)
org	-0. 21*** (0. 08)	-0. 21*** (0. 08)
gender	0. 24** (0. 11)	0. 24** (0. 11)
edu	-0. 01 (0. 01)	-0. 01 (0. 01)
age	-0. 01 (0. 004)	-0. 01 (0. 004)
health	0. 06* (0. 04)	0. 06* (0. 04)
income	0. 03 (0. 02)	0. 03 (0. 02)
techtrain	0. 05 (0. 09)	0. 05 (0. 09)
landpiece	0. 02 (0. 02)	0. 02 (0. 02)
soilquality	-0. 01 (0. 06)	-0. 01 (0. 06)
riceprice	0. 03*** (0. 01)	0. 03*** (0. 01)
disaster	-0. 08 (0. 09)	-0. 08 (0. 09)
area	已控制	已控制

注：***、**、*分别表示在 1%、5%以及 10%的统计性水平下显著。

第三节　农业生产性服务对化肥施用量影响稳健性检验

第二节对影响化肥价格的因素进行了探讨，虽然农业生产组织对化肥价格会产生影响，但其余经营规模以及农业生产性服务并不会显著影响化肥价格，这证实了化肥价格的稳定性。为进一步验证本书研究结论的稳健性，本节将使用 CLES 数据再次验证农业生产性服务对化肥投入的影响，其中被解释变量为亩均化肥施用量，解释变量为农业生产性服务，控制变量仍为上节所选择变量。为与第四章农业生产性服务对化肥投入总体影响验证相对应，本节仍采用第四章所使用的内生转换模型（ESR）进行检验。此外，需要说明的是由于使用 ESR 模型进行检验，因此选择方程中必须至少有一个变量不包含在结果方程中。本书选择了“本村农业生产性服务水平”（serate）作为纳入选择方程中的变量。这是因为本村农业生产性服务水平高意味着当地农业生产性服务供给较好，能够影响农户农业生产性服务使用状况，而并不会影响最终化肥施用量。

一　农户农业生产性服务选择与化肥施用量决策模型联合分析

农户农业生产性服务选择与化肥施用量决策模型联合检验如表 8-2 所示。表中第二列表示农户选择农业生产性服务的影响因素；第三列及第四列则是使用及未使用农业生产性服务的农户最终化肥施用量影响因素的估计结果。结果表明，使用与未使用农业生产性服务的农户化肥施用量决策存在明显区别。

表 8-2　农户农业生产性服务选择与化肥施用量决策模型联合检验

变量	选择方程	*fertquan*	
		使用	未使用
gender	0.19 (0.23)	-20.67* (12.27)	-3.96 (10.76)

续表

变量	选择方程	*fertquan*	
		使用	未使用
age	0.002 (0.01)	0.05 (0.37)	0.74** (0.36)
edu	0.03 (0.02)	1.33 (1.06)	2.10** (0.09)
health	0.02 (0.06)	-1.07 (3.10)	-0.08 (2.84)
income	0.03 (0.03)	0.94 (1.66)	-1.90 (2.02)
org	0.01 (0.15)	9.91 (8.91)	-9.06 (7.98)
techtrain	-0.03 (0.12)	-1.71 (6.77)	-5.39 (6.36)
landpiece	-0.04* (0.02)	-1.29 (1.51)	0.86 (0.90)
scale	-0.001** (0.001)	-0.11** (0.04)	0.01 (0.03)
pfert	0.09 (0.07)	-29.89*** (3.25)	-38.46*** (2.23)
riceprice	-0.02 (0.02)	-0.82 (1.13)	0.80 (0.53)
soilquality	-0.05 (0.09)	2.93 (4.90)	-1.61 (4.44)
disaster	0.06 (0.15)	-4.22 (7.52)	-4.38 (6.96)
serate	3.06*** (0.35)		
area	已控制	已控制	已控制
常数项	-2.22*** (0.07)	174.75*** (33.07)	178.84*** (32.66)

续表

变量	选择方程	*fertquan*	
		使用	未使用
ρ_1		-0.24** (0.15)	
ρ_0			0.58*** (0.17)
样本量	585	237	348
沃尔德检验（$\rho_1=\rho_0$）$Chi2$（2）= 12.15，$Prob>chi2=0.00$			

注：***、**、*分别表示在1%、5%以及10%的统计性水平下显著。

首先，从农业生产性服务使用的影响因素来看，地块特征、经营规模以及村级农业生产性服务使用水平均会显著影响农户是否使用农业生产性服务。一般来说，家庭土地地块数较多意味着农业生产中监督管理成本较高，因此为减少监督成本有可能选择使用农业生产性服务。而家庭经营规模较小的农户对机械以及技术应用具有客观约束，且经营能力较弱。此外，小规模农户家庭收入的主要来源可能并不是农业收入。因此为获取技术以及释放劳动力，这类农户更倾向于使用农业生产性服务。而按照前述章节分析，选择方程中至少应该包含一个工具变量，以避免选择方程缺少工具变量导致ESR模型被非线性识别。由于村级农业生产性服务使用水平意味着当地农业生产性服务发展水平，因此村级使用水平越高，农户越有可能具备使用农业生产性服务的客观条件。

其次，第三列、第四列分别为使用及未使用农业生产性服务的农户化肥施用影响因素。通过估计结果能够看出性别、年龄、受教育年限、经营规模以及化肥价格均会影响农户化肥施用量。在使用了农业生产性服务的农户中，男性更有可能降低化肥施用量。而经营规模较大的农户使用了农业生产性服务后更有可能降低化肥投入，这可能是因为大规模农户通过农业生产性服务获取了施肥技术能够更有效降低化肥施用量。而不论农户是否使用农业生产性服务，化肥价格均会影响化肥施用量。当化肥价格较高时农户则会减少化肥施用量。

此外，ρ_1 在5%的统计性水平下显著，这表明农户是否选择农业生产性服务会受到不可观测因素的影响，如不对样本进行纠正则可能在化肥施用量估计时会出现偏误。ρ_1 衡量的是农户农业生产性服务选择方程与化肥施用结果方程之间的相关系数。该系数为负，意味着化肥施用量较低的农户更有可能使用农业生产性服务。此外，结果显示沃尔德（Wald）联合检验相关系数显著不为零，拒绝了原假设，这意味着农户生产性服务使用选择方程与化肥投入方程之间没有相关性。

二　处理效应分析

在使用 ESR 进行估计后，需要计算出农业生产性服务对化肥施用量的平均处理效应 *ATT* 以及 *ATU*。其中，*ATT* 表示农户实际使用了农业生产性服务与其如果未使用时化肥施用量的差值；*ATU* 则为现在未使用农业生产性服务的农户如使用农业生产性服务后化肥施用量的变化，所得结果如表 8-3 所示。

表 8-3　　农业生产性服务对化肥施用量影响总体效果

匹配方法	*ATT*	标准误	*ATU*	标准误
内生转换模型（ESR）	-20.41***	3.53	-40.72***	2.76

注：***、**、*分别表示在1%、5%以及10%的统计性水平下显著。

结果表明，*ATT* 以及 *ATU* 均通过了统计水平为1%的显著性检验，且系数符号均为负。*ATT* 表示使用了农业生产性服务相比其未使用农业生产性服务能够每亩减少 20.41 斤化肥施用量。*ATU* 则表示未使用农业生产性服务的农户，如果使用该服务则能每亩降低 40.72 斤化肥施用量。上述结果意味着总体上农业生产性服务能够降低化肥施用量，这与本研究第四章使用亩均化肥投入金额作为化肥投入被解释变量的结果保持一致，再次验证了本研究的稳健性。

第四节　本章小结

本章讨论了化肥投入金额以及化肥施用量对结果的影响。为验证化肥价格在现实中并不会较大变动，本章从时间以及规模采购因素入手，分别阐述了二者对化肥价格的影响，并使用中国土地经济调查（CLES）数据库采用OLS估计了经营规模、农业生产性服务以及农业生产组织对化肥价格的影响。此外，本章进一步采用ESR验证了农业生产性服务对化肥施用量的影响以说明前述结果的稳健性。具体结果如下。

第一，由于数据以及现实条件限制，本书在第四章至第六章采用了亩均化肥投入金额作为化肥投入的替代指标，但理论以及实证结果验证均显示采用金额作为化肥投入的替代指标对本研究结果影响有限。亩均化肥投入金额与亩均化肥施用量具有差异，这表现在金额不仅与施用量有关，还与化肥价格相关。进一步对化肥价格的影响因素进行分析，发现由于本研究所使用数据为截面数据，而化肥市场类似于完全竞争市场，因此农户多为价格接受者，价格不易受到影响。此外，虽然规模采购可能影响化肥价格，但本研究一方面大部分样本为小规模农户，而只有超大规模农户能够与大型农资企业达成合作时才能获取低价化肥；另一方面本研究农业生产性服务多为产中环节使用，并不涉及产前农资供应。此外，当地农户所面对的市场较为透明，因此就算在购买单项农资环节时也不会对价格有较大影响。OLS估计也表明经营规模以及农业生产性服务使用均不会对化肥价格产生影响。不过，农户如果参与农业生产组织有可能因为组织与前端农资供应商的合作能够帮助农户获取低价化肥，这一因素有可能高估最终化肥减量效果。

第二，将亩均化肥投入金额替换为化肥施用量之后，农业生产性服务对化肥减量的效果仍显著。最终结果表明，使用了农业生产性服务的农户相比未使用农业生产性服务的农户能够每亩减少20.41斤化肥施用量。而未使用农业生产性服务的农户，如果使用则能每亩降低40.72斤化肥施用量。这一结果再次验证了农业生产性服务能够降低化肥投入的研究结论，进一步支持了本书前述章节的观点。

第九章

研究结论及政策建议

化肥减量是我国农业生产绿色转型的重要内容。已有研究多从农户视角出发，分析影响农户化肥投入的因素。随着我国农业生产经营模式转型，大部分小麦种植户会选择使用农业生产性服务进行生产。当农户选择农业生产性服务后不仅意味着农户新型施肥技术以及机械的应用，还涉及农业生产决策主体的转变。在我国农业经营方式不断转型这一背景下，将农业生产性服务与化肥减量相结合，对于我国农业绿色生产以及可持续发展具有重要的现实意义。本研究以小麦生产为例，深入分析了农业生产性服务对化肥投入的影响，并采用微观数据从信息传递与施肥技术升级、农业生产决策主体转变以及机械应用三方面分别阐述了农业生产性服务对化肥投入的具体作用机制。此外，本书还采用微观案例进行现实观察从侧面印证了上述作用机制，并弥补了微观数据无法解释的部分机理。本章将对前述章节所得主要结论进行系统梳理，同时给出相关政策建议，并进一步提出本研究存在的不足以及未来可拓展的方向。

第一节　研究结论

改革开放以来，我国农业生产性服务总体上呈现波动上升态势，同一时期化肥施用量也迅速攀升。但随着化肥减量增效行动持续实施，从 2016 年开始我国化肥施用总量有所下降，但施肥强度仍高于世界平均水平。总体上我国农业生产性服务与化肥投入之间存在反向关系。此外，由于现实中农业生产性服务具有多种模式，因此对化肥投入的影响路径及效果均有差异。本研究立足于改革开放以来我国农业生产性服务发展状况以及化肥投入变化状况的现实观察，并使用中国农业大学国家农业农村发展研究院 2018—2019 年返乡调研数据、浙江大学中国家庭大数据库 2017 年数据，以小麦为例，采用理论分析与实证分析相结合的方式，对农业生产性服务对化肥投入的影响进行了剖析和验证，并对其中的作用机制进行了考察，此外还使用了山东省济南市章丘区的调研案例解释了实证分析中无法明确的作用机制，主要得出以下结果。

在我国农业生产经营模式转型的背景下，农业生产性服务总体上能够减少化肥投入。结果发现，使用农业生产性服务的农户相比未使用农业生产性服务的农户，每亩能够显著降低 5.77—12.81 元化肥投入。而未使用农业生产性服务的农户如果使用农业生产性服务，则也能够降低 15.90 元化肥投入。将农业生产性服务细分至与化肥使用相关环节，发现播种环节每亩能够显著降低 7.99—10.73 元化肥投入，而植保环节则对化肥投入的影响不显著。不过，由于地形以及区域内农业性服务发展水平差异，农业生产性服务对化肥投入的影响也具有差异。地形意味着当地农业生产性服务发展的客观环境。区分不同地形以及农业生产性服务供给程度后，发现在平原地区农业生产性服务能够显著降低每亩 10.31—12.49 元化肥投入，而丘陵及山地地区并不显著。此外，农业生产组织数量较高意味着当地农业生产性服务发展状况较好。结果表明，在农业生产组织数量多的区域使用农业生产性服务后每亩能够有效降低 23.36—29.12 元化肥投入，而对农业生产组织数量低的地区则不显著。

农业生产性服务能够降低化肥投入的原因有以下三个。

（1）农业生产性服务能够通过信息传递促使农户采纳新型施肥技术应用从而实现减量施肥。

一是农资供应与播种以及植保环节搭配使用能够通过信息传递降低化肥投入。农资供应意味着信息的传递，结果表明组合使用农资供应与播种、农资供应与植保服务能够分别每亩降低 7.13—8.14 元以及 7.15—13.42 元化肥投入。但组合使用农资供应与播种服务处理效应相比之前未引入农资时略有下降。考虑到农资供应与后续环节来源于不同服务商，服务商无法根据农户具体生产状况提供符合农户生产条件的个性化施肥信息，施肥信息传递效果有限。因此，区分农资供应与后续播种以及植保环节是否来源于同一服务商，发现与来源于同一服务商的组合服务相比来源于不同服务商能够更有效降低化肥投入。

二是不同环节来源也会由于信息传递质量差异从而对化肥投入具有不同影响。服务商差异意味着信息传递质量区别，致使最终施肥技术应用水平不同。结果表明，播种服务来源于农业生产组织时，相比服务商为家庭农场以及专业大户能够更有效降低化肥投入。而植保环节无论服务来源于哪类服务商对化肥投入的影响均不显著，但当服务来源于农业生产组织时显著性水平以及处理效应有所提升。考虑到不同经营规模农户信息获取能力具有差异，农户初始施肥技术采纳水平有所区别。结果发现播种环节对小规模农户化肥投入的负向影响更为显著，而植保环节无论是对小规模农户还是大规模农户化肥投入的影响均不显著。

三是各环节主要是通过促使农户使用新型施肥技术从而降低最后化肥投入。这表现在播种以及植保环节均能够显著提升农户新型施肥技术采纳水平。此外，引入农资供应后，农资供应与播种以及植保环节均能够显著提升技术采纳水平，且处理效应均有所提升。这也证明了当农户使用部分托管时，服务商通过在化肥使用相关环节进行信息传递提升了农户新型施肥技术采纳水平，最终降低了化肥投入。不过，植保环节由于现实中技术应用起步较晚，且补喷叶面肥在整体肥料中占比较小，因此相关环节虽然能够促使农户使用新型施肥技术，但对最终化肥投入降低效果并不明显。

（2）当农业生产决策主体转变为服务商时能够有效降低最终化肥投入。相比农业生产决策主体未完全转变，只有当生产全过程完全由服务商决定时才能降低最终化肥投入。全托管作为农户使用农业生产性服务后从生产决策者转为服务商的现实模式，农户使用全托管后每亩能够降低 14.34—54.74 元化肥投入。这是因为为了维持与农户之间协定的产量并降低成本，服务商会在不影响产量的情况下尽可能降低化肥施用量。在使用了农业生产性服务的农户中，由于部分农业生产性服务仍为农户自己决策农业生产，因此相较部分托管，全托管每亩能够降低 10.41—34.24 元化肥投入。此外，对不同化肥投入的农户进行分析发现，全托管对化肥投入 0.25 下分位点以及 0.75 上分位点农户减量效果更明显，其中对上分位点农户影响最明显。核查数据发现化肥投入在 0.25 分位点、0.75 分位点上的农户大部分为小规模农户，进一步区分经营规模发现上述结果本质上是全托管对小规模农户降低化肥投入的影响更显著。

（3）不论生产决策主体是农户抑或是服务商，农业生产性服务均能够通过机械使用降低化肥施用量并提升施肥均匀度。单纯自购机械对化肥减量无影响，但二者均能够降低施肥不均匀现象。机械应用来源于农户自购机械以及使用机械服务，区分环节则包括机播、机耕以及机械洒药。整体上机械应用对亩均施肥量影响不显著，不过其中使用机播环节的机械能够显著降低亩均施肥量以及施肥差异。将机械应用区分来源发现，机械服务以及其中机播服务均对亩均施肥量以及施肥均匀度有显著负向影响。虽然自购机械以及使用自购机械来播种不会影响亩均施肥量，但能提升施肥均匀度。且相比自购机械，机械服务能够更有效减量施肥，但二者在施肥均匀度差异不显著。与前述部分各环节能够促进施肥技术升级的结论相一致，只要使用了机械不论是自购机械还是机械服务均能够降低施肥不均等情形，农户之间的施肥量逐渐趋同。但只有使用了机械服务才能够实现化肥减量，这实际上是因为机械服务的引入让服务商促使农户更新了施肥技术。

第二节 政策启示

化肥减量是实现农业生产绿色转型以及可持续发展的必要条件。在我国人地关系刚性资源约束下，地权分散化、土地细碎化和规模细小化的小农户将长期大量存在（曹峥林，2019）。但化肥减量具有正外部性较强的特点，而小规模农户因其高风险规避意识很难转变自身生产行为实现化肥减量。结合我国国情和现实农业发展方向，农业经营模式正在转型，新型经营主体、农业生产性服务供应商逐渐成为实现农业绿色转型的重要主体。因此，在政策上要重视农业生产性服务发展与化肥减量以及农业绿色生产之间的关系。结合前述研究结论，本书得到的政策建议如下。

（1）推动服务市场及服务主体全方位发展。我国农村经营体制改革后，小规模农户仍大量存在，但农业生产性服务也在不断发展以带动小农户实现现代农业。2020 年，我国农业生产性服务主体总量达到 90 万个，生产托管服务面积超过 16 亿亩次，其中服务粮食作物面积达 9 亿亩次，这意味着农业生产经营模式正在发生转型，农业生产性服务主体将成为我国农业生产的中坚力量。研究结论揭示了农业生产性服务能够降低最终化肥投入，因此要重视服务市场的发展，通过农业生产性服务导入绿色生产要素，并跨越提升小农户素质这一长期过程，直接实现减量施肥。受制于成本约束和机械不可分性限制，连片和规模化的农业生产性服务将能够使小规模农户绕开机械购买以及技术使用，直接享受技术应用带来的化肥减量结果。由于农业生产性服务在不同地形以及不同服务供给地区对化肥减量的效果具有差异。因此要重视在山地及丘陵地区服务适配度并增加地方服务供给，有效满足当地农户需求。此外，从单项环节来看，不同服务主体的播种以及植保效果对最终化肥减量效果具有差异。这是因为相比专业大户以及家庭农场，农业生产组织具有更高的人力资本以及社会资本，因此要不断鼓励农业生产组织为小农户提供农业生产性服务，并增强专业大户以及家庭农场农业生产知识以全方位发展服务主体。

（2）拓展服务范畴发展一体化服务模式。除产中环节能够有效实现化肥减量外，当产前农资供应与后续产中环节相结合时也能够实现绿色生产。同时，产前产中环节来源于同一服务商能够更有效实现化肥减量。2019 年，我国小麦耕种收综合机械化率已经达到了 96.36%，这意味着大部分农户会选择使用机械完成小麦生产。现实中，大多数农户在使用农业生产性服务时多会选择耕种收割等环节的机械服务，而对于化肥等农资的购买还是在当地农资店完成。而当服务商只为农户供应农资时，有可能因为与农资供应商“合谋”促使农户购买到低质量化肥，从而增加化肥投入（陈义媛，2018）。但如果农资与后续产中环节都由同一服务商供应，由于监督成本的降低以及对于农户具体生产情况获取，服务商能够为农户提供差异化信息从而实现化肥减量。因此，未来要不断扩展农业生产性服务的范畴，大力发展农业产前、产中、产后生产性服务，推进农业生产链条延伸以及纵向整合。此外，需要不断鼓励服务主体提供多元化服务，发展一体化的农业生产性服务供应模式，有效实现技术、信息、资金等要素的畅通流动。

（3）提升服务商新型施肥技术采纳能力。结合实证与案例观察结果，服务商能够替代农户生产实现施肥技术升级，也能够在产中环节通过信息传递促使农户采纳新型施肥技术，但本质上这都是服务商具有较高的人力资本从而在生产中进行了技术转移。因而除农户外，还需要进一步关注到服务商在农业生产中对新型施肥技术的采纳作用。基于此，未来需要转变仅改变农户素质的单一思想，转而提升新型经营主体以及农业生产组织这类服务供应者素质，不断开辟农业技术培训渠道，为这类服务商提供农业技术培训，从而提升农业生产性服务供应商技术知识储备，促使其进行技术采纳。

（4）集中要素资源有效实现全程服务。全托管对化肥减量的效果表明当农业生产决策主体转变为服务商时能够更有效降低化肥投入，而使用全托管的农户也能够外出务工，并通过发挥各自比较优势实现节本增效。然而，现实中大部分农户仍以购买部分托管服务为主，使用全托管的农户仍较少。因此，如何集中资源促使农户进一步使用全托管是化肥减量的具体实现方向。就当前情况而言，大部分农户都是以户为单位委托服务商进行生产。从服务商供给角度看，较小的服务规模难以实现规模经济。由此，可以发挥村集体以及当地农业生产组织的作用，整合区域内农户土地资源有效实现农业生产全程服务。另外，全托管对小规模农户减量施肥效果更明显。基于上述情况，在全托管供应过程中应当重视对小规模农户的带动作用，并有效使用与小规模农户相匹配的技术以提升服务效果。

（5）改善机械技术适配度与机械质量。本书发现整体上机械使用并不能降低化肥施用量，其主要作用是提升施肥均匀度减少农户间施肥不均等的问题，且农户自购机械以及其购买机械服务对施肥均匀度的影响差异并不明显。现实中，由于农业机械购买具有高初始投资的特点且具备经营规模的门槛，因此大部分农户并不具备购置机械装备的能力，会选择购买机械服务来使用机械。机械服务作为农业生产性服务中的重要环节，现已在播种环节中基本实现了种肥同播，但植保等其他环节由于机械与施肥的不匹配因而对化肥施用的影响较小。因此，需要发挥机械施肥精准定量的优势，改善机械与化肥施用适配程度，并不断提升机械质量实现化肥深施、精施。未来的政策发展方向除对农户进行农机购置补贴之外，还可以将农机购置补贴向服务商倾斜以在实际上满足农户机械使用需求。此外，整体上要不断提高我国农业机械质量，除播种环节底肥施用外，还需要发展追肥以及补肥环节机械施用，实现农业机械与要素投入相匹配，从而促进农业现代化发展。

第三节　研究不足及展望

本书由于受到数据限制仍存在一定缺陷，有待未来补足。

（1）本书在化肥测量上还存在一定缺陷。一般来说，研究中最好能够获取农户化肥施用折纯量。但实际上，一方面农户很难回答化肥施用的氮磷钾比例；另一方面当生产决策主体转移为服务商时农户并不知道化肥施用量而只能知晓化肥投入金额。虽然宏观数据显示化肥投入费用变动趋势基本上与化肥施用量保持一致，实证中也控制了区域以及化肥价格因素，且后续也使用其他数据库以及案例分析使用了化肥施用量进行佐证，但仍存在测量不够准确的缺陷。因此，后续研究中可以结合自然科学对化肥精准测量的方式获取化肥施用折纯量以进行补充研究，此外还可以构建面板监测数据进行动态监测。

（2）信息传递的效果无法精确测算。本研究为调研数据而不是实验数据，因此无法具体测算出农业生产性服务中服务商信息传递对最终化肥投入的精准处理效应。虽然本书在第六章通过多环节比较以及纳入农资供应环节探讨信息传递对化肥投入的影响，并且通过案例分析以期证明农资、播种、植保环节服务商能够向农户传递科学施肥信息，但仍无法确切衡量农户是否在这些环节真正获取了有效信息。因此，未来可以基于实验经济学的方法，通过收集更为精准、确切的数据来解决信息渠道有效性的问题。

（3）农户自购机械与机械服务有关机械质量难以衡量。现实中农户自购机械与机械服务所提供机械质量具有差异，这表现在农户所自购机械本身就不具备化肥施用适配功能，因而施肥环节仍需要农户人工进行，如直接将机械服务与自购机械相比可能会有偏误。然而受限于数据，本书无法区分出农户自购机械与机械服务所使用的机械是否都具有施肥功能。因而，未来能够基于数据调研进一步对二者的机械质量进行区分，以识别出单独机械施肥的作用。

（4）本书受限于数据对全托管对化肥投入的影响机理只能通过文献以及案例分析进行说明。本书从表征上验证了全托管能够降低化肥投入的影响，但是其中的机理只能通过统计数据以及已有文献进行解释。然而案例分析相比大样本数据仍存在普适性意义不够强的缺陷，因此未来可以对服务商特征、禀赋以及生产行为的样本数据进一步开发以弥补本研究。

附　录

附表 1　　不同地区 2000—2019 年化肥施用总量及变化状况

单位：万吨、%

省份	2000 年		2005 年		2010 年		2015 年		2019 年	
	施用总量	变化率	施用总量	变化率	施用总量	变化率	施用总量	变化率	施用总量	变化率
上海	19. 30	-22. 18	14. 44	-41. 77	11. 84	-52. 26	9. 92	-60. 01	7. 53	-69. 63
北京	17. 90	24. 31	14. 84	3. 06	13. 67	-5. 07	10. 53	-26. 89	6. 17	-57. 13
浙江	89. 72	-5. 26	94. 27	-0. 45	92. 20	-2. 64	87. 52	-7. 58	72. 50	-23. 44
青海	7. 17	35. 28	6. 99	31. 89	8. 76	65. 28	10. 13	91. 13	6. 19	16. 79
江苏	335. 45	51. 24	340. 81	53. 66	341. 11	53. 79	319. 99	44. 27	286. 21	29. 04
江西	106. 94	27. 92	129. 39	54. 77	137. 62	64. 62	143. 58	71. 75	115. 57	38. 24
广东	176. 20	8. 50	204. 62	26. 00	237. 29	46. 11	256. 46	57. 92	225. 79	39. 03
福建	123. 33	61. 43	122. 02	59. 71	121. 04	58. 43	123. 80	62. 04	106. 26	39. 09
四川	212. 59	47. 73	220. 92	53. 52	248. 00	72. 34	249. 83	73. 61	222. 77	54. 81
山东	423. 19	72. 38	467. 63	90. 48	475. 32	93. 61	463. 50	88. 80	395. 34	61. 04
辽宁	109. 80	34. 89	119. 86	47. 25	140. 08	72. 08	152. 09	86. 84	139. 91	71. 87
湖南	182. 15	44. 45	209. 87	66. 43	236. 57	87. 61	246. 54	95. 51	229. 01	81. 61
湖北	247. 08	66. 27	285. 83	92. 35	350. 77	136. 05	333. 87	124. 68	273. 89	84. 31
重庆	72. 00	48. 15	79. 05	62. 65	91. 82	88. 93	97. 72	101. 07	91. 08	87. 41
山西	86. 99	53. 69	95. 70	69. 08	110. 37	94. 99	118. 55	109. 45	108. 41	91. 53
河北	270. 62	86. 38	303. 39	108. 95	322. 86	122. 36	335. 49	131. 06	297. 27	104. 73
安徽	253. 15	75. 19	285. 67	97. 70	319. 77	121. 30	338. 69	134. 39	298. 02	106. 24
贵州	71. 29	84. 21	77. 41	100. 03	86. 53	123. 60	103. 69	167. 93	83. 18	114. 95

续表

省份	2000 年		2005 年		2010 年		2015 年		2019 年	
	施用总量	变化率	施用总量	变化率	施用总量	变化率	施用总量	变化率	施用总量	变化率
甘肃	64.54	72.11	75.92	102.45	85.26	127.36	97.92	161.12	80.88	115.68
天津	16.64	141.16	23.29	237.54	25.54	270.14	21.78	215.65	16.24	135.35
吉林	112.05	32.29	138.10	63.05	182.80	115.82	231.24	173.01	227.06	168.07
黑龙江	121.55	58.89	150.92	97.28	214.89	180.90	255.31	233.74	223.27	191.85
广西	157.76	83.02	201.25	133.47	237.16	175.13	259.86	201.46	252.04	192.38
陕西	131.19	93.21	147.30	116.94	196.79	189.82	231.95	241.60	202.52	198.26
西藏	2.50	56.25	4.21	163.13	4.74	196.25	6.03	276.88	4.82	201.43
河南	419.46	96.74	518.14	143.03	655.15	207.29	716.09	235.88	666.72	212.72
宁夏	23.58	103.28	29.93	158.02	37.93	226.97	40.09	245.59	38.44	231.46
云南	112.09	101.96	142.65	157.03	184.58	232.58	231.87	317.78	204.03	267.62
海南	26.27	115.33	37.31	205.82	46.43	280.57	51.14	319.18	46.26	279.22
内蒙古	74.75	116.67	116.72	238.32	177.24	413.74	229.35	564.78	218.44	533.15
新疆	79.16	100.41	107.77	172.84	167.56	324.20	248.09	528.08	57.76	552.56

资料来源：《中国统计年鉴》（1979—2020），下同。

附表 2　　不同地区 2000—2019 年化肥施用强度及变化状况

单位：千克/公顷、%

省份	2000 年		2005 年		2010 年		2015 年		2019 年	
	施用强度	变化率	施用强度	变化率	施用强度	变化率	施用强度	变化率	施用强度	变化率
上海	362.24	-6.51	339.05	-12.50	279.00	-28.00	276.09	-28.74	274.10	-29.26
北京	329.91	46.06	376.95	66.89	357.67	58.35	456.04	101.90	466.24	106.42
浙江	228.17	14.90	286.33	44.19	309.03	55.63	310.63	56.43	287.42	44.74
青海	128.29	33.38	145.31	51.07	158.69	64.98	178.78	85.86	110.31	14.68
江苏	413.21	56.07	433.79	63.84	434.90	64.26	400.58	51.30	372.87	40.83
江西	178.69	26.22	231.66	63.64	233.73	65.10	236.20	66.84	191.02	34.93
广东	284.12	11.25	349.88	37.00	419.97	64.45	429.53	68.19	415.31	62.63
福建	354.24	46.57	382.85	58.40	402.37	66.48	395.90	63.80	491.24	103.25

续表

省份	2000年		2005年		2010年		2015年		2019年	
	施用强度	变化率	施用强度	变化率	施用强度	变化率	施用强度	变化率	施用强度	变化率
四川	212.63	35.78	218.86	39.76	241.96	54.51	234.41	49.69	205.20	31.03
山东	355.01	66.67	405.98	90.59	416.31	95.44	395.99	85.90	342.48	60.78
辽宁	273.49	34.68	291.37	43.39	316.34	55.79	328.81	61.93	306.15	141.59
湖南	216.68	41.57	247.24	61.53	267.83	74.99	262.80	71.69	259.25	69.38
湖北	311.22	58.24	372.03	89.16	408.45	107.67	384.21	95.35	320.55	62.98
重庆	193.96	40.49	216.59	56.88	252.23	82.69	249.85	80.97	245.20	77.60
山西	200.84	49.09	234.84	74.33	271.95	101.88	287.01	113.06	278.02	106.39
河北	268.84	74.29	306.44	98.66	330.03	113.96	341.15	121.17	344.11	123.09
安徽	275.01	61.97	304.09	79.10	344.06	102.64	366.30	115.74	326.45	92.26
贵州	148.00	39.03	155.36	45.94	166.15	56.08	165.59	55.56	125.46	17.86
甘肃	160.75	61.89	186.08	87.39	192.86	94.04	208.22	109.80	194.29	95.66
天津	291.51	144.51	434.12	264.13	517.39	333.98	433.54	263.65	371.73	211.80
吉林	240.58	16.32	274.99	32.96	346.21	67.39	403.77	95.22	369.59	78.69
黑龙江	129.61	45.34	149.08	67.17	176.25	97.63	207.10	132.23	150.86	69.16
广西	223.08	37.65	272.28	68.01	344.46	112.55	352.63	117.59	340.66	110.21
陕西	249.63	90.95	290.03	121.86	367.54	181.14	410.13	213.72	374.24	186.27
西藏	107.56	44.17	178.18	138.81	195.65	162.23	235.03	215.02	172.69	131.45
河南	310.40	76.72	360.51	105.24	443.60	152.54	477.57	171.88	436.88	148.72
宁夏	222.38	75.54	260.74	105.83	277.39	118.97	285.84	125.64	306.05	141.59
云南	181.30	54.51	219.56	87.12	259.23	120.93	286.87	144.48	253.51	116.04
海南	249.91	77.29	395.67	180.70	459.95	226.30	506.95	259.64	544.60	286.35
内蒙古	124.90	72.23	186.22	156.79	250.75	245.76	300.05	313.75	243.18	235.33
新疆	220.83	73.86	256.10	101.62	291.39	129.41	368.69	190.26	362.77	185.60

附表 3　　农户使用不同环节决策 Logit 方程估计结果

变量名称	播种环节			植保环节		
	系数	标准误	*z* 值	系数	标准误	*z* 值
gender	−0.08	0.13	−0.62	−0.56***	0.16	−3.54
age	−0.01**	0.01	−2.17	−0.01	0.01	−1.19

续表

变量名称	播种环节			植保环节		
	系数	标准误	*z* 值	系数	标准误	*z* 值
edu	-0.02	0.02	-1.23	0.01	0.02	0.33
health	-0.40***	0.11	-3.70	-0.41***	0.12	-3.37
outlabrate	-0.002	0.003	-0.67	-0.003	0.003	-0.92
income	-0.07	0.06	-1.27	0.03	0.07	0.42
cardre	0.41**	0.18	2.34	0.57***	0.20	2.89
org	0.03	0.18	0.15	0.32	0.21	1.55
techtrain	-0.20	0.15	-1.32	0.02	0.18	0.10
landpiece	-0.01	0.01	-0.95	-0.003	0.01	-0.42
scale	2.4*E*-04	0.001	0.17	0.001	0.002	0.63
pfert	0.48	0.33	1.46	-0.33	0.42	-0.78
pwheat	-0.02	0.09	-0.28	0.01	0.10	0.05
landform	0.03	0.14	0.20	-0.28	0.17	-1.64
intrate	7.0*E*-07	0.002	0.00	0.01***	0.002	3.55
区域变量	已控制	已控制	已控制	已控制	已控制	已控制
LR 统计量	83.39			83.41		
观测值	1439			1439		

注：***、**、*分别表示在1%、5%以及10%的统计性水平下显著。

附表 4　　机械使用状况对化肥投入影响估计结果

变量	因变量：亩均施肥量				因变量：施肥均匀度			
mech	-3.91 (2.83)				-0.14 (0.10)			
mechcul		-1.61 (2.43)				-0.10 (0.07)		
mechsow			-6.35*** (2.35)				-0.14** (0.06)	
mechpest				-1.70 (2.57)				-0.03 (0.05)
gender	-2.66 (3.80)	-3.01 (3.81)	-2.79 (3.83)	-3.07 (3.81)	0.10* (0.05)	0.09* (0.05)	0.09* (0.05)	0.09* (0.05)
age	0.02 (0.01)	0.02 (0.10)	0.03 (0.10)	0.02 (0.10)	0.002 (0.002)	0.002 (0.002)	0.002 (0.002)	0.002 (0.002)

续表

变量	因变量：亩均施肥量				因变量：施肥均匀度			
edu	-0.09 (0.37)	-0.15 (0.36)	0.01 (0.38)	-0.17 (0.36)	-2.7*E*-05 (0.01)	-0.001 (0.01)	-0.001 (0.01)	-0.003 (0.01)
health	0.50 (0.97)	0.47 (0.97)	0.55 (0.97)	0.47 (0.97)	0.01 (0.01)	0.01 (0.01)	0.01 (0.01)	0.01 (0.02)
laborrate	10.80 (6.91)	10.60 (6.94)	10.32 (6.89)	11.03 (6.95)	-0.08 (0.14)	-0.10 (0.14)	-0.09 (0.14)	-0.08 (0.15)
income	0.001 (0.02)	0.001 (0.06)	0.003 (0.02)	0.001 (0.02)	-3.2*E*-04 (2.4*E*-04)	-3.2*E*-04 (2.4*E*-04)	-2.9*E*-04 (2.3*E*-04)	-3.3*E*-04 (2.4*E*-04)
landquality	-2.56 (6.16)	-2.37 (6.20)	-3.49 (6.26)	-2.01 (6.20)	0.01 (0.08)	0.002 (0.08)	0.01 (0.08)	0.01 (0.10)
scale	-0.13*** (0.05)	-0.14*** (0.05)	-0.12*** (0.05)	-0.13*** (0.05)	-0.001** (5.6*E*-04)	-0.001*** (5.8*E*-04)	-0.001** (5.7*E*-04)	-0.001** (6.9*E*-04)
org	-1.65 (2.27)	-2.04 (2.28)	-1.33 (2.29)	-2.14 (2.29)	-0.003 (0.05)	-0.013 (0.05)	-0.01 (0.05)	-0.02 (0.05)
techtrain	2.53 (3.51)	2.40 (3.51)	2.44 (3.49)	2.43 (3.51)	-0.05 (0.05)	-0.06 (0.05)	-0.06 (0.05)	-0.06 (0.05)
pfert	-17.29*** (1.18)	-17.33*** (1.19)	-17.30*** (1.18)	-17.39*** (1.19)	-0.02 (0.04)	-0.02 (0.04)	-0.02 (0.04)	-0.02 (0.04)
area	已控制	已控制	已控制	已控制	已控制	已控制	已控制	已控制
_cons	111.31*** (9.02)	110.53*** (9.02)	110.60*** (8.98)	109.88*** (8.91)	0.04** (0.15)	0.36** (0.15)	0.34** (0.15)	0.32** (0.15)
观测值	1088	1088	1088	1088	1088	1088	1088	1088

注：***、**、*分别表示在1%、5%以及10%的统计性水平下显著；括号内为稳健标准误。

附表 5　　农业机械服务使用状况对化肥投入影响估计结果

变量	因变量：亩均施肥量				因变量：施肥均匀度			
mechser	-7.86*** (0.02)				-0.11* (0.06)			
mechculser		-3.134 (1.98)				-0.09 (0.06)		
mechsowser			-7.693*** (2.24)				-0.12** (0.05)	

续表

变量	因变量：亩均施肥量				因变量：施肥均匀度			
mechpestser				-2.46 (2.77)				-0.06 (0.05)
gender	-3.31 (3.82)	-3.42 (3.83)	-3.13 (3.84)	-3.11 (3.82)	0.09* (0.05)	0.08* (0.05)	0.09* (0.05)	0.09* (0.05)
age	0.02 (0.10)	0.03 (0.10)	0.03 (0.10)	0.02 (0.10)	0.002 (0.002)	0.002 (0.002)	0.002 (0.002)	0.002 (0.002)
edu	-0.01 (0.37)	-0.06 (0.37)	0.04 (0.37)	-0.17 (0.36)	-9.1*E*-04 (0.01)	-0.001 (0.01)	1.0*E*-04 (0.01)	-0.003 (0.01)
health	0.38 (0.97)	0.40 (0.97)	0.47 (0.97)	0.46 (0.97)	0.01 (0.01)	0.01 (0.01)	0.01 (0.02)	0.01 (0.02)
laborrate	11.10 (6.88)	10.41 (6.91)	10.58 (6.87)	11.16 (6.95)	-0.08 (0.15)	-0.09 (0.14)	-0.08 (0.14)	-0.07 (0.14)
income	0.004 (0.02)	0.002 (0.01)	0.002 (0.02)	0.001 (0.02)	-3.0*E*-04 (2.4*E*-04)	-3.2*E*-04 (2.5*E*-04)	-3.0*E*-04 (2.4*E*-04)	-3.2*E*-04 (2.4*E*-04)
landquality	-4.15 (6.08)	-3.28 (6.13)	-3.99 (6.19)	-2.01 (6.19)	-0.011 (0.08)	-0.004 (0.08)	-0.01 (0.08)	0.02 (0.07)
scale	-0.15*** (0.05)	-0.14*** (0.05)	-0.14*** (0.05)	-0.13*** (0.05)	-0.002*** (6.0*E*-04)	-0.002*** (6.1*E*-04)	-0.002*** (6.0*E*-04)	-0.001** (5.9*E*-04)
org	-0.60 (2.32)	-1.47 (2.31)	-0.92 (2.31)	-2.03 (2.30)	-6.1*E*-04 (0.05)	-0.01 (0.05)	-0.004 (0.05)	-0.02 (0.05)
techtrain	2.17 (3.49)	2.37 (3.50)	2.73 (3.50)	2.41 (3.50)	-0.06 (0.05)	-0.06 (0.05)	-0.05 (0.05)	-0.06 (0.05)
pfert	-17.28*** (1.18)	-17.32*** (1.18)	-17.42*** (1.18)	-17.39*** (1.18)	-0.02 (0.04)	-0.02 (0.04)	-0.02 (0.04)	-0.02 (0.04)
area	已控制	已控制	已控制	已控制	已控制	已控制	已控制	已控制
_cons	111.82*** (8.98)	111.18*** (8.98)	110.67*** (8.96)	109.91*** (8.91)	0.34** (0.15)	0.34** (0.15)	0.33** (0.15)	0.31** (0.15)
观测值	1088	1088	1088	1088	1088	1088	1088	1088

注：***、**、*分别表示在1%、5%以及10%的统计性水平下显著；括号内为稳健标准误。

附表 6　农业机械服务使用与农机自购使用对化肥投入影响差异

变量	因变量：亩均施肥量				因变量：施肥均匀度			
mechser	−8.70** (2.88)				−0.05 (0.06)			
mechculser		−4.26 (2.65)				−0.03 (0.05)		
mechsowser			−7.74*** (2.53)				−0.07 (0.06)	
mechpestser				−1.82 (2.80)				−0.03 (0.05)
gender	−1.52 (4.33)	−1.04 (4.32)	−0.78 (4.34)	−0.26 (4.25)	0.13*** (0.04)	0.14*** (0.04)	0.14*** (0.04)	0.14*** (0.04)
age	0.01 (0.12)	0.004 (0.12)	0.01 (0.12)	−0.01 (0.12)	0.003 (0.002)	0.003 (0.002)	0.003 (0.002)	0.003 (0.002)
edu	−0.30 (0.42)	−0.34 (0.42)	−0.22 (0.42)	−0.39 (0.42)	0.003 (0.01)	0.003 (0.01)	0.004 (0.01)	0.003 (0.01)
health	0.49 (1.09)	0.59 (1.09)	0.64 (1.08)	0.71 (1.08)	−0.01 (0.01)	−0.01 (0.01)	−0.01 (0.01)	−0.004 (0.01)
laborrate	13.18* (7.32)	12.60* (7.36)	12.77* (7.28)	13.47* (7.39)	−0.16 (0.13)	−0.16 (0.13)	−0.16 (0.13)	−0.15 (0.13)
income	0.001 (0.01)	−0.001 (0.01)	−0.001 (0.01)	−0.001 (0.01)	−2.0E−04 (2.0E−04)	−2.0E−04 (2.0E−04)	−1.9E−04 (−1.8E−04)	−2.1E−04 (−1.8E−04)
landquality	−5.63 (6.05)	−4.39 (6.20)	−5.56 (6.31)	−3.11 (6.27)	0.03 (0.07)	0.03 (0.07)	0.02 (0.07)	0.04 (0.07)
scale	−0.17*** (0.05)	−0.16*** (0.05)	−0.15*** (0.05)	−0.14*** (0.05)	−8.9E−04* (5.0E−04)	−8.1E−04* (4.3E−04)	−8.3E−04* (4.2E−04)	−6.4E−04 (5.5E−04)
org	1.78 (2.53)	0.99 (2.51)	1.53 (2.51)	0.83 (2.51)	0.02 (0.05)	0.01 (0.05)	0.02 (0.05)	0.01 (0.05)
techtrain	5.28 (3.74)	5.69 (3.77)	5.97 (3.76)	5.91 (3.79)	−0.06 (0.06)	−0.05 (0.06)	−0.05 (0.06)	−0.05 (0.06)
pfert	−16.58*** (1.29)	−16.53*** (1.30)	−16.67*** (1.30)	−16.54*** (1.30)	−0.02 (0.05)	−0.02 (0.05)	−0.02 (0.05)	−0.02 (0.05)

续表

变量	因变量：亩均施肥量				因变量：施肥均匀度			
area	已控制	已控制	已控制	已控制	已控制	已控制	已控制	已控制
_cons	109.44*** (10.02)	106.68*** (9.97)	106.86*** (9.91)	103.99*** (9.75)	0.03 (0.18)	0.26 (0.18)	0.27 (0.16)	0.25 (0.17)
观测值	817	817	817	817	817	817	817	817

注：***、**、*分别表示在1%、5%以及10%的统计性水平下显著；括号内为稳健标准误。

附表 7　　稳健性检验

第一阶段	*mechsow*	*mechser*	*mechsowser*
iv_1	0.02*** (0.002)	0.02*** (0.002)	0.02*** (0.002)
iv_2	−0.01* (0.01)	−0.01* (0.01)	−0.02*** (0.01)
LR test	5.23	9.3	5.09
Prob>chi2	0.02	0.00	0.02
第二阶段	因变量：亩均化肥投入金额		
mechsow	−18.93*** (6.97)		
mechser		−26.36*** (8.75)	
mechsowser			−23.52*** (8.45)
other variables	已控制	已控制	已控制
Lamda (λ)	11.37** (4.94)	18.82*** (5.88)	13.68** (5.90)
ρ	0.25** (0.11)	0.41*** (0.12)	0.30** (0.13)

注：***、**、*分别表示在1%、5%以及10%的统计性水平下显著。其余控制变量已经放入方程中，此处不再赘述估计结果。

附表 8　　不同机械来源对化肥投入影响的边际效果

第一阶段	*mech*	*mechsow*	*mech*	*mechsow*	*mechser*	*mechsowser*	*mechser*	*mechsowser*
iv_1	0.02*** (0.002)	0.03*** (0.002)	0.01*** (0.002)	0.02*** (0.002)	0.02*** (0.001)	0.02*** (0.002)	0.01*** (0.001)	0.02*** (0.002)
iv_2	-0.01 (0.01)	-0.03** (0.01)	-0.01* (0.01)	-0.02*** (0.01)	-0.02** (0.01)	-0.01* (0.01)	-0.01** (0.004)	-0.02*** (0.01)
LR test	1.68	4.21	30.41	3.57	1.68	4.17	14.26	3.57
Prob>chi2	0.19	0.04	0.00	0.06	0.02	0.04	0.00	0.06
第二阶段	亩均化肥施用量		施肥均匀度		亩均化肥施用量		施肥均匀度	
mech	-7.27 (4.80)		-0.96*** (0.10)					
mechsow		-8.41 (4.90)		-0.20* (0.11)				
mechser					-16.90*** (6.97)		-1.02*** (0.07)	
mechsowser						-15.63*** (5.67)		-0.23** (0.10)
other variables	已控制	已控制	已控制	已控制	已控制	已控制	已控制	已控制
Lamda（λ）	4.05 (3.09)	6.69** (3.03)	0.86*** (0.28)	18.80** (5.27)	9.71** (3.91)	8.89** (4.03)	0.81*** (0.04)	0.16** (0.07)
ρ	0.14 (0.11)	0.21** (0.09)	0.78*** (0.05)	0.41** (0.11)	0.33** (0.13)	0.31** (0.13)	0.88*** (0.01)	0.12** (0.05)

注：***、**、*分别表示在1%、5%以及10%的统计性水平下显著。其余控制变量已放入方程中，此处不再赘述估计结果。

参考文献

白由路：《我国肥料产业面临的挑战与发展机遇》，《植物营养与肥料学报》2017 年第 1 期。

蔡昉：《城市化与农民工的贡献——后危机时期中国经济增长潜力的思考》，《中国人口科学》2010 年第 1 期。

蔡键等：《要素相对价格、土地资源条件与农户农业机械服务外包需求》，《中国农村经济》2017 年第 8 期。

蔡荣、蔡书凯：《农业生产环节外包实证研究——基于安徽省水稻主产区的调查》，《农业技术经济》2014 年第 4 期。

蔡颖萍、杜志雄：《家庭农场生产行为的生态自觉性及其影响因素分析——基于全国家庭农场监测数据的实证检验》，《中国农村经济》2016 年第 12 期。

曹光乔等：《农业机械购置补贴对农户购机行为的影响——基于江苏省水稻种植业的实证分析》，《中国农村经济》2010 年第 6 期。

曹峥林：《农业生产环节服务外包对规模经济的实现机理研究》，博士学位论文，西南大学，2019 年。

曹峥林、王钊：《中国农业服务外包的演进逻辑与未来取向》，《宏观经济研究》2018 年第 11 期。

常倩等：《农业产业组织对生产者质量控制的影响分析——来自内蒙古肉羊养殖户的经验证据》，《中国农村经济》2016 年第 3 期。

陈红金等：《发达国家化肥减量政策分析及对我国限量施肥的启示》，《浙江农业科学》2019 年第 12 期。

陈思羽、李尚蒲：《农户生产环节外包的影响因素——基于威廉姆森分析范式的实证研究》，《南方经济》2014 年第 12 期。

陈铁、孟令杰：《土地调整、地权稳定性与农户长期投资——基于江苏省调查数据的实证分析》，《农业经济问题》2007 年第 10 期。

陈同斌等：《中国化肥利用率的区域分异》，《地理学报》2002 年第 5 期。

陈新建、黄嘉升：《生产风险、风险规避与农户农业生产机械投资——购买机械还是购买服务?》，《农业现代化研究》2020 年第 5 期。

陈义媛：《中国农资市场变迁与农业资本化的隐性路径》，《开放时代》2018 年第 3 期。

陈昭玖、胡雯：《农地确权、交易装置与农户生产环节外包——基于“斯密—杨格”定理的分工演化逻辑》，《农业经济问题》2016 年第 8 期。

褚彩虹等：《农户采用环境友好型农业技术行为的实证分析——以有机肥与测土配方施肥技术为例》，《中国农村经济》2012 年第 3 期。

邸帅等：《规模、服务质量风险与农户植保机械作业外包——以新疆玛河流域为例》，《农业现代化研究》2020 年第 2 期。

董剑豪等：《有机肥与化肥配比施肥装置研究现状综述》，《南方农机》2020 年第 15 期。

冯晓龙、霍学喜：《社会网络对农户采用环境友好型技术的激励研究》，《重庆大学学报》（社会科学版）2016 年第 3 期。

扶桑：《农户农业机械采纳应用的影响因素与激励分析》，《农村经济》2019 年第 9 期。

付浩然等：《我国化肥减量增效的驱动因素探究》，《植物营养与肥料学报》2020 年第 3 期。

付宇超等：《我国施肥机械化技术现状及问题分析》，《农机化研究》2017 年第 1 期。

高晨雪等：《种植行为及保险决策在不同收入结构农户间的差异分析》，《农业技术经济》2013 年第 10 期。

高晶晶等：《中国化肥高用量与小农户的施肥行为研究——基于

1995—2016 年全国农村固定观察点数据的发现》，《管理世界》2019 年第 10 期。

高瑛等：《农户生态友好型农田土壤管理技术采纳决策分析——以山东省为例》，《农业经济问题》2017 年第 1 期。

葛继红等：《农户采用环境友好型技术行为研究——以配方施肥技术为例》，《农业技术经济》2010 年第 9 期。

葛继红、周曙东：《环境友好型技术对水稻种植技术效率的影响——以测土配方施肥技术为例》，《南京农业大学学报（社会科学版）》2012 年第 2 期。

巩前文等：《农户过量施肥风险认知及规避能力的影响因素分析——基于江汉平原 284 个农户的问卷调查》，《中国农村经济》2010 年第 10 期。

韩青等：《农业生产托管薄弱环节补贴能否提高农户全程托管意愿？——以农业病虫害防治补贴为例》，《华中农业大学学报（社会科学版）》2021 年第 2 期。

郝爱民：《农业生产性服务业对农业的影响——基于省级面板数据的研究》，《财贸经济》2011 年第 7 期。

何浩然等：《农民施肥行为及农业面源污染研究》，《农业技术经济》2006 年第 6 期。

何亚凯等：《玉米追肥机械施肥技术研究现状与分析》，《农机化研究》2021 年第 7 期。

侯方安：《农业机械化推进机制的影响因素分析及政策启示——兼论耕地细碎化经营方式对农业机械化的影响》，《中国农村观察》2008 年第 5 期。

胡浩、杨泳冰：《要素替代视角下农户化肥施用研究——基于全国农村固定观察点农户数据》，《农业技术经济》2015 年第 3 期。

胡新艳、米薪宇：《产权稳定性对农机服务外包的影响与作用机制》，《华中农业大学学报（社会科学版）》2020 年第 3 期。

胡新艳等：《服务外包、农业投资及其替代效应——兼论农户是否必然是农业的投资主体》，《南方经济》2020 年第 9 期。

黄慧芬：《我国农业生产性服务业与现代农业发展》，《农业经济》2011 年第 10 期。

黄佩民、俞家宝：《2000—2030 年中国粮食供需平衡及其对策研究》，《管理世界》1997 年第 2 期。

纪月清、钟甫宁：《农业经营户农机持有决策研究》，《农业技术经济》2011 年第 5 期。

纪月清等：《差异化、信息不完全与农户化肥过量施用》，《农业技术经济》2016 年第 2 期。

冀名峰：《农业生产性服务业：我国农业现代化历史上的第三次动能》，《农业经济问题》2018 年第 3 期。

冀名峰、李琳：《农业生产托管：农业服务规模经营的主要形式》，《农业经济问题》2020 年第 1 期。

江雪萍：《农业分工：生产环节的可外包性——基于专家问卷的测度模型》，《南方经济》2014 年第 12 期。

姜长云：《关于发展农业生产性服务业的思考》，《农业经济问题》2016 年第 5 期。

姜长云：《论农业生产托管服务发展的四大关系》，《农业经济问题》2020 年第 9 期。

姜长云等：《农业生产托管服务的组织形式、实践探索与制度创新——以黑龙江省 LX 县为例》，《改革》2021 年第 8 期。

孔祥智等：《当前我国农业社会化服务体系的现状、问题和对策研究》，《江汉论坛》2009 年第 5 期。

孔祥智等：《西部地区农户禀赋对农业技术采纳的影响分析》，《经济研究》2004 年第 12 期。

冷博峰等：《农机购置补贴对农户购机投入模型与影响分析》，《农业工程学报》2020 年第 23 期。

李红莉等：《中国主要粮食作物化肥施用量与效率变化分析》，《植物营养与肥料学报》2010 年第 5 期。

李洁：《长三角地区化肥投入环境影响的经济学分析》，博士学位论文，南京农业大学，2008 年。

李琪：《水稻化肥农药减量增效技术推广路径分析》，博士学位论文，浙江大学，2018 年。

李琴等：《地块特征对农业机械服务利用的影响分析——基于南方五省稻农的实证研究》，《农业经济问题》2017 年第 7 期。

李显戈、姜长云：《农户对农业生产性服务的需求表达及供给评价——基于 10 省区 1121 个农户的调查》，《经济研究参考》2015 年第 69 期。

李新华、巩前文：《从"增量增产"到"减量增效"：农户施肥调控政策演变及走向》，《农业现代化研究》2016 年第 5 期。

连煜阳等：《中国化肥施用环境风险评价研究》，《经济研究参考》2018 年第 33 期。

梁志会等：《农业分工有利于化肥减量施用吗？——基于江汉平原水稻种植户的实证》，《中国人口·资源与环境》2020 年第 1 期。

梁志会等：《土地整治与化肥减量——来自中国高标准基本农田建设政策的准自然实验证据》，《中国农村经济》2021 年第 4 期。

林文声、王志刚：《中国农地确权何以提高农户生产投资?》，《中国软科学》2018 年第 5 期。

林毅夫：《90 年代中国农村改革的主要问题与展望》，《管理世界》1994 年第 3 期。

林源、马骥：《农户粮食生产中化肥施用的经济水平测算——以华北平原小麦种植户为例》，《农业技术经济》2013 年第 1 期。

刘晗、王钊：《农户生产分工差别化影响因素研究——基于种植业调查的实证分析》，《农业技术经济》2017 年第 5 期。

刘晗等：《社会化分工能否提高农户经营效益——来自种植业农户的多维检验》，《农业技术经济》2018 年第 12 期。

刘家成、徐志刚：《农户生产外包联合行动的规模效应、行动逻辑与环节异质性》，《农业技术经济》2021 年第 1 期。

刘家成等：《劳动分工视角下农户生产环节外包行为异质性与成因》，《农业技术经济》2019 年第 7 期。

刘莹、黄季焜：《农户多目标种植决策模型与目标权重的估计》，

《经济研究》2010 年第 1 期。

刘玉梅等：《农户对大型农机装备需求的决定因素分析》，《农业经济问题》2009 年第 11 期。

刘志彪：《全面深化改革推动服务业进入现代增长轨道》，《天津社会科学》2015 年第 1 期。

龙云、任力：《农地流转对农业面源污染的影响——基于农户行为视角》，《经济学家》2016 年第 8 期。

芦千文：《我国农业生产性服务业的业务范围、供给模式和发展对策》，《农林经济管理学报》2017 年第 2 期。

吕杰等：《风险规避、关系网络与农业生产托管服务选择偏向——基于有限理性假设的分析》，《农村经济》2020 年第 3 期。

吕杰等：《风险规避、社会网络与农户化肥过量施用行为——来自东北三省玉米种植农户的调研数据》，《农业技术经济》2021 年第 7 期。

栾江等：《我国化肥施用量持续增长的原因分解及趋势预测》，《自然资源学报》2013 年第 11 期。

罗必良：《论服务规模经营——从纵向分工到横向分工及连片专业化》，《中国农村经济》2017 年第 11 期。

罗必良等：《为小农户服务：中国现代农业发展的“第三条道路”》，《农村经济》2021 年第 1 期。

罗斯炫等：《增产加剧污染？——基于粮食主产区政策的经验研究》，《中国农村经济》2020 年第 1 期。

李谷成等：《小农户真的更加具有效率吗？来自湖北省的经验证据》，《经济学（季刊）》2012 年第 1 期。

李谷等：《农业机械化、劳动力转移与农民收入增长——孰因孰果?》，《中国农村经济》2018 年第 11 期。

马骥：《农户粮食作物化肥施用量及其影响因素分析——以华北平原为例》，《农业技术经济》2006 年第 6 期。

马骥、蔡晓羽：《农户降低氮肥施用量的意愿及其影响因素分析——以华北平原为例》，《中国农村经济》2007 年第 9 期。

毛鑫鑫：《颗粒归仓！山东麦收基本结束》，http：//www. sd. xinhuanet. com/news/2021-06/26/c_1127600452. htm，2021 年 6 月 26 日。

孟飞：《农村大户领办合作社：生成、影响及其规制》，《农业经济问题》2016 年第 9 期。

穆娜娜等：《交易成本与农业社会化服务模式的选择——基于两家合作社的比较研究》，《农林经济管理学报》2019 年第 3 期。

农业农村部：《小麦测土配方施肥技术》，http：//www. moa. gov. cn/ztzl/ctpfsf/xgzl/200609/t200609-29_695906. htm，2006 年 9 月 29 日。

农业农村部：农业部办公厅关于印发《〈到 2020 年化肥使用量零增长行动方案〉推进落实方案》的通知，http：//www. moa. gov. cn/govpublic/ZZYGLS/201505/t20150525 _ 4614695. htm，2015 年 5 月 25 日。

农业农村部：《全国农业生产托管工作推进会在山西召开》，http：//www. hzjjs. moa. gov. cn/gzdt/202010/t20201013 _ 6354092. htm，2020 年 10 月 13 日。

潘丹：《基于资源环境约束视角的中国农业绿色生产率测算及其影响因素解析》，《统计与信息论坛》2014 年第 8 期。

彭海英等：《农作物种植结构与农民收入及其对环境影响的分析》，《环境科学与管理》2008 年第 2 期。

彭继权、吴海涛：《土地流转对农户农业机械使用的影响》，《中国土地科学》2019 年第 7 期。

钦绳武等：《潮土肥力演变与施肥作用的长期定位试验初报》，《土壤学报》1998 年第 3 期。

仇焕广等：《风险规避对农户化肥过量施用行为的影响》，《中国农村经济》2014 年第 3 期。

饶静、纪晓婷：《微观视角下的我国农业面源污染治理困境分析》，《农业技术经济》2011 年第 12 期。

申红芳：《水稻生产环节服务外包实证研究》，博士学位论文，南京农业大学，2014 年。

申红芳等：《稻农生产环节外包行为分析——基于 7 省 21 县的调查》，《中国农村经济》2015 年第 5 期。

沈兴兴：《小农户步入农业绿色发展轨道的路径初探》，《中国农业资源与区划》2021 年第 3 期。

沈兴兴等：《基于化肥减量化管理的农业清洁生产多方联动机制框架研究》，《中国农业资源与区划》2018 年第 1 期。

史常亮等：《我国小麦化肥投入效率及其影响因素分析——基于全国 15 个小麦主产省的实证》，《农业技术经济》2015 年第 11 期。

舒尔茨：《改造传统农业》，商务印书馆 2009 年版。

苏柯雨等：《农业劳动成本、市场容量与农户农机服务外包行为——以稻农为例》，《农村经济》2020 年第 2 期。

孙顶强等：《作业质量监督、风险偏好与农户生产外包服务需求的环节异质性》，《农业技术经济》2019 年第 4 期。

孙明扬：《基层农技服务供给模式的变迁与小农的技术获取困境》，《农业经济问题》2021 年第 3 期。

孙小燕、刘雍：《土地托管能否带动农户绿色生产?》，《中国农村经济》2019 年第 10 期。

孙晓燕、苏昕：《土地托管、总收益与种粮意愿——兼业农户粮食增效与务工增收视角》，《农业经济问题》2012 年第 8 期。

唐林等：《购买农业机械服务增加了农户收入吗——基于老龄化视角的检验》，《农业技术经济》2021 年第 1 期。

唐艳：《有机认证制度下农户减量施肥意愿的影响因素分析——基于四川省 1061 户农民的调查》，《干旱区资源与环境》2019 年第 10 期。

万晶晶、钟涨宝：《非农就业、农业生产服务外包与农户农地流转行为》，《长江流域资源与环境》2020 年第 10 期。

万凌霄、蔡海龙：《合作社参与对农户测土配方施肥技术采纳影响研究——基于标准化生产视角》，《农业技术经济》2021 年第 3 期。

王常伟、顾海英：《我国食品安全态势与政策启示——基于事件统计、监测与消费者认知的对比分析》，《社会科学》2013 年第 7 期。

王建英：《转型时期农业生产方式调整与生产效率研究》，博士学位论文，浙江大学，2015 年。

王萍萍等：《中国农业化肥施用技术效率演变特征及影响因素》，

《资源科学》2020 年第 9 期。

王祖力、肖海峰：《化肥施用对粮食产量增长的作用分析》，《农业经济问题》2008 年第 8 期。

魏后凯：《中国农业发展的结构性矛盾及其政策转型》，《中国农村经济》2017 年第 5 期。

魏欣等：《农户施肥行为及其影响因素分析——基于陕西关中地区不同农作物种植户的调研》，《农村经济》2018 年第 12 期。

翁贞林：《农户理论与应用研究进展与述评》，《农业经济问题》2008 年第 8 期。

吴九兴、黄贤金：《农业减量投入、产出水平与农民收入变化》，《世界农业》2019 年第 9 期。

吴丽丽等：《家庭禀赋对农户劳动节约型技术需求的影响——基于湖北省 490 份农户调查数据的分析》，《湖南农业大学学报（社会科学版）》2017 年第 4 期。

夏雯雯等：《土地经营规模对测土配方施肥技术应用的影响研究——基于家庭农场监测数据的观察》，《中国土地科学》2019 年第 11 期。

向东梅：《促进农户采用环境友好技术的制度安排与选择分析》，《重庆大学学报（社会科学版）》2011 年第 1 期。

肖阳：《农业绿色发展背景下我国化肥减量增效研究》，博士学位论文，中国农业科学院，2018 年。

谢琳等：《技术进步、信任格局与农业生产环节外包》，《农业技术经济》2020 年第 11 期。

谢宇：《日薪制与新型劳资关系的建构——广东 S 镇农民工劳务市场调查》，《社会学评论》2014 年第 6 期。

徐飞宇：《农业技术需求对农业生产环节外包的影响》，硕士学位论文，南京农业大学，2013 年。

徐勇、邓大才：《中部农业主产区崛起的战略选择——关于构建第五增长极的思考》，《财政与发展》2005 年第 10 期。

许祖恩等：《河西灌区氮磷钾化肥对春小麦的肥效试验》，《土壤通报》1966 年第 3 期。

亚当·斯密：《国民财富的性质和原因的研究》，郭大力、王业南译，商务印书馆 1972 年版。

颜璐、马惠兰：《塔河流域农户化肥施用行为影响因素分析——以温宿县实证调查为例》，《新疆农业科学》2011 年第 6 期。

杨芳等：《农业经营范式的共生样态和演进逻辑》，《农村经济》2019 年第 1 期。

杨高第等：《农业社会化服务可否促进农业减量化生产？——基于江汉平原水稻种植农户微观调查数据的实证分析》，《世界农业》2020 年第 5 期。

杨万江、李琪：《稻农化肥减量施用行为的影响因素》，《华南农业大学学报（社会科学版）》2017 年第 3 期。

杨志海：《生产环节外包改善了农户福利吗？——来自长江流域水稻种植农户的证据》，《中国农村经济》2019 年第 4 期。

杨子等：《农业社会化服务对土地规模经营的影响——基于农户土地转入视角的实证分析》，《中国农村经济》2019 年第 3 期。

叶兴庆：《演进轨迹、困境摆脱与转变我国农业发展方式的政策选择》，《改革》2016 年第 6 期。

应瑞瑶、朱勇：《农业技术培训方式对农户农业化学投入品使用行为的影响——源自实验经济学的证据》，《中国农村观察》2015 年第 1 期。

于鸷隆、刘玉铭：《我国农村科技服务供给方式探析——以科技特派员制度为例》，《中国行政管理》2011 年第 4 期。

曾希柏等：《中国粮食生产潜力和化肥增产效率的区域分异》，《地理学报》2002 年第 5 期。

张标等：《农户农机需求及购买行为分析——基于 18 省的微观调查数据实证》，《中国农业大学学报》2017 年第 11 期。

张福锁：《科学认识化肥的作用及合理利用》，《农机科技推广》2017 年第 1 期。

张红宇：《就业结构调整与中国农村劳动力的充分就业》，《农业经济问题》2003 年第 7 期。

张红宇：《农业生产性服务业的历史机遇》，《农业经济问题》2019 年第 6 期。

张利国：《垂直协作方式对水稻种植农户化肥施用行为影响分析——基于江西省 189 户农户的调查数据》，《农业经济问题》2008 年第 3 期。

张露、罗必良：《规模经济抑或分工经济——来自农业家庭经营绩效的证据》，《农业技术经济》2021 年第 2 期。

张露、罗必良：《农业减量化：农户经营的规模逻辑及其证据》，《中国农村经济》2020 年第 2 期。

张卫峰等：《中国肥料发展研究报告 2016》，中国农业大学出版社 2017 年版。

张卫峰等：《中国农户小麦施肥水平和效应的评价》，《土壤通报》2008 年第 5 期。

张晓敏、姜长云：《不同类型农户对农业生产性服务的供给评价和需求意愿》，《经济与管理研究》2015 年第 8 期。

张跃华等：《农业保险需求不足效用层面的一个解释及实证研究》，《数量经济技术经济研究》2005 年第 4 期。

张云华等：《氮元素施用与农户粮食生产效率：来自全国农村固定观察点数据的证据》，《管理世界》2019 年第 4 期。

张宗毅等：《我国中长期农机购置补贴需求研究》，《农业经济问题》2009 年第 12 期。

章丘区统计局：《章丘区 2020 年国民经济和社会发展统计公报》，http：//jnzq. gov. cn.

赵明正等：《“零增长”行动背景下中国化肥使用量下降的驱动因素研究——基于 LMDI 分解和面板回归分析》，《农业技术经济》2019 年第 12 期。

郑风田：《我国现行土地制度的产权残缺与新型农地制度构想》，《管理世界》1995 年第 4 期。

郑淋议等：《新一轮农地确权对耕地生态保护的影响——以化肥、

农药施用为例》，《中国农村经济》2021 年第 6 期。

郑旭媛、徐志刚：《资源禀赋约束、要素替代与诱致性技术变迁——以中国粮食生产的机械化为例》，《经济学（季刊）》2017 年第 1 期。

钟真等：《社会化服务能推动农业高质量发展吗？——来自第三次全国农业普查中粮食生产的证据》，《中国农村经济》2021 年第 12 期。

钟真等：《新型农业经营主体的社会化服务功能研究——基于京郊农村的调查》，《中国软科学》2014 年第 8 期。

周洁红、刘清宇：《基于合作社主体的农业标准化推广模式研究——来自浙江省的实证分析》，《农业技术经济》2010 年第 6 期。

朱桂丽、洪名勇：《市场参与、非农就业与农户农业机械采用行为——基于西藏 532 户青稞种植户的调查》，《农业现代化研究》2021 年第 3 期。

朱建军等：《农机社会化服务的化肥减量效应及作用路径研究——基于 CRHPS 数据》（网络首发），《农业技术经济》，https：//doi. org/10. 13246/j. cnki. jae. 20211126. 002.

朱薇羽等：《农机服务外包及其可获得性差异对专业化种植的影响——基于浙江省的实证数据》，《世界农业》2020 年第 11 期。

祝伟等：《城镇化对农药、化肥施用强度的影响——基于中介效应的分析》，《中国农业资源与区划》2022 年第 5 期。

庄丽娟等：《农业生产性服务需求意愿及影响因素分析——以广东省 450 户荔枝生产者的调查为例》，《中国农村经济》2011 年第 3 期。

邹伟、张晓媛：《土地经营规模对化肥使用效率的影响——以江苏省为例》，《资源科学》2019 年第 7 期。

邹伟等：《农地流转的化肥减量效应——基于地权流动性与稳定性的分析》，《中国土地科学》2020 年第 9 期。

Abdoulaye Tahirou and J. Lowenberg-DeBoer, "Intensification of Sahelian Farming Systems: Evidence from Niger", *Agricultural Systems*,

Vol. 64, No. 2, 2000, pp. 67-81.

Abdoulaye T. and Sanders J. H., "Stages and Determinants of Fertilizer Use in Semiarid African Agriculture: The Niger Experience", *Agricultural Economics*, Vol. 32, No. 2, 2005, pp. 167-179.

Adnan N. et al., "Adoption of Green Fertilizer Technology among Paddy Farmers: A Possible Solution for Malaysian Food Security", *Land Use Policy*, No. 63, 2017, pp. 38-52.

Alesina Alberto and Dani Rodrik, "Distributive Politics and Economic Growth", *The Quarterly Journal of Economics*, Vol. 109, No. 2, 1994, pp. 465-490.

Arouna A. et al., "Policy Options for Mitigating Impacts of COVID-19 on Domestic Rice Value Chains and Food Security in West Africa", *Global Food Security*, No. 26, 2020, p. 100405.

Arriagada R. A. et al., "Modeling Fertilizer Externalities around Palo Verde National Park, Costa Rica", *Agricultural Economics*, Vol. 41, No. 6, 2010, pp. 567-575.

Benin S., "Impact of Ghana's Agricultural Mechanization Services Center Program", *Agricultural Economics*, No. 46, 2015, pp. 103-117.

Cai S. and Zhou X., "Modelling and Empirical Analysis for Outsourcing Agricultural Services to Control Pests and Diseases", *International Journal of Simulation: Systems*, Vol. 17, No. 46, 2016, pp. 10. 1-10. 8.

Chang H. H. and Mishra A. K., "Chemical Usage in Production Agriculture: Do Crop Insurance and Off-farm Work Play a Part?", *Journal of Environmental Management*, No. 105, 2012, pp. 76-82.

Chen X. et al., "Producing More Grain with Lower Environmental Costs", *Nature*, Vol. 514, No. 7523, 2014, pp. 486-489.

Coffey W. J. and Bailly A. S., "Producer Services and Flexible Production: An Exploratory Analysis", *Growth and Change*, Vol. 22, No. 4, 1991, pp. 95-117.

Croppenstedt Andre and Demeke Mulat, "An Empirical Study of Cereal Crop Production and Technical Efficiency of Private Farmers in Ethiopia: A Mixed Fixed - random Coefficients Approach", *Applied Economics*, Vol. 29, No. 9, 1997, pp. 1217-1226.

Deng X. et al., "Does Outsourcing Affect Agricultural Productivity of Farmer Households? Evidence from China", *China Agricultural Economic Review*, Vol. 12, No. 4, 2020, pp. 673-688.

Diao X. et al., "Mechanization in Ghana: Emerging Demand, and the Search for Alternative Supply Models", *Food Policy*, No. 48, 2014, pp. 168-181.

Ebenstein A., "Winners and Losers of Multinational Firm Entry into Developing Countries: Evidence from the Special Economic Zones of the People's Republic of China", *Asian Development Review*, Vol. 29, No. 1, 2012, pp. 29-56.

Feder G. and Savastano S., "The Role of Opinion Leaders in the Diffusion of New Knowledge: The Case of Integrated Pest Management", *World Development*, Vol. 34, No. 7, 2006, pp. 1287-1300.

Feder G. et al., "Adoption of Agricultural Innovations in Developing Countries: A Survey", *Economic Development and Cultural Change*, Vol. 33, No. 2, 1985, pp. 255-298.

Firpo S. et al., "Decomposing Wage Distributions Using Recentered Influence Function Regressions", *Econometrics*, Vol. 6, 2018, p. 28.

Gillespie J. et al., "Why don't Producers Adopt Best Management Practices? An Analysis of the Beef Cattle Industry", *Agricultural Economics*, Vol. 36, No. 1, 2007, pp. 89-102.

Goodhue R. E., "Input Control in Agricultural Production Contracts", *American Journal of Agricultural Economics*, Vol. 81, No. 3, 1999, pp. 616-620.

Greenfield H. I., *Manpower and the Growth of Producer Services*, New York: Columbia University Press, 1966.

Grossman G. M. and Krueger A. B., "Economic Growth and the Environment", *Nber Working Papers*, Vol. 110, No. 2, 1995, pp. 353-377.

Huang J. et al., "Training Programs and in-the-field Guidance to Reduce China's Overuse of Fertilizer without Hurting Profitability", *Journal of Soil and Water Conservation*, Vol. 63, No. 5, 2008, pp. 165-167.

Igata M. et al., "Agricultural Outsourcing: A Comparison between the Netherlands and Japan", *Applied Studies in Agribusiness and Commerce*, No. 2, 2008, pp. 29-33.

Ji C. et al., "Outsourcing Agricultural Production: Evidence from Rice Farmers in Zhejiang Province", *PLoS One*, Vol. 12, No. 1, 2017, p. e0170861.

Jiang C. et al., "Root-zone Fertilization Improves Crop Yields and Minimizes Nitrogen Loss in Summer Maize in China", *Scientific Reports*, Vol. 8, No. 1, 2018, pp. 1-10.

Kenneth A. Reiner, "Rural Nonfarm Development: A Trade Theoretic View", *Journal of International Trade and Economic Development*, Vol. 7, No. 4, 1998, pp. 425-437.

Khonje M. G. et al., "Adoption and Welfare Impacts of Multiple Agricultural Technologies: Evidence from Eastern Zambia", *Agricultural Economics*, Vol. 49, No. 5, 2018, pp. 599-609.

Lin J. Y., "Rural Reforms and Agricultural Growth in China", *American Economics Review*, Vol. 82, 1992, pp. 34-51.

Lokshin Michael and Zurab Sajaia, "Impact of Interventions on Discrete Outcomes: Maximum Likelihood Estimation of the Binary Choice Models with Binary Endogenous Regressors", *The Stata Journal*, Vol. 11, No. 3, 2011, pp. 368-385.

Lu L. et al., "Supply Chain Design and Adoption of Indivisible Technology", *American Journal of Agricultural Economics*, Vol. 98, No. 5, 2016, pp. 1419-1431.

Lyne M. C. et al., "A Quantitative Assessment of an Outsourced Agricultural Extension Service in the Umzimkhulu District of KwaZulu-Natal,

South Africa", *The Journal of Agricultural Education and Extension*, Vol. 24, No. 1, 2018, pp. 51-64.

Ma Wanglin and Awudu Abdulai, "IPM Adoption, Cooperative Membership and Farm Economic Performance: Insight from Apple Farmers in China", *China Agricultural Economic Review*, Vol. 11, No. 2, 2018, pp. 218-236.

Ma W. et al., "Modelling the Heterogeneous Effects of Stocking Rate on Dairy Production: An Application of Unconditional Quantile Regression with Fixed Effects", *Applied Economics*, Vol. 51, No. 4, 2019, pp. 769-780.

Machila M. et al., "Assessment of an Outsourced Agricultural Extension Service in the Mutasa District of Zimbabwe", *Journal of Agricultural Extension and Rural Development*, Vol. 7, No. 5, 2015, pp. 142-149.

Marenya P. P. and Barrett C. B., "Soil Quality and Fertilizer Use Rates among Smallholder Farmers in Western Kenya", *Agricultural Economics*, Vol. 40, No. 5, 2009, pp. 561-572.

Mathijs, E.,"Social Capital and Farmers' Willingness to Adopt Countryside Stewardship Schemes", *Outlook on Agriculture*, Vol. 32, No. 1, 2003, pp. 13-16.

Miyata S. et al., "Impact of Contract Farming on Income: Linking Small Farmers, Packers, and Supermarkets in China", *World Development*, Vol. 37, No. 11, 2009, pp. 1781-1790.

Mottaleb Khondoker A., "Perception and Adoption of a New Agricultural Technology: Evidence from a Developing Country", *Technology in Society*, Vol. 55, 2018, pp. 126-135.

Mukherjee S., "Access to Formal Banks and New Technology Adoption: Evidence from India", *American Journal of Agricultural Economics*, Vol. 102, No. 5, 2020, pp. 1532-1556.

Nkamleu G. B. and Adesina A. A., "Determinants of Chemical Input Use in Peri-urban Lowland Systems: Bivariate Probit Analysis in Cameroon", *Agricultural Systems*, Vol. 63, No. 2, 2000, pp. 111-121.

Obisesan A. A. et al., "Determinants of Fertilizer Use among Smallholder Food Crop Farmers in Ondo State, Nigeria", *American Journal of Research Communication*, Vol. 1, No. 7, 2013, pp. 254-260.

Omotilewa Oluwatoba J. et al., "Ainembabazi. Subsidies for Agricultural Technology Adoption: Evidence from a Randomized Experiment with Improved Grain Storage Bags in Uganda", *American Journal of Agricultural Economics*, Vol. 101, No. 3, 2019, pp. 753-772.

Pan D., "The Impact of Agricultural Extension on Farmer Nutrient Management Behavior in Chinese Rice Production: A Household - level Analysis", *Sustainability*, Vol. 6, No. 12, 2014, pp. 6644-6665.

Paudel K. P. et al., "Effect of Risk Perspective on Fertilizer Choice by Sharecroppers", *Agricultural Systems*, Vol. 66, No. 2, 2000, pp. 115-128.

Popkin S., "The Rational Peasant. The Political Economy of Peasant Society", *Theory and Society*, Vol. 9, 1980, pp. 411-471.

Robert K. Yin, *Aplication of Case Study Research*, Thousand Oaks: Sage Publications, Inc., 1994.

Rogers E. M., "*Diffusion of Innovation*", New York: The Free Press of Glencoe, 1962.

Stigler G. J., "Factors in the Trend of Employment in the Service Industries", *Trends in Employment in the Service Industries*, 1956, pp. 157-166.

Sun C. et al., "National Assessment of Nitrogen Fertilizers Fate and Related Environmental Impacts of Multiple Pathways in China", *Journal of Cleaner Production*, Vol. 277, No. 11, 2020, p. 123519.

Takeshima Hiroyuki, "Custom-hired Tractor Services and Returns to Scale in Smallholder Agriculture: A Production Function approach", *Agricultural Economics*, Vol. 48, No. 3, 2017, pp. 363-372.

Takeshima H. et al., "Effects of Agricultural Mechanization on Economies of Scope in Crop Production in Nigeria", *Agricultural Systems*, Vol. 177, 2020, pp. 1-12.

Takeshima H. et al., "Effects of Tractor Ownership on Returns to Scale in Agriculture: Evidence from Maize in Ghana", *Food Policy*, Vol. 77, 2018, pp. 33-49.

Vernimmen T. et al., "Transaction Cost Analysis of Outsourcing Farm Administration by Belgian Farmers", *European Review of Agricultural Economics*, Vol. 27, No. 3, 2000, pp. 325-345.

Wu Y. et al., "Policy Distortions, Farm Size, and the Overuse of Agricultural Chemicals in China", *Proceedings of the National Academy of Sciences*, Vol. 115, No. 27, 2018, pp. 7010-7015.

Xepapadeas A. P., "Environmental Policy Under Imperfect Information: Incentives and Moral Hazard", *Journal of Environmental Economics and Management*, Vol. 10, No. 2, 1991, pp. 113-126.

Xin L. et al., "Temporal and Regional Variations of China's Fertilizer Consumption by Crops During 1998-2008", *Journal of Geographical Sciences*, Vol. 22, No. 4, 2012, pp. 643-652.

Yang J. and Lin Y., "Spatiotemporal Evolution and Driving Factors of Fertilizer Reduction Control in Zhejiang Province", *Science of the Total Environment*, Vol. 660, 2019, pp. 650-659.

Yigezu Atnafe et al., "Enhancing Adoption of Agricultural Technologies Requiring High Initial Investment among Smallholders", *Technological Forecasting and Social Change*, Vol. 134, 2018, pp. 199-206.

Zhang X. et al., "Managing Nitrogen for Sustainable Development", *Nature*, Vol. 528, No. 7580, 2015, pp. 51-59.

Zhou X. et al., "Farm Machinery Use and Maize Yields in China: An Analysis Accounting for Selection Bias and Heterogeneity", *Australian Journal of Agricultural and Resource Economics*, Vol. 64, No. 4, 2020, pp. 1282-1307.